Schriften der Hans-Böckler-Stiftung

Band 68

Prof. Dr. Rüdiger Krause

Standortsicherung und Arbeitsrecht

Nomos

Die Deutsche Nationalbibliothek verzeichnet diese Publikation in der Deutschen Nationalbibliografie; detaillierte bibliografische Daten sind im Internet über http://www.d-nb.de abrufbar.

ISBN 978-3-8329-2869-8

1. Auflage 2007

Vorwort

Standortschließungen und Standortverlagerungen sind in der globalisierten Wirtschaft immer häufiger zu beobachtende Phänomene und gehören für die davon betroffenen Arbeitnehmer zu den bedrohlichsten Szenarien. Bereits ihre Ankündigung übt auf die Belegschaften sowie ihre Vertreter regelmäßig einen erheblichen Druck aus, sich auf eine Verschlechterung von Arbeitsbedingungen einzulassen, um den Standort und damit die eigenen Arbeitsplätze zu sichern.

Die Studie »Standortsicherung und Arbeitsrecht« ist im Auftrag der Hans-Böckler-Stiftung entstanden und behandelt die kündigungsrechtlichen, betriebsverfassungsrechtlichen sowie tarif- und arbeitskampfrechtlichen Fragen, die durch diese Thematik aufgeworfen werden. Die Hauptthesen der Untersuchung wurden auf dem 6. Hans-Böckler-Forum zum Arbeits- und Sozialrecht am 8. und 9. März 2007 in Berlin vorgestellt. Rechtsprechung und Schrifttum wurden bis Ende März nachgetragen. Mittlerweile hat der Erste Senat des Bundesarbeitsgerichts in seiner Entscheidung vom 24. April 2007 (1 AZR 252/06) zur Zulässigkeit von Arbeitskampfmaßnahmen zur Durchsetzung eines Sozialtarifvertrages sowie insbesondere zum Aufstellen »exorbitanter« Tarifforderungen, die bislang nur als Pressemitteilung vorliegt, die Ergebnisse dieser Studie bestätigt. Um ein möglichst rasches Erscheinen des Gutachtens zu gewährleisten, wurde davon Abstand genommen, die Veröffentlichung der Entscheidungsgründe abzuwarten und sie in die Ausführungen einzuarbeiten. Entsprechendes gilt für die Schlussanträge des Generalanwalts Poaires Maduro in der Rechtssache Viking Line vom 23. Mai 2007 (C-438/05), die sich in der Grundtendenz mit den Darlegungen in dieser Untersuchung decken.

Der Verfasser dankt der Hans-Böckler-Stiftung und dem Nomos-Verlag für die Möglichkeit der Publikation und die reibungslose Zusammenarbeit bei diesem Vorhaben.

Göttingen, im Mai 2007 *Rüdiger Krause*

Inhaltsverzeichnis

A. Ausgangslage

I. *Standortverlagerungen als neue unternehmerische Strategie*

AEG, Bosch, Continental, DaimlerChrysler, Heidelberger Druckmaschinen, Infineon, Opel, OTIS, Pfaff, Rodenstock, Siemens, Volkswagen: Die Liste derjenigen Unternehmen, die eine Schließung oder Verlagerung betrieblicher Standorte ins Ausland plant oder durchführt, wird immer länger. Diese Entwicklung ist Ausdruck eines grundlegenden Strukturwandels der Wirtschaft, die in einem ständig wachsenden Tempo den nationalstaatlichen Rahmen überschreitet und internationale Wertschöpfungsketten entstehen lässt.[1] Auch wenn die Globalisierung der Wirtschaft kein völlig neuartiges Phänomen ist, ergibt sich aus mehreren ineinander greifenden Entwicklungssträngen seit den neunziger Jahren des vorigen Jahrhunderts doch eine sprunghafte Steigerung der Optionen für grenzüberschreitende unternehmerische Aktivitäten:[2] Politisch sind in erster Linie die Hinwendung der ehemaligen Comecon-Staaten zur Marktwirtschaft, die im Beitritt von zehn mittel- und osteuropäischen Ländern zur Europäischen Union zum 1.5.2004 ihren vorläufigen Höhepunkt gefunden hat, sowie die zunehmende Eingliederung von China und Indien in den Weltmarkt zu nennen. Institutionell erlauben die weltweite Liberalisierung der Güter- und Finanzmärkte den Unternehmen in einem immer stärkeren Maße, aus nationalen Zusammenhängen herauszutreten, wobei namentlich die europarechtlichen Grundfreiheiten eine beliebige Verlagerung von Produktionsfaktoren und Produkten im gesamten europäischen Binnenmarkt gewährleisten. Technologisch schaffen die rasanten Fortschritte in der Informations- und Kommunikationstechnik sowie die laufende Abnahme der Transportkosten die tatsächlichen Voraussetzungen für transnationale Investitions- und Produktionsentscheidungen. Alle diese Faktoren führen dazu, dass sich insbesondere arbeitskostenintensive Unternehmen das erhebliche Entgeltgefälle zwischen Deutschland einerseits und den osteuropäi-

1 Vgl. *Abele/Kluge/Näher* (Hrsg.), Handbuch Globale Produktion (2006), S. 6 ff., 27 ff.; siehe jetzt auch *Ahlers/Öz/Ziegler*, Standortverlagerung in Deutschland (2007), S. 9 ff.

2 Dazu stichwortartig auch *Feudner*, DB 2004, 982; eingehend Schlussbericht der Enquete-Kommission »Globalisierung der Weltwirtschaft – Herausforderungen und Antworten«, BT-Drucksache 14/9200, S. 49 ff.; ILO-Bericht »Eine faire Globalisierung – Chancen für alle schaffen« (2004), S. 27 ff.; *Streeck*, in: Beck (Hrsg.), Politik der Globalisierung (1998), S. 169 ff.; ferner *Perraton/Goldblatt/Held/McGrew*, ebenda, S. 134 ff.

schen[3] bzw. asiatischen Staaten andererseits vor allem im industriellen Sektor durch die Verlagerung von Produktionskapazitäten (»Offshoring«) zunutze machen.

Dabei sind die Unternehmen nicht nur Antreiber bei der Einbindung von »Niedriglohnländern« in internationale Wertschöpfungsnetzwerke, sondern vielfach zugleich Getriebene veränderter wirtschaftlicher Rahmenbedingungen. Dies betrifft auf der einen Seite die Beziehungen zu den Kunden, die durch immer schneller wechselnde Präferenzen und als Folge von Überkapazitäten in vielen industriellen Gütermärkten durch einen scharfen Kostenwettbewerb geprägt sind.[4] Aus der Automobilindustrie ist weiter zu hören, dass die großen Automobilhersteller von ihren Zulieferern Standortverlagerungen nach Osteuropa verlangen, um local content-Quoten erfüllen zu können.[5] Auf der anderen Seite geht es um die Beziehungen zu den Investoren. Hier führt die bis in den Mittelstand hineinreichende Umstellung der Unternehmensfinanzierung von langfristigen Bankkrediten auf kurzfristigere Anlagen international agierender Investoren zu gesteigerten Renditeerwartungen, die häufig nur durch ein resolutes Durchforsten der Unternehmen nach Einsparpotentialen erfüllt werden können, wobei vor allem die Arbeitskosten ins Visier geraten. Bei börsennotierten Unternehmen besteht zudem ein Eigeninteresse des Managements daran, unternehmensinterne Effizienzreserven zu heben, um durch einen hohen Aktienkurs ein Bollwerk gegen feindliche Übernahmen sowie den damit regelmäßig verbundenen Austausch des Führungspersonals zwecks Steigerung des Unternehmenswertes zu schaffen.[6]

Ein weiterer wichtiger Faktor kann im Einzelfall auch im steuerlichen Gefälle liegen. Wenn etwa der höchste effektive Regelsatz bei der Körperschaftsteuer im Jahr 2005 in Lettland und Litauen jeweils 15 % und in Polen 19 % betrug, während er sich in Deutschland auf 38,6 % belief,[7] lässt sich eine Anreizwirkung auf Produktionsverlagerungen kaum leugnen. Schließlich ist zuweilen davon die Rede, dass manche Verlagerung von Standorten in die neuen Mitgliedstaaten der Europäischen Union ihre Ursache auch in einer undurchsichtigen Subventionspolitik hat.

3 So betrugen die Arbeitskosten nach Angaben des Instituts der deutschen Wirtschaft beispielsweise im verarbeitenden Gewerbe im Jahr 2005 in Westdeutschland pro Stunde 27,87 EUR, in Tschechien 5,04 EUR, in der Slowakei 4,06 EUR und in Polen 3,80 EUR; Quelle: iw Argumente Nr. 9/2006. Tendenziell vergleichbare Zahlen bei *Ahlers/Öz/Ziegler*, Standortverlagerung in Deutschland, S. 30.

4 BT-Drucksache 14/9200, S. 52.

5 *Kinkel/Zanker*, WSI-Mitteilungen 2007, 9, 13.

6 Grdl. zur Theorie des »Market for Corporate Control« *Manne*, 73 The Journal of Political Economy (1965), 110 ff.; ferner *Easterbrook/Fischel*, 91 Yale Law Journal (1982), 698 ff.

7 Quelle: Eurostat Pressemitteilung Nr. 134/2005 v. 21.10.2005.

II. *Auswirkungen auf die Arbeitnehmer und Reaktionen der Gewerkschaften*

Die Auswirkungen dieser Entwicklungen auf die Arbeitnehmerschaft insgesamt sind schwer einzuschätzen. Als Ausgangspunkt ist unbestreitbar, dass die Möglichkeiten zu grenzüberschreitender Mobilität für die Produktionsfaktoren asymmetrisch zunehmen. Während die Beweglichkeit des Faktors Kapital durch die geschilderten Entwicklungen dramatisch angewachsen ist, bleibt der Faktor Arbeit aus strukturellen Gründen in einem sehr viel stärkeren Maße ortsgebunden und dem jeweiligen »nationalen Gehäuse« verhaftet. Im Übrigen hängt die Bewertung stark davon ab, welchen Bezugsrahmen man wählt. So kann etwa ein- und dieselbe Produktionsverlagerung von West- nach Osteuropa aus der Binnenmarktperspektive der EU 27 Wohlfahrtsgewinne generieren, aus der Sicht von EU 15-Arbeitnehmern dagegen nachteilig sein.[8] Neuere Untersuchungen deuten darauf hin, dass es in bestimmten Branchen wie der Textil- und Bekleidungsindustrie eindeutig zu einem Rückgang der Beschäftigung gekommen ist, während im Bereich der Automobil- und Automobilzuliefererindustrie Auslandsinvestitionen per saldo keinen signifikanten Abbau von Arbeitsplätzen zur Folge haben.[9] Neutrale Beobachter halten es sogar für möglich, dass die Folgen für die europäische Arbeitnehmerschaft alles in allem jedenfalls bislang weniger schwerwiegend sind als beim Niedergang der Eisen- und Stahlindustrie sowie des Schiffsbaus in den siebziger und achtziger Jahren des vorigen Jahrhunderts.[10]

Allerdings besteht eine begründete Vermutung, dass die neueren Entwicklungen zu einer stärkeren Segmentierung der Arbeitsmärkte führen. Während bei den höher- und höchstqualifizierten Beschäftigten die sich ständig steigernde Vernetzung der deutschen Volkswirtschaft mit der Weltwirtschaft eher zu Wohlstandsgewinnen führt, müssen die geringer qualifizierten Arbeitnehmer vielfach mit Einbußen rechnen.[11] Den von Standortschließungen bzw. Standortverlagerungen betroffenen, häufig weniger qualifizierten Arbeitnehmern insbesondere im Produktionsbereich sowie zunehmend auch im Dienstleistungsbereich[12] hilft der Hinweis auf gesamtwirtschaftliche Vorteile daher

8 Siehe European Foundation for the Improvement of Living and Working Conditions (Ed.), Restructuring and employment in the EU: Concepts, measurement and evidence (2006), p. 20.

9 Siehe *Lerch/Meyer*, WSI-Mitteilungen 2007, 43 f.

10 European Foundation for the Improvement of Living and Working Conditions (Ed.), a. a. O. (Fn. 8), p. 20. Auch der Sachverständigenrat zur Begutachtung der gesamtwirtschaftlichen Entwicklung geht in seinem Jahresgutachten 2004/05, BT-Drucksache 15/4300, Rn. 477, davon aus, dass sich die negativen Beschäftigungseffekte in Grenzen halten. Optimistische Grundhaltung für die neunziger Jahre bei *Tüselmann*, WSI-Mitteilungen 1998, 292, 298 ff. Siehe ferner jetzt iwd Nr. 15/2007, S. 4 f.

11 Vgl. BT-Drucksache 14/9200, S. 213; European Foundation for the Improvement of Living and Working Conditions (Ed.), a. a. O. (Fn. 8), p. 21; dazu auch *Kapstein*, in: Beck (Hrsg.), Politik der Globalisierung (1998), S. 203 ff.

12 Vgl. ILO-Bericht (2004), a. a. O. (Fn. 2), S. 123.

nicht weiter. Wie Studien belegen, wird dieser Personenkreis vielmehr im Allgemeinen mit einer Verschlechterung der Stellung auf dem Arbeitsmarkt durch geringere Einkünfte auf anderen Arbeitsplätzen sowie mit einem höheren Risiko der Arbeitslosigkeit konfrontiert.[13] Kommt es im Vorfeld einer möglichen Standortverlagerung zu Verhandlungen zwischen Arbeitgeber- und Arbeitnehmerseite, befinden sich die von einem Arbeitsplatzabbau bedrohten Arbeitnehmer deshalb in einer prekären Lage. Da ein Ausweichen auf gleichwertige und gleich bezahlte Arbeitsplätze aufgrund der Struktur des Arbeitsmarktes vielfach nicht möglich ist, entsteht eine Drucksituation, den Erhalt des Standortes mitsamt einer mehr oder weniger großen Zahl von Arbeitsplätzen durch eine Verschlechterung der Konditionen insbesondere im Hinblick auf die Kernarbeitsbedingungen (Arbeitszeit und Arbeitsentgelt) zu sichern. So ging es bei den eingangs genannten Fällen nicht selten gerade um dieses Szenario.

Die Gewerkschaften, allen voran die IG Metall, versuchen seit einigen Jahren, diesen Entwicklungen nicht länger tatenlos zuzusehen, sondern Gegenstrategien zu entwickeln.[14] Hierbei lassen sich zwei Hauptlinien ausmachen: Zum einen wird teilweise versucht, die Standortentscheidung als solche zum Gegenstand tariflicher Regelungen zu machen, indem notfalls auch unter Androhung oder Durchführung von Streikmaßnahmen die Standortschließung oder Standortverlagerung aufgehoben, aufgeschoben oder in ihrer Intensität verringert werden soll, was freilich regelmäßig nur gegen Zugeständnisse im Arbeitszeitbereich (Verlängerung der Arbeitszeit ohne Entgeltausgleich) und/oder im Entgeltbereich (Entgeltabsenkungen) gelingt. Die zweite Linie geht dahin, die (geplante) Entscheidung des Arbeitgebers als solche nicht zu attackieren, dafür aber die Folgen für die betroffenen Arbeitnehmer sozial abzumildern. Als Beispiele seien erheblich verlängerte Kündigungsfristen, die Verpflichtung des Arbeitgebers zur Weiterqualifizierung der gekündigten Arbeitnehmer sowie hohe Abfindungen genannt.

III. *Rechtliche Problemfelder*

Im Zentrum der gegenwärtigen Diskussion zum Verhältnis von Standortsicherung und Arbeitsrecht stehen das Tarif- und das Arbeitskampfrecht. Insoweit ist im Anschluss an mehrere erst- und zweitinstanzliche Entschei-

13 Siehe European Foundation for the Improvement of Living and Working Conditions (Ed.), a. a. O. (Fn. 8), p. 45.

14 Vgl. IG Metall Küste (Hrsg.), Qualifizieren statt Entlassen (1998); siehe auch *Bispinck*, WSI-Mitteilungen 2007, 55, 57; ferner bereits *Wendeling-Schröder*, NZA 1998, 624, 626 ff.

dungen[15] eine heftige Kontroverse über die Frage entbrannt, ob und unter welchen Voraussetzungen tarifliche Regelungen über die Standortentscheidung als solche sowie über die Abfederung der wirtschaftlichen Folgen (»Sozialplantarifvertrag«) zulässig und insbesondere auch erkämpfbar sind.[16] Nachdem das BAG jüngst entschieden hat, dass einem (freiwilligen) Tarifvertrag mit sozialpanähnlichen Inhalten die betriebsverfassungsrechtlichen Vorschriften über die Aufstellung eines Sozialplans nicht entgegenstehen,[17] ist für Ende April 2007 eine Grundsatzentscheidung zur Erstreikbarkeit von Sozialtarifverträgen angekündigt.

Die bisherige Debatte über die Frage einer »Sperrwirkung« der §§ 111 ff. BetrVG zeigt indes, dass neben dem Tarif- und Arbeitskampfrecht auch die betriebsverfassungsrechtliche Ebene in den Blick genommen werden muss, um Friktionen zwischen diesen beiden Formen der Wahrnehmung von Arbeitnehmerinteressen zu verhindern. Darüber hinaus erscheint es ratsam, das Kündigungsschutzrecht ebenfalls in die Betrachtungen über das Verhältnis von Standortsicherung und Arbeitsrecht einzubeziehen, weil sich erst vor dem Hintergrund der (beschränkten) Reichweite des gesetzlichen Bestandsschutzes von Arbeitsverhältnissen die tatsächliche Bedeutung von Tarifvertrag und Arbeitskampf als Instrumente der Selbsthilfe der Arbeitnehmerseite erschließt. Ferner belegt ein aktuelles Vorabentscheidungsersuchen eines englischen Gerichts,[18] über das der EuGH voraussichtlich im Verlauf des Jahres 2007 entscheiden wird, dass für Standortverlagerungen in einen anderen Mitgliedstaat der Europäischen Union nicht nur nationale Rechtsregeln gelten, sondern dass auch die europarechtliche Frage berührt wird, ob Arbeitskämpfe, die sich gegen die Verlagerung des Standorts richten bzw. die auf eine die Verlagerung wirtschaftlich neutralisierende tarifliche Regelung abzielen, gegen die Niederlassungsfreiheit gemäß Art. 43, 48 EG verstoßen.

15 LAG Hamm v. 31.5.2000, NZA-RR 2000, 535; ArbG Lübeck v. 29.5.2001, AiB 2002, 122; ArbG Kiel v. 14.3.2003, AuR 2003, 192; LAG Schleswig-Holstein v. 27.3.2003, NZA-RR 2003, 592; ArbG Hameln v. 7.5.2004, AiB 2004, 574; LAG Niedersachsen v. 2.6.2004, NZA-RR 2005, 200; Hessisches LAG v. 2.2.2006, LAGE GG Art. 9 Arbeitskampf Nr. 75.

16 Grds. oder doch jedenfalls die Erstreikbarkeit ablehnend u. a. *Bauer/Krieger*, NZA 2004, 1019 ff.; *Buchner*, DB 2001, Beilage Nr. 9, S. 1 ff.; *Franzen*, ZfA 2005, 315, 329 ff.; *Hanau/Thüsing*, ZTR 2001, 1 ff., 49 ff.; *Henssler*, FS Richardi (2007), S. 553 ff.; *Hohenstatt/Schramm*, DB 2004, 2214 ff.; *Lieb*, DB 1999, 2058 ff.; *Lobinger*, Arbeitskämpfe, Rn. 1 ff.; *Löwisch*, DB 2005, 554 ff.; *C. Meyer*, DB 2005, 830 ff.; *Nicolai*, RdA 2006, 33 ff.; *Reichold*, BB 2004, 2814 ff., *Rolfs/Clemens*, DB 2003, 1678 ff.; *dies*., NZA 2004, 410 ff.; *Schiefer/Worzalla*, DB 2006, 46 ff.; *Thüsing/Ricken*, JbArbR, Bd. 42 (2005), S. 113 ff.; *Walker*, ZfA 2004, 501, 530 ff.; *Willemsen/Stamer*, NZA 2007, 413 ff.; grds. bejahend *Hensche*, AuR 2004, 443 ff.; *Kühling/Bertelsmann*, NZA 2005, 1017 ff.; *Oberberg/Schoof*, AiB 2002, 169 ff.; *Paschke/Ritschel*, AuR 2007, 110 ff.; *Seebacher*, AiB 2006, 70 ff.; *Wolter*, RdA 2002, 218 ff.; weitgehend auch *Fischinger*, Arbeitskämpfe, passim; knapp zusammenfassend nunmehr *ders*., NZA 2007, 310 ff.

17 BAG v. 6.12.2006, Pressemitteilung Nr. 76/06.

18 Court of Appeal für England und Wales vom 23.11.2005, ABlEG 2006, Nr. C 60, S. 16 ff.

Im Folgenden nicht thematisiert werden soll dagegen der Arbeitnehmereinfluss auf Standortentscheidungen im Wege der Unternehmensmitbestimmung. Zwar müssen die Satzungen von Aktiengesellschaften seit dem TransPuG von 2002 gemäß § 111 Abs. 4 AktG vorsehen, dass bestimmte Arten von Geschäften nur mit Zustimmung des Aufsichtsrats vorgenommen werden dürfen, wozu die Praxis vielfach die Schließung von Betrieben und die Errichtung neuer Betriebe zählt.[19] Dennoch bleiben die Einflussnahmemöglichkeiten der Arbeitnehmerseite selbst bei Unternehmen, die dem MitbestG unterfallen, letztlich begrenzt, während bei Gesellschaften, für die lediglich das DrittelbeteiligungsG gilt, von vornherein wenig mehr als eine frühzeitige und qualifizierte Information der Arbeitnehmer gewährleistet wird.

Im Übrigen muss man sich bei allen Überlegungen zum Verhältnis von Standortsicherung und Arbeitsrecht stets über die eingeschränkte Wirksamkeit rechtlicher Regelungen im Klaren sein. Das Arbeitsrecht kann weder die Eingliederung der mittel- und osteuropäischen bzw. ostasiatischen Staaten in den Weltmarkt noch das erhebliche Entgeltgefälle zwischen Deutschland und diesen Ländern sowie die daraus resultierende Sogwirkung auf Standortverlagerungen wegdefinieren. Allerdings kann das Arbeitsrecht dazu beitragen, dass Standortschließungen bzw. -verlagerungen nicht nur »verbrannte Erde« hinterlassen, sondern dass ein »geordneter Rückzug« stattfindet, der einen fairen Ausgleich von Arbeitgeber- und Arbeitnehmerinteressen enthält. So erscheint es nicht nur um der sozialen Kohärenz willen, sondern auch aus gesamtwirtschaftlicher Perspektive sinnvoll, wenn das Arbeitsrecht die Voraussetzungen dafür schafft, dass Unternehmen die von Entlassungen betroffenen Arbeitnehmer nicht einfach ihrem Schicksal überantworten, sondern die in der Vergangenheit gemeinsam geschaffenen Werte auch dazu nutzen, die Arbeitsmarktfähigkeit ihrer ehemaligen Beschäftigten zu steigern und ihnen damit einen Neuanfang zu erleichtern.

19 Vgl. *Hopt/Roth*, in: GroßkommAktG, § 111 Rn. 629; *Hüffer*, AktG, § 111 Rn. 18; *Lutter/Krieger*, Rechte und Pflichten des Aufsichtsrats, Rn. 109; dazu ferner bereits *Schwerdtner*, ZfA 1977, 47, 79.

B. Kündigungsschutzrechtliche Schranken von Standortentscheidungen

I. *Herrschende Ansicht: Weitgehende Kontrollfreiheit von Kündigungen zwecks Standortaufgabe*

Die gegenwärtig herrschende Ausprägung des Rechts der betriebsbedingten Kündigung lässt den Kündigungsschutz bei Standortstilllegungen bzw. Standortverlagerungen unstreitig weitgehend leer laufen. Grund hierfür ist erstens das Dogma von der »freien unternehmerischen Entscheidung« und zweitens die Abstandnahme von einer umfassenden Abwägung der Arbeitgeber- und Arbeitnehmerinteressen.

1. *Die »freie unternehmerische Entscheidung« als Basis der betriebsbedingten Kündigung*

Seit den siebziger Jahren des vorigen Jahrhunderts strukturiert das BAG das Kontrollprogramm betriebsbedingter Kündigungen in der Weise, dass es das Verhalten des Arbeitgebers gedanklich in zwei Schritte zergliedert: Auf der ersten Stufe steht eine durch inner- oder außerbetriebliche Gründe hervorgerufene unternehmerische Entscheidung, die auf der zweiten Stufe betriebsorganisatorisch durch die Kündigung umgesetzt wird.[20] Diese Aufteilung des Entscheidungsprozesses verknüpft die Rechtsprechung mit zwei unterschiedlichen Kontrollmaßstäben. Während die Kündigung selbst in vollem Umfang darauf überprüft wird, ob sie auf einem dringenden betrieblichen Erfordernis beruht, wird die unternehmerische Entscheidung nur dahin kontrolliert, ob sie offenbar unsachlich, unvernünftig oder willkürlich ist.[21]

20 BAG v. 7.12.1978, AP KSchG 1969 § 1 Betriebsbedingte Kündigung Nr. 6. Aus jüngerer Zeit etwa BAG v. 7.7.2005, AP KSchG 1969 § 1 Betriebsbedingte Kündigung Nr. 138; BAG v. 22.9.2005, AP KSchG 1969 § 1 Betriebsbedingte Kündigung Nr. 141. Prägnant *Zwanziger*, NJW 1995, 916: »Zweck/Mittel-Relation«. Ob die daneben eingeführte Fallgruppe der außerbetrieblichen Gründe, die ohne eine zwischengeschaltete Unternehmerentscheidung eine betriebsbedingte Kündigung sozial rechtfertigen können, eine eigenständige Bedeutung hat, spielt im vorliegenden Zusammenhang keine Rolle; siehe dazu etwa ErfK/*Ascheid/Oetker*, § 1 KSchG Rn. 379.

21 Statt aller BAG v. 22.9.2005, AP KSchG 1969 Betriebsbedingte Kündigung Nr. 141.

Die eingeschränkte Überprüfbarkeit der unternehmerischen Entscheidung, die auf eine lange Tradition zurückblicken kann,[22] wird vom BAG auf die Grundrechte des Arbeitgebers aus Art. 12 Abs. 1, 14 Abs. 1 und 2 Abs. 1 GG, auf fehlende rechtliche Maßstäbe zur Überprüfung der Sinnhaftigkeit betriebswirtschaftlicher Entscheidungen sowie auf die Tragung des Wirtschaftsrisikos durch den Arbeitgeber bzw. die fehlende Risikotragung durch die Arbeitsgerichte gestützt[23] und hat im Schrifttum breite Zustimmung gefunden.[24] Da die Erforderlichkeit der Kündigung nach diesem Konzept auf die jeweilige unternehmerische Entscheidung bezogen wird, hängt die Reichweite des durch das Kündigungsschutzgesetz vermittelten Schutzes maßgeblich davon ab, welche Entscheidungen als »unternehmerisch« qualifiziert werden und wie die Kontrolle dieser Entscheidungen letztlich gehandhabt wird.

Zum Begriff der Unternehmerentscheidung, der im Kündigungsschutzgesetz selbst nicht vorkommt, hat sich die Rechtsprechung in allgemeiner Form nur vereinzelt geäußert. In einer Entscheidung von 1993 wird sie als die »Bestimmung der der Geschäftsführung zugrunde liegenden Unternehmenspolitik« bezeichnet.[25] Im Übrigen hat das BAG auf weitere Definitionen verzichtet und stattdessen einzelne Maßnahmen danach qualifiziert, ob sie als nur eingeschränkt überprüfbare Unternehmerentscheidungen zu qualifizieren sind oder nicht. Dabei herrscht im Grenzbereich eine gewisse Unklarheit, weil die Kündigung für sich genommen zwar keine kontrollfreie unternehmerische Entscheidung ist, der Entschluss zum Personallabbau aber als eine solche Entscheidung qualifiziert wird.[26] Sowohl Betriebsstilllegungen als auch Betriebsverlagerungen zählen für die Rechtsprechung indes ohne weiteres zu den nur eingeschränkt überprüfbaren unternehmerischen Entscheidungen.[27] Die

22 Den Anfang bildeten Entscheidungen zum öffentlichen Dienst: vgl. BAG (GS) v. 28.11.1956, AP KSchG § 1 Nr. 20; BAG v. 21.5.1957, AP KSchG § 1 Nr. 31; BAG v. 4.2.1960, AP KSchG § 1 Betriebsbedingte Kündigung Nr. 5; zur Privatwirtschaft: BAG v. 17.9.1957, AP KSchG § 13 Nr. 8; BAG v. 18.11.1960, AP Truppenvertrag Art. 44 Nr. 28.

23 Z. B. BAG v. 9.5.1996, AP KSchG 1969 § 1 Betriebsbedingte Kündigung Nr. 79; BAG v. 17.6.1999, AP KSchG 1969 § 1 Betriebsbedingte Kündigung Nr. 102; BAG v. 26.9.2002, AP KSchG 1969 § 1 Betriebsbedingte Kündigung Nr. 124. Siehe auch *Rost*, JbArbR, Bd. 39 (2002), S. 83, 85 ff.

24 Siehe nur ErfK/*Ascheid/Oetker*, § 1 KSchG Rn. 401; *Franzen*, NZA 2001, 805, 810; KR/*Griebeling*, § 1 KSchG Rn. 521 ff.; *v. Hoyningen-Huene*, FS 50 Jahre BAG (2004), S. 369, 374 ff.; APS/*Kiel*, § 1 KSchG Rn. 463 ff.; v. Hoyningen-Huene/*Linck*, KSchG, § 1 Rn. 699; *Walker*, ZfA 2004, 501, 513 ff.; *Wank*, RdA 1987, 129, 135 f.; umfassend *v. Finckenstein*, Unternehmerentscheidung, S. 160 ff.

25 BAG v. 19.5.1993, AP KSchG 1969 § 2 Nr. 31.

26 BAG v. 17.6.1999, AP KSchG 1969 § 1 Betriebsbedingte Kündigung Nr. 101 und Nr. 102.

27 Zur Betriebsstilllegung siehe etwa BAG v. 18.1.2001, AP KSchG 1969 § 1 Betriebsbedingte Kündigung Nr. 115; BAG v. 23.11.2004, AP KSchG 1969 § 1 Betriebsbedingte Kündigung Nr. 132; zur Betriebsverlagerung BAG v. 18.9.1997, EzA KSchG § 1 Betriebsbedingte Kündigung Nr. 97; BAG v. 21.2.2002; EzA KSchG § 2 Nr. 45; siehe auch BAG v. 21.6.2000, AP BetrVG 1972 § 102 Nr. 121, das Betriebsschließungen und wesentliche Betriebseinschränkungen als »eigentliche« unternehmerische Entscheidungen bezeichnet hat.

unternehmerische Freiheit zur Wahl des betrieblichen Standorts ist dem BAG sogar einen eigenen Orientierungssatz wert gewesen.[28]
Die Kontrolle der Unternehmerentscheidung darauf, ob sie offenbar unsachlich, unvernünftig oder willkürlich ist, wird von der Judikatur restriktiv gehandhabt. Zunächst geht es entgegen der Verwendung der Termini »Unsachlichkeit« und »Unvernunft« nicht um die gerichtliche Suche nach einer besseren und richtigeren Unternehmenspolitik. Vielmehr handelt es sich in der Sache lediglich um eine Rechtsmissbrauchskontrolle, durch die ein Mindestschutz gewährleistet werden soll.[29] Dabei nennt die Rechtsprechung in diesem Zusammenhang die Fallgruppen des Verstoßes gegen gesetzliche und tarifliche Normen sowie die Umgehung.[30] Eine solche Gestaltung hat das BAG bislang lediglich in der sogenannten Rheumaklinik-Entscheidung angenommen, in der eine in jeder Hinsicht abhängige Gesellschaft gegründet wurde, um mit neu eingestellten Arbeitnehmern zu einem geringeren Entgelt dieselben Arbeiten wie zuvor verrichten zu lassen. Eine allgemeine Trendwende in Richtung einer stärkeren Kontrolle unternehmerischer Entscheidungen lässt sich diesem Urteil nicht entnehmen. Dementsprechend wurden weder Betriebsstilllegungen noch Betriebsverlagerungen ins Ausland vom BAG jemals inhaltlich beanstandet. Insbesondere hat das BAG das unternehmerische Ziel, die Arbeitskosten zu reduzieren bzw. die Rentabilität des Unternehmens zu erhöhen, in keinem Fall als rechtsmissbräuchlich eingestuft. Darüber hinaus hat es sogar in Frage gestellt, ob die Entscheidung zur Betriebsstilllegung überhaupt einer gerichtlichen Kontrolle unterliegt.[31] Allerdings hatte das BAG bislang noch keine Gelegenheit, zu der emotionsgeladenen Frage[32] Stellung zu nehmen, ob es eine rechtsmissbräuchliche Unternehmerentscheidung darstellt, einen Standort zu schließen bzw. zu verlagern, nur um einen ohnehin schon hohen Gewinn noch weiter zu steigern.

2. *Verzicht auf umfassende Interessenabwägung*

Der zweite Aspekt, der zum Leerlaufen des Kündigungsschutzes bei Betriebsstilllegungen bzw. Betriebsverlagerungen führt, besteht im Verzicht der neueren Rechtsprechung auf eine umfassende Interessenabwägung. Insoweit hatte sich das BAG zunächst auch bei der betriebsbedingten Kündigung für eine

28 BAG v. 27.9.2001, EzA KSchG § 2 Nr. 41.
29 BAG v. 26.9.2002, AP KSchG 1969 § 1 Betriebsbedingte Kündigung Nr. 124; *Franzen*, NZA 2001, 805, 810; *Rost*, JbArbR, Bd. 39 (2002), S. 83, 87; *Walker*, ZfA 2004, 501, 518.
30 Vgl. BAG v. 26.9.2002, AP KSchG 1969 § 1 Betriebsbedingte Kündigung Nr. 124.
31 BAG v. 27.9.1984, AP BGB § 613a Nr. 39; BAG v. 21.6.1995, AP BetrVG 1972 § 1 Nr. 16; gegen jegliche Überprüfung *Bitter/Kiel*, RdA 1994, 333, 349; *Hillebrecht*, ZIP 1985, 257, 261.
32 So *Hillebrecht*, ZfA 1991, 87, 110.

umfassende Abwägung der Interessen zwischen Arbeitgeber und Arbeitnehmer ausgesprochen[33] und selbst bei einer Betriebsstilllegung noch eine Interessenabwägung verlangt.[34] Nachdem der Zweite Senat die Interessenabwägung schon Ende der siebziger Jahre des vergangenen Jahrhunderts zurückgedrängt hatte,[35] hat er sie in den achtziger Jahren praktisch endgültig verabschiedet.[36] Für die Rechtsprechung fehlt es daher seitdem an einem Einfallstor, das für eine Gewichtung der unternehmerischen Entscheidung im Verhältnis zu den Interessen der von einer Kündigung betroffenen Arbeitnehmer vor allem in den Fällen dienen könnte, in denen es einem florierenden Unternehmen lediglich um eine Gewinnmaximierung geht.

Diese vom überwiegenden Schrifttum geteilte Gesamtkonzeption des Rechts der betriebsbedingten Kündigung[37] hat zur Folge, dass es der Arbeitgeber letztlich selbst in der Hand hat, durch die Entscheidung über eine Standortschließung oder Standortverlagerung einen praktisch nicht mehr überprüfbaren Kündigungsgrund zu schaffen. Selbst von den dieser Rechtsprechung zuneigenden Autoren wird zugestanden, dass sich der Kündigungsschutz in derartigen Fällen auf Null reduziert.[38] Es finde kaum ein Schutz vor Willkür statt.[39]

II. *Gegenkonzept: Stärkere Kontrolle betriebsbedingter Kündigungen*

Genau dieses Leerlaufen des Kündigungsschutzes bei Betriebsstilllegungen und anderen unternehmerischen Maßnahmen veranlasst manche Kritiker dazu, die vorherrschende Sichtweise in Frage zu stellen. Am prononciertesten

33 BAG v. 4.2.1960, AP KSchG § 1 Betriebsbedingte Kündigung Nr. 5; BAG v. 18.11.1960, AP Truppenvertrag Art. 44 Nr. 28; BAG v. 25.6.1964, AP KSchG § 1 Betriebsbedingte Kündigung Nr. 14; ebenso noch BAG v. 3.5.1978, AP KSchG 1969 § 1 Betriebsbedingte Kündigung Nr. 5; BAG v. 7.3.1980 AP KSchG 1969 § 1 Betriebsbedingte Kündigung Nr. 9; BAG v. 17.10.1980, AP KSchG 1969 § 1 Betriebsbedingte Kündigung Nr. 10.

34 BAG v. 16.12.1960, AP § 56 BetrVG Nr. 22.

35 BAG v. 24.10.1979, AP KSchG 1969 § 1 Betriebsbedingte Kündigung Nr. 8.

36 BAG v. 30.4.1987, AP KSchG 1969 § 1 Betriebsbedingte Kündigung Nr. 42; aus jüngerer Zeit BAG v. 20.1.2005, AP BErzGG § 18 Nr. 8; BAG v. 16.6.2005, AP ATG § 3 Nr. 13. Dazu auch *Hillebrecht*, ZfA 1991, 87, 95.

37 Siehe nur ErfK/*Ascheid/Oetker*, § 1 KSchG Rn. 398; KR/*Griebeling*, § 1 KSchG Rn. 549; APS/*Kiel*, § 1 KSchG Rn. 651. Ferner *Buchner*, DB 1984, 504, 506, der zusätzlich zwischen völlig freier unternehmerisch-wirtschaftlicher und lediglich auf Rechtsmissbrauch kontrollierbarer betrieblich-organisatorischer Entscheidung trennt.

38 *Hergenröder*, ZfA 2002, 355, 378.

39 *Wank*, NZA 2003, Sonderbeilage zu Heft 21, S. 3, 5.

haben sich *Colneric*, *Kühling* und *Stein* geäußert.[40] Daneben haben aber auch *B. Preis*, *U. Preis*, *Quecke* und andere Bedenken angemeldet.[41] Die Einwände gegen die überwiegende Auffassung liegen auf zwei Ebenen: Zum einen geht es um die zutreffende Interpretation des Kündigungsschutzgesetzes, zum anderen um die verfassungsrechtliche Dimension des Kündigungsschutzrechts.

1. *Grundlagen der Kritik an der herrschenden Meinung*

Auf der Ebene des einfachen Rechts berufen sich die Kritiker auf den Wortlaut von § 1 Abs. 2 Satz 1 KSchG, der eine »Dringlichkeit« des betrieblichen Erfordernisses verlangt. Dieses wertende Merkmal der »Dringlichkeit« werde durch die Konzeption der herrschenden Meinung von der weitgehend gerichtsfreien Unternehmerentscheidung funktionslos. Darüber hinaus ergebe sich aus der Entstehungsgeschichte des KSchG, dass der Gesetzgeber dem Arbeitnehmer einen stärkeren Schutz als eine bloße Willkürkontrolle zukommen lassen wollte. In verfassungsrechtlicher Hinsicht greifen die Kritiker auf die Schutzgebotsfunktion der Grundrechte zurück. Danach folge aus Art. 12 Abs. 1 GG in Verbindung mit dem Sozialstaatsprinzip, dass sich der Staat schützend vor die Arbeitnehmer als die schwächeren Marktteilnehmer zu stellen habe, um ihnen ihre Berufsausübungsfreiheit zu gewährleisten. Deshalb bedürfe es eines Mindestbestandsschutzes von Arbeitsverhältnissen. Zwar werde das Kündigungsschutzgesetz selbst den verfassungsrechtlichen Vorgaben gerecht. Mit seiner Rechtsprechung zur betriebsbedingten Kündigung, die dem Arbeitgeber praktisch freie Hand bei der Schaffung von Kündigungsgründen lasse, verletze das BAG aber das Untermaßverbot. Zudem sei zu berücksichtigen, dass es dem Gesetzgeber mit dem Kündigungsschutzgesetz darum gegangen sei, der unternehmerischen Freiheit um des Arbeitnehmerschutzes willen Grenzen zu setzen. Die Gerichte dürften bei der Auslegung dieses Gesetzes daher den durch Art. 12 Abs. 1 GG vorgezeichneten Schutzzweck nicht grundlegend verfehlen. Genau dies sei aber der Fall, wenn das KSchG durch das Dogma von der freien Unternehmerentscheidung in einer Weise interpretiert werde, die den Grundrechtsschutz der Arbeitnehmer aus Art. 12 Abs. 1 GG leer laufen lasse.

40 *Colneric*, in: Otto Brenner Stiftung (Hrsg.), Betriebsbedingte Kündigungen im Widerstreit (1998), S. 11 ff.; *Kühling*, AuR 2003, 92 ff.; *Stein*, BB 2000, 457 ff.; *ders.*, KJ 2001, 282 ff.; *ders.*, AuR 2003, 99 ff.

41 *B. Preis*, AuR 1997, 60 ff.; *ders.*, DB 2000, 1122 ff.; *U. Preis*, NZA 1995, 241 ff.; *ders.*, in: Stahlhacke/Preis/Vossen, Kündigung und Kündigungsschutz, Rn. 997 f.; *Quecke*, NZA 1999, 1247 ff.; ferner *Bitter*, DB 1999, 1214 ff.; *ders.*, DB 2000, 1760 ff.; *Borrmann*, ArbRGegw, Bd. 24 (1987), S. 71 ff.

2. *Folgerungen für die Kontrolle betriebsbedingter Kündigungen bei Standortaufgabe*

a) *Abwägung von Vor- und Nachteilen für Arbeitgeber und Arbeitnehmer*

Zunächst ist festzuhalten, dass es den Gegenmodellen nicht um eine arbeitsgerichtliche Kontrolle der unternehmerischen Entscheidung selbst geht.[42] Der Kern der Vorschläge von *Colneric*, *Kühling* und *Stein* besteht vielmehr darin, in eine Abwägung der Interessen zwischen dem Arbeitgeber an der Durchführung der unternehmerischen Maßnahme auf der einen und den Bestandsinteressen der Arbeitnehmer auf der anderen Seite einzutreten. Konkret sollen die mit der beabsichtigten Maßnahme für den Arbeitgeber verbunden Vorteile den Nachteilen gegenüber gestellt werden, die der Verlust des Arbeitsplatzes für die Arbeitnehmer mit sich bringt. Die Kündigungen seien dann sozialwidrig, wenn diese Vorteile nicht mehr in einem angemessenen Verhältnis zu den Nachteilen stehen würden. So sei eine Betriebsstilllegung zum Zwecke der Gewinnmaximierung zwar nicht per se illegitim, müsse sich aber eine Kontrolle daraufhin gefallen lassen, ob sie die Entlassung von Arbeitnehmern sozial rechtfertige. Zudem seien bei einer Betriebsstilllegung nicht die Belange des einzelnen Arbeitnehmers, der gegen eine betriebsbedingte Kündigung klage, sondern die Interessen der gesamten von der Maßnahme betroffenen Arbeitnehmer in die Abwägung einzustellen.
Mit dem Postulat einer umfassenden Interessenabwägung von arbeitgeberseitigem Beendigungsinteresse und arbeitnehmerseitigem Bestandsinteresse wird, wie *Stein* nicht verkennt, in der Sache an die bis Ende der siebziger Jahre des vorigen Jahrhunderts auch vom BAG vertretene Interessenabwägung als Bestandteil einer sozial gerechtfertigten betriebsbedingten Kündigung angeknüpft.[43] Zugleich wird damit die in den Anfangsjahren des KSchG verbreitete Literaturansicht zur Überprüfung der Angemessenheit der unternehmerischen Entscheidung im Verhältnis zu den betroffenen Arbeitnehmerbelangen wieder belebt.[44] Dagegen führt der Ansatz von *B. Preis* für die Fälle der Betriebsstilllegung bzw. Produktionsverlagerung zu keinen anderen Ergebnissen als die herrschende Meinung, weil unternehmerische Entscheidungen, die zu einer Verminderung des Beschäftigungsvolumens führen, danach ebenfalls kontrollfrei bleiben und nur Veränderungen der innerbetrieblichen Arbeitsorganisation stärker überprüft werden sollen.[45]

42 Siehe *Kühling*, AuR 2003, 92,97 f.; *Stein*, BB 2000, 457, 464; *ders.*, AuR 2003, 99, 101 f.
43 Zu Nachweisen siehe oben Fn. 33 und 34.
44 Vgl. (mit unterschiedlichen Akzentsetzungen) *Diekhoff*, AuR 1957, 197 ff.; *Joachim*, BB 1954, 1114 ff.; *Kauffmann*, NJW 1953, 1047 ff.; *E. Molitor*, BB 1953, 34 ff.; *K. H. Schmidt*, RdA 1954, 170 ff.; *Schüler*, AuR 1954, 54 ff.
45 *B. Preis*, DB 2000, 1122, 1124 ff.

b) *Dringlichkeit des betrieblichen Erfordernisses*

Einen anderen Ansatz wählt *U. Preis*, indem er gerade nicht zu der als konturenlos bezeichneten Interessenabwägung der früheren Rechtsprechung zurückkehren will, die seiner Ansicht nach von der neueren Judikatur zu Recht überwunden worden ist. Vielmehr knüpft *U. Preis* an den Wortlaut von § 1 Abs. 2 Satz 1 KSchG an. Nach seiner Auffassung ergibt sich aus dem Merkmal der »Dringlichkeit«, dass die betrieblichen Erfordernisse eine gewisse Belastungsgrenze erreicht haben müssen, um eine Kündigung zu rechtfertigen. Rationalisierungsmaßnahmen würden daher nicht per se betriebsbedingte Kündigungen sozial rechtfertigen können. Stattdessen sei ein triftiges Rentabilitätsinteresse erforderlich. Ein allein aus Gründen der Gewinnsteigerung durchgeführter Personalabbau könne zwar nicht als rechtsmissbräuchlich bezeichnet werden. Es fehle in diesen Fällen aber am Merkmal der »Dringlichkeit« des betrieblichen Erfordernisses.[46] Anders als *Kühling* und *Stein* postuliert *U. Preis* somit keine umfassende Interessenabwägung. Insbesondere will *U. Preis* das Gewicht der Arbeitnehmerinteressen nicht in die Prüfung der sozialen Rechtfertigung betriebsbedingter Kündigungen einbeziehen. Allerdings ist die nach seinem Konzept erforderliche Prüfung der Verhältnismäßigkeit im engeren Sinne als Teilaspekt der Feststellung eines triftigen Rentabilitätsinteresses von der früheren umfassenden Interessen- und Güterabwägung nicht sehr weit entfernt.[47]

III. *Stellungnahme*

1. *Reichweite der verfassungsrechtlichen Schutzpflicht*

a) *Ausgangssituation*

Ausgangspunkt der verfassungsrechtlichen Bewertung sind die vom BVerfG schon frühzeitig entwickelte Grundvorstellung von der privatrechtsgestaltenden Wirkung der Grundrechte einerseits[48] und die seit den siebziger Jahren

46 *U. Preis*, NZA 1995, 241, 248 f.; *ders.*, in: Stahlhacke/Preis/Vossen, Kündigung und Kündigungsschutz, Rn. 997 f.; ebenso *Annuß*, Betriebsbedingte Kündigung, S. 110 ff.; *Quecke*, NZA 1999, 1247, 1251; ähnl. BTM/*Mayer*, § 1 KSchG Rn. 350; im Erg. auch ArbG Gelsenkirchen v. 1.10.1997, AiB 1999, 48; ArbG Gelsenkirchen v. 28.10.1997, NZA 1998, 944; KDZ/*Kittner*, § 1 KSchG Rn. 337, 341; siehe ferner *Bitter*, DB 1999, 1214, 1215; *ders.*, DB 2000, 1760, 1766; *Borrmann*, ArbRGegw, Bd. 24 (1987), S. 71, 84 ff.

47 Vgl. *Hillebrecht*, ZfA 1991, 87, 111.

48 Grdl. BVerfG v. 15.1.1958, BVerfGE 7, 198, 204 ff. – Lüth.

des vergangenen Jahrhunderts vom BVerfG vorangetriebene Lehre von den grundrechtlichen Schutzpflichten andererseits, nach der den Staat eine Schutzpflicht zugunsten von Grundrechtsträgern trifft, deren Freiheiten nicht durch hoheitliche, sondern durch private Eingriffe bedroht sind.[49] Für den Bereich des Kündigungsschutzes haben beide Argumentationslinien in der Vorstellung eines verfassungsrechtlichen Mindestbestandsschutzes von Arbeitsverhältnissen zusammengefunden. Nach verschiedenen vorsichtig tastenden Ansätzen im Schrifttum[50] ist dieser Gedanke dann vom BVerfG in seinen Entscheidungen zum Einigungsvertrag und zur Kleinbetriebsklausel voll entfaltet worden.[51] Danach wird das Interesse des Arbeitnehmers an der Beibehaltung seines Arbeitsplatzes durch Art. 12 Abs. 1 GG geschützt. Konkret gewährleistet Art. 12 Abs. 1 GG neben der Freiheit der Berufwahl auf der einen und der Berufsausübung auf der anderen Seite auch die freie Wahl des Arbeitsplatzes. Zwar verleiht das Grundrecht keinen unmittelbaren Schutz gegen den Verlust eines Arbeitsplatzes aufgrund privater Disposition. Allerdings trifft den Staat insoweit aus Art. 12 Abs. 1 GG eine Pflicht zum Schutz der Arbeitnehmer vor Arbeitgeberkündigungen. Diese grundrechtliche Ableitung eines Mindestbestandsschutzes von Arbeitsverhältnissen wird zwar bis in die jüngste Zeit hinein angezweifelt, weil sie der Sache nach ein Freiheitsrecht in ein Leistungs- bzw. Teilhaberecht umwandele,[52] hat sich aber mehrheitlich durchgesetzt.[53] Zudem kann man als gedankliches Bindeglied die Überlegung hinzufügen, dass es aus grundrechtlicher Perspektive nicht darum geht, den Arbeitgeber zur Schaffung von Arbeitsplätzen zu verpflichten, sondern lediglich die Beendigung einer autonom eingegangen Rechtsbeziehung unter Nutzung eines von der staatlichen Rechtsordnung zur Verfügung gestellten Instruments an bestimmte Konditionen zu binden.[54]

49 Zu den grundrechtlichen Schutzpflichten siehe nur *Calliess*, HbGrundR, Bd. II, § 44 Rn. 1 ff.; *Isensee*, HbStR, Bd. V, § 111 Rn. 77 ff.; *E. Klein*, NJW 1989, 1633 ff.; *H. Klein*, DVBl. 1994, 489 ff.; umfassend *Ruffert*, Vorrang der Verfassung, S. 141 ff.

50 Vgl. *Badura*, FS Herschel (1982), S. 21, 34 f.; *Benda*, FS Stingl (1984), S. 35, 40 ff.; *Papier*, DVBl. 1984, 801, 813; *Pietzcker*, NVwZ 1984, 550, 554 f.; *Waltermann*, DVBl. 1989, 699, 700; *Wendt*, DÖV 1984, 601, 609 f.

51 BVerfG v. 24.4.1991, BVerfGE 84, 133, 146 f.; BVerfG v. 10.3.1992, BVerfGE 85, 360, 372 f.; BVerfG v. 21.2.1995, BVerfGE 92, 140, 150; BVerfG v. 27.1.1998, BVerfGE 97, 169, 175; ebenso BVerfG v. 21.6.2006, NZA 2006, 913.

52 *Annuß*, Betriebsbedingte Kündigung, S. 18 ff.; *Lindner*, RdA 2005, 166, 167 ff.; *Mohr*, ZfA 2006, 547, 562 ff.; *Reuter*, FS Wiedemann (2002), S. 449, 455, 469; *ders.*, RdA 2004, 161, 165; *Stelljes*, Grundlage und Reichweite, S. 89; abl. auch v. Münch/Kunig/*Gubelt*, GG, Art. 12 Rn. 25; in diesem Sinne ferner *Isensee*, HbStR, Bd. V, § 111 Rn. 132 f.

53 Siehe etwa *Breuer*, HbStR, Bd. VI, § 147 Rn. 72; *Dieterich*, RdA 1995, 129, 134; *Hanau*, FS Dieterich (1999), S. 201 ff.; *Hergenröder*, ZfA 2002, 355, 369 f.; *Manssen*, in: v. Mangold/Klein/Starck, GG, Art. 12 Rn. 57; *Otto*, FS Wiese (1998), S. 353, 359 ff.; APS/*Preis*, Grundlagen A Rn. 26 ff.; *Ruffert*, Vorrang der Verfassung, S. 465 ff.; *Tettinger*, in: Sachs, GG, Art. 12 Rn. 66; *Urban*, Kündigungsschutz, S. 48 ff.; umfassend *Bengsch*, Mindestkündigungsschutz, S. 45 ff., 75 ff.; siehe auch *G. Hoffmann*, AöR, Bd. 107 (1982), S. 177, 202 ff.

54 Ähnlich *Oetker*, RdA 1997, 9, 14.

Allerdings kann sich nach allgemeiner Ansicht auch der Arbeitgeber für sein Interesse an der Beendigung des Arbeitsverhältnisses auf Grundrechtsschutz berufen. So gewährleisten Art. 12 Abs. 1, 2 Abs. 1 GG das grundsätzliche Recht des Arbeitgebers, sich von den in seinem Unternehmen beschäftigten Mitarbeitern wieder zu trennen.[55] Der Gesetzgeber steht daher vor der Aufgabe, die im Arbeitsverhältnis wechselseitig verschränkten Grundrechtspositionen im Wege praktischer Konkordanz auszugleichen und dadurch möglichst wirksam zur Geltung zu bringen. Hierbei kommt ihm nach allgemeiner Meinung ein weiter Gestaltungsspielraum zu, um die Reichweite des arbeitsrechtlichen Bestandsschutzes entsprechend den jeweils vorherrschenden sozialpolitischen Einschätzungen an sich ändernde Arbeitsmarktbedingungen anzupassen und sie mit den jeweiligen sozialrechtlichen Folgeregelungen in Einklang zu bringen.[56] Im Grundsatz fordert die Verfassung lediglich die Einhaltung äußerster Grenzen, indem sie auf der einen Seite ein Übermaßverbot und auf der anderen Seite ein Untermaßverbot statuiert.[57] Der Staat darf bei der Ausgestaltung des arbeitsrechtlichen Bestandsschutzes also einerseits nicht unverhältnismäßig in die Berufsfreiheit des Arbeitgebers eingreifen, während er andererseits den Arbeitnehmern als den im Allgemeinen schwächeren Marktteilnehmern einen gewissen Mindestschutz zugute kommen lassen muss.

Nach den Worten des BVerfG tragen die geltenden Kündigungsvorschriften der dem Staat aus Art. 12 Abs. 1 GG obliegenden Schutzpflicht hinreichend Rechnung.[58] Diese mehrfach wiederholte apodiktische Aussage darf freilich nicht dahin verstanden werden, dass mit ihr automatisch alle Einzelergebnisse, zu denen die Arbeitsgerichtsbarkeit bei der Interpretation des KSchG gelangt, verfassungsrechtlich sanktioniert werden. Deutlich wird dies etwa an einer neueren Entscheidung des BVerfG zur Auflösung des Arbeitsverhältnisses nach § 9 KSchG. Danach ist diese Regelung, die eine gerichtliche Auflösung des Arbeitsverhältnisses gegen Zahlung einer Abfindung unter bestimmten Voraussetzungen ermöglicht, verfassungsrechtlich nicht zu beanstanden. Sie muss aber in einer Art und Weise gehandhabt werden, die den Schutzgehalt von Art. 12 Abs. 1 GG nicht zu Lasten des Arbeitnehmers leer laufen lässt.[59]

55 BVerfG v. 27.1.1998, BVerfGE 97, 169, 176 ff.
56 *Oetker*, RdA 1997, 9, 15.
57 Dazu bereits *Dieterich,* RdA 1995, 129, 134.
58 BVerfG v. 24.4.1991, BVerfGE 84, 133, 147; BVerfG v. 21.2.1995, BVerfGE 92, 140, 150; BVerfG v. 27.1.1998, BVerfGE 97, 169, 175.
59 BVerfG v. 22.10.2004, AP KSchG 1969 § 9 Nr. 49.

b) *Umfang der unbeschränkbaren unternehmerischen Freiheit*

Der Kritik am herrschenden Verständnis des Rechts der betriebsbedingten Kündigung bei Betriebsstilllegungen wäre von vornherein der Boden entzogen, wenn die unternehmerische Entscheidung über eine Betriebsstilllegung oder eine Produktionsverlagerung kraft Verfassungsrechts »unantastbar« wäre, die Forderung nach einer intensiveren gerichtlichen Kontrolle also das Übermaßverbot verletzen würde. So gewährleistet Art. 12 Abs. 1 GG nach einer verbreiteten Ansicht das unbeschränkbare Recht des Arbeitgebers, seine Berufstätigkeit zu beenden und dazu sein Unternehmen aufzugeben. In gleicher Weise soll auch die Entscheidung über den Umfang des vom Arbeitgeber geführten Unternehmens in den durch Kündigungsschutzvorschriften nicht beeinflussbaren Kernbereich der Berufsfreiheit fallen.[60]

Diese Stimmen können sich auf den ersten Blick durch den Beschluss des BVerfG zur Kleinbetriebsklausel bestätigt fühlen, in der sich die Aussage findet, dass die Entscheidung des Arbeitgebers, die Zahl der in seinem Unternehmen beschäftigten Arbeitnehmer auf das von ihm bestimmte Maß zu beschränken, durch seine Berufsfreiheit gemäß Art. 12 Abs. 1 GG, jedenfalls aber aufgrund seiner durch Art. 2 Abs. 1 GG geschützten wirtschaftlichen Betätigungsfreiheit gewährleistet ist.[61] Diese Passage darf freilich nicht dahin interpretiert werden, als ob das BVerfG jegliche Beeinträchtigung der unternehmerischen Freiheit zur Stilllegung von Betrieben von vornherein für verfassungsrechtlich unzulässig erklärt hat. Vielmehr spricht das BVerfG davon, dass sich aus der Kollision des arbeitgeberseitigen Grundrechts aus Art. 12 Abs. 1 GG bzw. Art. 2 Abs. 1 GG mit den Grundrechten der Arbeitnehmer aus Art. 12 Abs. 1 GG ein Problem praktischer Konkordanz ergebe. Wenn das BVerfG die Entscheidung des Arbeitgebers über die Zahl der bei ihm tätigen Arbeitnehmer als grundrechtlich geschützt ansieht und im unmittelbaren Anschluss daran einen Ausgleich der kollidierenden Grundrechtspositionen verlangt, kann dies nur dahin verstanden werden, dass die unternehmerische Entscheidung über den Abbau von Personal durch Art. 12 Abs. 1 GG nicht von vornherein und unter allen Umständen von rechtlichen Bindungen freizuhalten ist. In diesem Falle bestünde nämlich keine Notwendigkeit mehr, die kollidierenden Grundrechtspositionen in ihren Wechselwirkungen zu erfassen und zu begrenzen, um sie für alle Beteiligten möglichst weitgehend wirksam werden zu lassen. Vielmehr würde sich die arbeitgeberseitige Entscheidung

60 *Hergenröder*, ZfA 2002, 355, 359; *Hofmann*, ZfA 1984, 295, 312 f.; *Papier*, DVBl. 1984, 801, 813; *ders.*, RdA 2000, 1, 4; *Zöllner*, Gutachten D zum 52. DJT (1978), S. 100 f.; plastisch *Ossenbühl*, AöR, Bd. 115 (1990), S. 1, 21: »Schrumpfungsfreiheit«.

61 BVerfG v. 27.1.1998, BVerfGE 97, 169, 176. Siehe auch BVerfG v. 19.7.2000, BVerfGE 102, 197, 213: Recht zur Beendigung eines Geschäftsbetriebs grundsätzlich garantiert.

zur Personalreduzierung stets ohne jegliche Einschränkung durchsetzen, was offenkundig nicht den Vorstellungen des BVerfG entspricht.
Anstelle einer pauschalen Zuweisung der unternehmerischen Entscheidung über eine Betriebsstilllegung in den unantastbaren Kernbereich der Berufsfreiheit bedarf es einer Differenzierung, die sich an den allgemeinen Grundsätzen der Grundrechtsdogmatik zu Art. 12 Abs. 1 GG orientiert. Danach ist für die Reichweite des verfassungsrechtlichen Schutzes der Kündigungsfreiheit entsprechend den Vorgaben des BVerfG[62] zum einen danach zu unterscheiden, ob eine Beschneidung der Kündigungsmöglichkeiten die besonders schutzwürdige personale Komponente der Berufsfreiheit oder nur die Frage betrifft, wie der »entpersönlichte«[63] unternehmerische Umgang mit dem »Faktor Arbeit« geordnet wird.[64] Zum anderen ist zumindest im Ansatz zwischen Einschränkungen der negativen Berufswahlfreiheit[65] und bloßen Berufsausübungsregelungen zu differenzieren, wobei das BVerfG die früher vertretene starre Drei-Stufen-Theorie allerdings schon seit längerem durch eine gleitende Anwendung des Verhältnismäßigkeitsgrundsatzes verfeinert hat.[66]
Soweit eine oder mehrere natürliche Personen ihre berufliche Tätigkeit etwa aus Altersgründen aufgeben wollen und zu diesem Zweck das von ihnen getragene Unternehmen vollständig stilllegen, ist ihre negative Berufswahlfreiheit betroffen. In einer solchen Konstellation müssen betriebsbedingte Kündigungen in jedem Falle möglich sein, weil anderenfalls ein Zwang zur Weiterarbeit bestünde, der unverhältnismäßig in die persönliche Lebensgestaltung eingreifen würde.[67] Dementsprechend ist auch die von der Stilllegung des gesamten Unternehmens zu unterscheidende Stilllegung eines von mehreren Betrieben zum unbeschränkbaren Bereich der negativen Berufsfreiheit des Arbeitgebers zu zählen, wenn und soweit diese Maßnahme dazu dient, die berufliche Tätigkeit durch einen oder mehrere Unternehmensinhaber aufzugeben bzw. zu reduzieren. Schon die Produktionsverlagerung etwa ins Ausland lässt sich aber nicht mehr als eine Ausübung der unter besonderem Schutz stehenden negativen Berufswahlfreiheit fassen, weil sie regelmäßig nicht mit

62 Grdl. BVerfG v. 1.3.1979, BVerfGE 50, 290, 362 ff.; ferner BVerfG v. 18.6.1980, BVerfGE 54, 301, 313; BVerfG v. 21.10.1981, BVerfGE 59, 172, 210. Zu den verschiedenen Gewährleistungsschichten der Berufsfreiheit ferner *Benda*, FS Stingl (1984), S. 35 ff.; *Bryde*, NJW 1984, 2177, 2181 f.; *Hufen*, NJW 1994, 2913, 2914 f.; *Ossenbühl*, AöR, Bd. 115 (1990), S. 1, 12.
63 So *Bryde*, NJW 1984, 2177, 2182 Fn. 97.
64 APS/*Preis*, Grundlagen A Rn. 31.
65 Zum Schutz der negativen Berufswahlfreiheit durch Art. 12 Abs. 1 GG BVerfG v. 21.10.1981, BVerfG 58, 358, 364 f.; *Merten*, FS Stingl (1984), S. 285, 287 f.; *Papier*, DVBl. 1984, 801, 806.
66 Siehe nur *Hufen*, NJW 1994, 2913, 2917; *Manssen*, in: v. Mangoldt/Klein/Starck, GG, Art. 12 Rn. 143 ff.; *Tettinger*, AöR, Bd. 108 (1983), S. 92, 117 ff.
67 *Papier*, DVBl. 1984, 801, 813; *ders.*, RdA 1989, 137, 140; *Scholz*, ZfA 1981, 265, 282; *Stahlhacke*, DB 1994, 1361.

einer Verringerung der eigenen beruflichen Tätigkeit des Arbeitgebers verbunden ist. Das personale Element der Berufsfreiheit schwindet sogar völlig, wenn es bei größeren juristischen Personen oder bei Unternehmensgruppen um Standortschließungen bzw. -verlagerungen und damit um reine Investitions- bzw. Desinvestitionsentscheidungen geht. Zwar können sich nach ganz überwiegender Ansicht auch juristische Personen auf die Berufsfreiheit aus Art. 12 Abs. 1 GG berufen.[68] Bei ihnen steht indes der marktwirtschaftlich-wettbewerbliche Aspekt im Vordergrund. Aus verfassungsrechtlicher Perspektive geht es insoweit nicht um Persönlichkeitsentfaltung, sondern lediglich darum, dass die Rechtsordnung einen hinreichenden Spielraum zur Entfaltung unternehmerischer Initiativen gewährleisten muss, damit Unternehmen in der Lage sind, im Wettbewerb zu bestehen und wirtschaftliche Werte zu schaffen.[69]

Zu diesem Bereich wird man standortbezogene Entscheidungen dann zählen können, wenn die Nachfrage nach bestimmten Produkten definitiv weggefallen oder ein Betrieb nachhaltig unrentabel geworden ist. Insoweit schützt Art. 12 Abs. 1 GG unbeschränkbar davor, dass ein Unternehmen gegen den Willen seiner Inhaber dauerhaft zu einer reinen Beschäftigungsgesellschaft mutiert bzw. sich nur im Wege der Insolvenz von überzähligen Arbeitnehmer trennen kann. Der einfachrechtliche Bestandsschutz gegenüber betriebsbedingten Kündigungen darf nicht so ausgestaltet sein, dass der Arbeitgeber gezwungen wird, das Unternehmen sehenden Auges in eine ausweglose Lage hineingleiten zu lassen. Die Funktionsfähigkeit des Unternehmens als einer autonomen Wirtschaftseinheit bildet eine unüberwindbare Grenze kündigungsschutzrechtlicher Regelungen.[70] Geht es dagegen lediglich um die Frage, mit welchen strukturellen Maßnahmen ein unternehmerischer Erfolg gesteigert werden kann, sind diese Entscheidungen zwar ebenfalls durch Art. 12 Abs. 1 GG geschützt, einer Abwägung mit entgegenstehenden grundrechtlich geschützten Interessen der Arbeitnehmer aber nicht von vornherein verfassungsfest enthoben. Eine gesetzliche bzw. richterliche Ausgestaltung des Bestandsschutzes, die der Berufsfreiheit der Arbeitnehmer nicht zuletzt um ihrer per-

68 BVerfG v. 16.3.1971, BVerfGE 30, 292, 312; BVerfG v. 1.3.1979, BVerfGE 50, 290, 363; BVerfG v. 22.1.1997, BVerfGE 95, 173, 181; BVerfG v. 19.7.2000, BVerfGE 102, 197, 212 f.; *Tettinger*, in: Sachs, GG, Art. 12 Rn. 22. Dagegen unterfallen ausländische juristische Personen nicht dem Schutz von Art. 12 Abs. 1 GG; vgl. (teilweise zu Art. 14 GG) BVerfG v. 1.3.1967, BVerfGE 21, 207, 208 f.; BGH v. 28.2.1980, BGHZ 76, 387, 395; BFH v. 24.1.2001, NJW 2001, 2199; v. Münch/Kunig/*Gubelt*, GG, Art. 12 Rn. 6; *Meessen*, JZ 1970, 602 ff. Die sich daraus ergebenden Konsequenzen für den Kündigungsschutz sind bislang soweit ersichtlich noch nicht aufgearbeitet.

69 Vgl. BVerfG v. 29.7.1959, BVerfGE 10, 89, 99; BVerfG v. 16.5.1961, BVerfGE 12, 341, 347 f.; BVerfG v. 14.10.1970, BVerfGE 29, 260, 266 f.; BVerfG v. 1.3.1979, BVerfGE 50, 290, 366; BVerfG v. 19.10.1983, BVerfGE 65, 196, 216.

70 APS/*Kiel*, § 1 KSchG Rn. 446 (unter dem Blickwinkel von Art. 14 GG).

sönlichen beruflichen Entfaltung willen[71] den Vorrang gegenüber wirtschaftlichen Interessen des Arbeitgebers jenseits des umschriebenen Kernbereichs einräumt, ist damit nicht verfassungswidrig.
Etwas anderes ergibt sich auch nicht aus der These, dass niemand gegen seinen Willen zur Übernahme des Unternehmerrisikos gezwungen werden könne und es deshalb auch jedem freistehen müsse, die Risikotragung wieder abzuschütteln.[72] Bei der hier zu diskutierenden Bestandsschutzproblematik geht es nämlich nicht um die zweifellos unzulässige erstmalige heteronome Auferlegung eines unternehmerischen Risikos. Vielmehr steht lediglich in Rede, ob eine ursprünglich autonom als ökonomisch vorteilhaft eingegangene Rechtsbeziehung wegen einer veränderten Einschätzung der Vor- und Nachteile, die aus einer Fortsetzung der rechtlichen Beziehung erwachsen, ohne weiteres wieder beendet werden oder ob die Beendigung der Rechtsbeziehung unter bestimmten Voraussetzungen an eine gerichtliche nachprüfbare Abwägung der beiderseitigen Vor- und Nachteile geknüpft werden kann.
Die Gegenkonzeptionen lassen sich also nicht mit dem Argument aushebeln, sie würden gegen zwingende verfassungsrechtliche Vorgaben verstoßen. Dies gilt insbesondere auch für die von manchen verlangte Interessenabwägung. Eine andere Sicht der Dinge würde im Übrigen die von der Rechtsprechung und großen Teilen des Schrifttums jahrzehntelang auch bei der betriebsbedingten Kündigung praktizierte Interessenabwägung im Nachhinein für verfassungswidrig erklären.

c) *Reichweite des zwingenden Mindestschutzes*

Gleichsam am anderen Ende der Skala stellt sich die Frage, ob die gegenwärtige Position der herrschenden Meinung sowie insbesondere das Dogma von der gerichtsfreien Unternehmerentscheidung das Untermaßverbot in dem Sinne verletzen, dass keine wirksame Erfüllung der verfassungsrechtlichen Schutzpflicht zugunsten der Arbeitnehmer aus Art. 12 Abs. 1 GG mehr gewährleistet ist.
Aus Art. 12 Abs. 1 GG lässt sich unmittelbar allerdings nur ein Mindestbestandsschutz von Arbeitsverhältnissen herleiten. Die einfache Rechtsordnung darf das Interesse des Arbeitnehmers an der Aufrechterhaltung des von ihm gewählten Arbeitsplatzes nicht völlig vernachlässigen. Inhaltlich geht es in den Worten des BVerfG lediglich darum, den Arbeitnehmer vor willkürlichen

71 Zur Berufsfreiheit als Gewährleistung personaler Entfaltungsmöglichkeiten siehe bereits BVerfG v. 11.6.1958, BVerfGE 7, 377, 397 – Apotheken-Urteil.
72 *Henssler*, in: Blank (Hrsg.), Reform der Betriebsverfassung und Unternehmerfreiheit (2001), S. 33, 34; ebenso *Hergenröder*, FS Hadding (2004), S. 81, 88 f.; *Walker*, ZfA 2004, 501, 513.

oder auf sachfremden Motiven beruhenden Kündigungen zu schützen.[73] Ein darüber hinausgehender Bestandsschutz wird verfassungsrechtlich nicht gefordert.[74] Insbesondere gebietet Art. 12 Abs. 1 GG für sich genommen keine Kontrolle der unternehmerischen Entscheidung, die über das von der Rechtsprechung ohnehin bereits praktizierte Willkürverbot hinausgeht.[75]
Als Zwischenergebnis lässt sich daher festhalten, dass die herrschende Sichtweise, die den kündigungsrechtlichen Bestandsschutz bei Standortschließungen bzw. Standortverlagerungen auf eine Missbrauchskontrolle beschränkt, nicht gegen den aus der verfassungsrechtlichen Schutzpflicht resultierenden Mindestschutz verstößt. Eine intensivere Kontrolle standortrelevanter unternehmerischer Entscheidungen wäre verfassungsrechtlich zulässig, ist aber nicht zwingend geboten.

2. *Schutzkonzept und Auslegung des Kündigungsschutzgesetzes*

a) *Ursprungskonzept des KSchG*

Wie bereits erwähnt, berufen sich die Kritiker der herrschenden Ansicht auf den Willen des historischen Gesetzgebers. Dieser habe den Schutz des Arbeitnehmers vor Kündigungen über eine bloße Missbrauchskontrolle ausdehnen wollen. Mit dem Dogma von der weitgehend gerichtsfreien Unternehmerentscheidung sowie der Ablehnung einer Abwägung der Interessen zwischen Arbeitgeber und Arbeitnehmer verstoße die Rechtsprechung insbesondere bei Betriebsstilllegungen gegen die ursprüngliche Konzeption des KSchG.[76] Bemerkenswerterweise wird der Wille des Gesetzgebers aber auch von denjenigen ins Feld geführt, denen die Rechtsprechung zum Kündigungsschutz bereits zu weit geht. Danach bezwecke das KSchG lediglich den Ausschluss willkürlicher Kündigungen und sei erst durch die Judikatur in ein umfassendes Bestandsschutzgesetz verwandelt worden.[77]
Betrachtet man die Gesetzesmaterialien unvoreingenommen, ergibt sich ein ambivalentes Bild:[78] Festzuhalten ist zunächst, dass nach der Vorstellung des Gesetzgebers der Arbeitsplatz und die Betriebszugehörigkeit des Arbeitnehmers als Grundlagen seiner wirtschaftlichen und sozialen Existenz das

73 BVerfG v. 27.1.1998, BVerfGE 97, 169, 179.
74 ErfK/*Dieterich*, Art. 12 GG Rn. 36; KR/*Griebeling*, § 1 KSchG Rn. 19; APS/*Kiel*, § 1 KSchG Rn. 448.
75 *Oetker*, RdA 1997, 9, 19 f.; ebenso *v. Finckenstein*, Unternehmerentscheidung, S. 194 f.; in diesem Sinne auch *Dieterich*, AuR 2007, 65, 67 f.
76 *Stein*, BB 2000, 457,460; insoweit auch *M. Reuter*, NZA 1989, 241, 243.
77 Vgl. *Picker*, ZfA 2005, 353, 368 ff.
78 Ebenso *Annuß*, Betriebsbedingte Kündigung, S. 103.

geschützte Rechtsgut des KSchG bilden sollen.[79] Die These, dass die Rechtsprechung den Bestandsschutzgedanken contra legem entwickelt habe, ist daher nicht haltbar. Weiter ist in den Materialien davon die Rede, dass sich das Gesetz nicht gegen Entlassungen wende, die aus triftigen Gründen erforderlich seien, sondern lediglich gegen solche Kündigungen, die hinreichender Begründung entbehren und deshalb als eine willkürliche Durchschneidung des Bandes der Betriebszugehörigkeit erscheinen. Damit würde das Gesetz wirklich notwendige Kündigungen weder verhindern noch auch nur erschweren.[80] Der Arbeitsplatz und die Betriebszugehörigkeit des Arbeitnehmers sollten in den Grenzen des sozial- und wirtschaftlich Vertretbaren gesichert werden.[81] Diese Formulierungen erlauben in der Tat verschiedene Auslegungen, indem sie einerseits auf ein bloßes Willkürverbot hindeuten, andererseits aber einen triftigen Grund und damit offenbar eine gewisse Gewichtung des betrieblichen Erfordernisses verlangen.

Ein weiteres entstehungsgeschichtliches Argument für eine strengere Sichtweise knüpft daran an, dass die Bundesregierung auf den Vorschlag des Bundesrats, entsprechend dem Hattenheimer Entwurf eines KSchG[82] die »dringenden« durch »zwingende« betriebliche Erfordernisse zu ersetzen, entgegnete, eine solche Änderung sei nicht geboten, weil bereits die Fassung der Regierungsvorlage einen wirksamen sozialen Schutz gewährleiste.[83] Aus diesem Umstand sei zu schließen, dass mit dem Merkmal »dringend« ein besonders wirksamer Schutz der Arbeitnehmer gegen betriebsbedingte Kündigungen geschaffen werden sollte.[84] Auch dieser Aspekt hat indes einen ambivalenten Charakter, weil er zum einen im Sinne einer Gleichsetzung von »dringend« und »zwingend«, zum anderen aber auch in dem Sinne gedeutet werden kann, dass derjenige soziale Schutz, der durch die Bindung der betriebsbedingten Kündigung an »dringende« Gründe bewirkt werde, hinreichend sei.[85] Wieder einmal erweisen sich Gesetzesmaterialien als ein Steinbruch, aus dem die jeweils passenden Versatzstücke ausgesucht werden, um eine auf andere Weise gewonnene Position entstehungsgeschichtlich abzusichern. Tatsächlich verbleibt es bei einer Patt-Situation: Die gegenwärtig herrschende Sichtweise von der begrenzten Kontrolle betriebsbedingter Kündigungen ist mit dem zum Ausdruck gekommenen Willen des historischen Gesetzgebers vereinbar, ohne indes durch sie geradezu erzwungen zu sein.

79 Siehe Begründung des Regierungsentwurfs zum KSchG, RdA 1951, 58, 63. Ebenso BAG v. 29.3.1990, AP KSchG § 1 Betriebsbedingte Kündigung Nr. 50 (unter B II 7 a).
80 Begründung des Regierungsentwurfs zum KSchG, RdA 1951, 58, 63.
81 Begründung des Regierungsentwurfs zum KSchG, RdA 1951, 58, 64 (zu § 7 des Entwurfs).
82 Vgl. RdA 1950, 63.
83 Siehe RdA 1951, 178 f.
84 *Colneric*, in: Otto-Brenner-Stiftung (Hrsg.), Betriebsbedingte Kündigungen im Widerstreit (1998), S. 11, 32 f.; *Preis*, NZA 1995, 241, 248.
85 Im letztgenannten Sinne bereits *Monjau*, BB 1967, 1211, 1212.

b) *Parallele zum TzBfG?*

Die von der Gegenansicht geforderte Gewichtung des Arbeitgeberinteresses an der Durchführung der betrieblichen Maßnahme knüpft nicht nur an ältere Sichtweisen an, sondern findet ihr aktuelles Vorbild in der Rechtsprechung des BAG zum Anspruch auf Verringerung der Arbeitszeit nach § 8 TzBfG. Nach der ständigen Judikatur des Neunten Senats bedarf es für die Frage, ob hinreichend gewichtige betriebliche Gründe die Ablehnung des Teilzeitverlangens des Arbeitnehmers rechtfertigen, unter anderem der Prüfung, ob das Arbeitszeitverlangen des Arbeitnehmers zu einer unverhältnismäßigen wirtschaftlichen Belastung des Betriebs führen würde.[86] Diese Rechtsprechung zielt nicht auf eine Kontrolle der unternehmerischen Entscheidung über das der Arbeitszeitregelung zugrunde liegende Organisationskonzept des Arbeitgebers ab. Vielmehr wird die Organisation und Gestaltung des Betriebs ausdrücklich als eine im Grundsatz gerichtsfreie Entscheidung des Arbeitgebers bezeichnet.[87] Stattdessen geht es lediglich um eine Prüfung des Gewichts der betrieblichen Belange und damit um nichts anderes als das, was den Kritikern der herrschenden Meinung bei der Kontrolle der Rechtmäßigkeit betriebsbedingter Kündigungen vorschwebt. *Bayreuther* hat auf diese Diskrepanz der Rechtsprechung des Zweiten Senats zum Kündigungsrecht und des Neunten Senats zum Teilzeitanspruch aufmerksam gemacht.[88] Der abweichende Prüfungsmaßstab erstaunt auf den ersten Blick umso mehr, weil für die berechtigte Ablehnung des Teilzeitbegehrens des Arbeitnehmers lediglich ein betrieblicher Grund vorliegen muss,[89] während § 1 Abs. 2 Satz 1 KSchG für eine betriebsbedingte Kündigung ein dringendes betriebliches Erfordernis verlangt und damit offenbar eine höhere Messlatte anlegt.

Gleichwohl lassen sich aus § 8 TzBfG und seiner Auslegung durch den Neunten Senat des BAG keine zwingenden Schlüsse auf die Interpretation des KSchG ziehen. Zunächst lässt sich das TzBfG als eine spezielle Regelung begreifen, durch die der Gesetzgeber dem Interesse von Arbeitnehmern an einer Verringerung ihrer Arbeitszeit eine besondere Durchschlagskraft nicht zuletzt deshalb verleihen wollte, um auf diesem Wege Anreize für zusätzliche Beschäftigungsmöglichkeiten zu schaffen. Immerhin hält es auch der kündigungsrechtliche Senat für möglich, die bislang als unverrückbares Datum angesehene Arbeitszeitkonzeption des Arbeitgebers auch in kündigungsrechtlichen Zusammenhängen künftig einer Abwägung zu unterziehen, um die

86 BAG v. 18.2.2003, AP TzBfG § 8 Nr. 1; BAG v. 20.7.2004, AP TzBfG § 8 Nr. 11; BAG v. 21.6.2005, AP TzBfG § 8 Nr. 14.
87 BAG v. 21.6.2005, AP TzBfG § 8 Nr. 14.
88 *Bayreuther*, DB 2004, 1726 ff.
89 Anders noch der Referentenentwurf zum TzBfG, der einen dringenden betrieblichen Grund verlangt hatte, vgl. NZA 2000, 1045, 1046.

Wertung des TzBfG nicht zu unterlaufen.[90] Vor allem aber geht es beim Teilzeitverlangen des Arbeitnehmers lediglich um eine Verringerung des Arbeitszeitvolumens oder sogar nur um die Frage der Lage eines bestimmten Arbeitszeitumfangs gegen den Willen des Arbeitgebers. Sofern die Interessen des Arbeitnehmers als höherrangig anzusehen sind, kann der Arbeitgeber seine Belange notfalls durch Neueinstellungen wahren. Demgegenüber betreffen betriebsbedingte Kündigungen wegen einer Standortschließung oder Standortverlagerung gerade die umgekehrte Frage, dass der Arbeitgeber das Volumen der von ihm abgerufenen Arbeit in einem bestimmten Betrieb auf Null reduzieren und damit Personalkosten einsparen will. Das Pendant im Teilzeitrecht ist im Verlangen von Arbeitnehmern auf Verlängerung ihrer bisherigen Arbeitszeit zu sehen, um auf diese Weise ihre berufliche Freiheit umfassender zu entfalten sowie aus ihrer Tätigkeit einen größeren Ertrag zu erzielen. Insoweit hat das TzBfG dem Arbeitnehmer aber lediglich einen Anspruch auf vorrangige Berücksichtigung für den Fall eingeräumt, dass ein freier Arbeitsplatz neu besetzt werden soll (§ 9 TzBfG). Ob ein Arbeitsplatz neu eingerichtet oder ein freiwerdender Arbeitsplatz neu besetzt wird, unterliegt dagegen nach einhelliger Ansicht der unternehmerischen Entscheidungsfreiheit.[91]

c) *Verfassungsgeleitete Auslegung des KSchG*

Die entscheidende Frage besteht letztlich darin, ob das KSchG bei betriebsbedingten Kündigungen die sozialen Bindungen des Arbeitgebers auf die unternehmerische Ebene erstrecken oder ob es lediglich die Umsetzung unternehmerischer Entscheidungen auf der betrieblichen Ebene einer gerichtlichen Kontrolle unterziehen will. Die herrschende Sichtweise trifft eine deutliche Unterscheidung zwischen Unternehmen und Betrieb und damit zwischen der grundsätzlich kontrollfreien Feststellung des wirtschaftlichen Bedürfnisses und der zur Befriedigung dieses Bedürfnisses ergriffenen betriebsorganisatorischen Maßnahmen, die allein einer umfassenden gerichtlichen Kontrolle unterliegen.[92] Sofern der Bezugspunkt für die Dringlichkeit des betrieblichen Erfordernisses lediglich in der Frage liegt, ob es der Kündigungen wirklich bedarf, um das wirtschaftliche Bedürfnis zu befriedigen, spielen die einer standortrelevanten Entscheidung des Arbeitgebers zugrunde liegenden Motive definitionsgemäß keine Rolle. Auch wenn man die Dringlichkeit noch so sehr betont: Ohne eine Veränderung des Bezugspunktes gelingt kein

90 Vgl. *Rost*, JbArbR, Bd. 39 (2002), S. 83, 100.

91 BAG v. 15.8.2006, NZA 2007, 255, 258; *Hanau*, NZA 2001, 1168, 1174; *Jacobs*, in: Annuß/Thüsing, TzBfG, § 9 Rn. 14; ErfK/*Preis*, § 9 TzBfG Rn. 6; HWK/*Schmalenberg*, § 9 TzBfG Rn. 4; KDZ/*Zwanziger*, § 9 TzBfG Rn. 4.

92 *v. Hoyningen-Huene*, NZA 1994, 1009, 1010; *Reuter*, Anm. zu BAG, AP KSchG 1969 § 1 Betriebsbedingte Kündigung Nr. 6.

Durchgriff auf die vorgelagerte unternehmerische Entscheidung. Daran kann auch das Postulat einer Interessenabwägung nichts ändern, weil auch sie das Ruder nur dann zugunsten der von Kündigungen betroffenen Arbeitnehmer herumwerfen kann, wenn sie auf eine »Kontrolle der Unternehmervernunft«[93] abzielt und das unternehmerische Interesse letztlich als zu leicht gewichtet. Es ist deshalb konsequent, wenn *Colneric* den Begriff »betrieblich« in § 1 Abs. 2 Satz 1 KSchG im Sinne von »betriebswirtschaftlich« interpretiert[94] bzw. *Annuß* die Dringlichkeitsprüfung auf die unternehmerische Gestaltungsentscheidung bezieht[95], um damit den Boden für eine arbeitsgerichtliche Gewichtung des wirtschaftlichen Erfordernisses zu bereiten.

Zur Lösung des aufgeworfenen Problems bietet sich ein zweigestuftes Vorgehen an: Betrachtet man das KSchG zunächst isoliert, ist daran festzuhalten, dass es nach seiner eigenen Logik keine Beschäftigungsverhältnisse aufrechterhalten will, wenn sich die vom Unternehmer insgesamt abgefragte Arbeitsmenge verringert. Das Ziel des Gesetzes besteht nicht darin, nicht mehr vorhandene Arbeitsmöglichkeiten zulasten des Arbeitgebers zu fingieren, um den Arbeitnehmern betriebsbedingte Kündigungen zu ersparen. Im Grundsatz führt daher kein Weg daran vorbei, dass der durch unternehmerisches Handeln geschaffene Beschäftigungsbedarf den Rahmen dafür abgibt, innerhalb dessen kündigungsrechtlicher Bestandsschutz besteht.[96] Die vom KSchG an mehreren Stellen getroffene Unterscheidung zwischen Betrieb und Unternehmen (§§ 1 Abs. 2 Satz 2 Nr. 1, 17 ff., 23 KSchG) spricht dagegen, die in § 1 Abs. 2 Satz 1 KSchG genannten betrieblichen Erfordernisse schlicht mit unternehmerischen Erfordernissen gleichzusetzen und auf diese Weise die unternehmerische Entscheidung selbst umfassend zu kontrollieren oder zu gewichten.[97] Darüber hinaus ist § 15 Abs. 4 KSchG die klare Wertung zu entnehmen, dass eine Betriebsstilllegung eine betriebsbedingte Kündigung im Allgemeinen rechtfertigt. Die von Teilen der abweichenden Ansicht geforderte Wiedereinführung einer umfassenden Interessenabwägung trifft zudem auf den Einwand, dass sich kein Geringerer als *Herschel* gegen eine solche Auslegung des maßgeblich von ihm geschaffenen KSchG ausgesprochen hat.[98] Das KSchG will den Arbeitnehmer vor vermeidbaren Kündigungen schützen, nicht aber vor Arbeitslosigkeit aufgrund einer Veränderung wirtschaftlicher Rahmenbedingungen.[99]

93 In diesem Sinne bereits *Bötticher*, FS Molitor (1962), S. 123, 130.
94 *Colneric*, in: Otto Brenner Stiftung (Hrsg.), Betriebsbedingte Kündigungen im Widerstreit (1998), S. 11, 32.
95 *Annuß*, Betriebsbedingte Kündigung, S. 104.
96 ErfK/*Ascheid/Oetker*, § 1 KSchG Rn. 382.
97 In diesem Sinne auch *Reuter*, RdA 2004, 161, 165.
98 *Herschel*, DB 1973, 80, 82; *ders.*, FS G. Müller (1981), S. 191, 205.
99 *Herschel*, RdA 1975, 28, 30. Ob und in welchem Umfang das zuweilen als Referenz herangezogene französische Arbeitsrecht eine intensivere Kontrolle der unternehmerischen Ent-

Im Übrigen würde die von einem Teil der Kritiker der herrschenden Meinung angemahnte Rückkehr zur ursprünglich praktizierten Interessenabwägung den Arbeitnehmern im Allgemeinen jedenfalls dann nicht zu einem höheren Schutz verhelfen, wenn man sich bei der Abwägung an der früheren Rechtsprechung orientieren würde. Da das BAG seinerzeit den Nachteilen für die Arbeitnehmer die Ersparnisse für den Arbeitgeber gegenüberstellte,[100] hätte dies zur Folge, dass sich die Waagschale um so stärker zugunsten des Arbeitgebers senken würde, je größer die Entgeltdifferenz zwischen den »teuren« deutschen und den »billigen« ausländischen Arbeitnehmern ist. Während betriebsbedingte Kündigungen zwecks Erzielung einer mäßigen Rendite danach unter Umständen unwirksam wären, würden Kündigungen zur Erreichung einer exorbitant hohen Rendite wirksam sein: ein kaum überzeugendes Ergebnis.

Dies ist freilich nur die eine Seite der Medaille. Als Teil der Gesamtrechtsordnung unterliegt das KSchG wie sonstige Rechtsnormen gleichermaßen den Regeln über die verfassungskonforme wie über die verfassungsgeleitete Auslegung. Danach sind Gesetze nicht nur verfassungskonform im dem Sinne auszulegen, dass Ergebnisse, die für sich genommen verfassungswidrig sind, nach Möglichkeit vermieden werden müssen. Vielmehr sind jedenfalls solche Gesetze, mit denen der Gesetzgeber eine ihm obliegende Schutzpflicht erfüllt, darüber hinaus verfassungsgeleitet zu interpretieren.[101] Dies ist zwar nicht im Sinne eines Optimierungsgebotes zu verstehen, nach dem stets diejenige Gesetzesinterpretation zu wählen ist, die den durch das Grundrecht intendierten Schutz bestmöglich verwirklicht. Sofern der Gesetzgeber eine Abwägung von Arbeitgeber- und Arbeitnehmerinteressen in der Weise getroffen hat, dass dringende betriebliche Erfordernisse betriebsbedingte Kündigungen rechtfertigen können, darf diese Abwägung nicht einfach dadurch überspielt werden, dass die berufliche Entfaltung der Arbeitnehmer den unternehmerischen Belangen des Arbeitgebers außerhalb des Bereichs negativer Berufswahlentscheidungen stets übergeordnet wird. Stattdessen geht es im Ausgangspunkt nur darum, dass die Gerichte den vom jeweils betroffenen Grundrecht vorgezeichneten Schutzzweck der einfachgesetzlichen Norm nicht grundlegend verfehlen dürfen.[102] Immerhin kann von einer solchen Verfehlung dann

scheidung vorsieht, kann hier nicht untersucht werden, zumal diese Frage für die Interpretation des deutschen KSchG nur eine untergeordnete Rolle spielt. Immerhin hat der Conseil constitutionnel einer allzu rigiden gesetzlichen Einschränkung des Kündigungsrechts unter Berufung auf die Unternehmensfreiheit Einhalt geboten; vgl. Conseil constitutionnel v. 12.1.2002, Droit ouvrier 2002, 59; dazu *Frik*, RdA 2003, 39 ff.; siehe auch *Rebhahn*, ZfA 2003, 163, 196 f. Wie anhand neuerer Urteile der Cour de cassation v. 11.1.2006, RPDS 2006, 66 und 68, deutlich wird, darf diese Entscheidung allerdings nicht überschätzt werden.

100 Vgl. BAG v. 16.12.1960, AP BetrVG § 56 Nr. 22.

101 BVerfG v. 12.11.1997, BVerfGE 96, 375, 398 (Grundrechte als »Richtlinien« zu beachten); ErfK/*Dieterich*, GG Einl. Rn. 80; *ders.*, AuR 2007, 65, 68.

102 BVerfG v. 16.11.1993, BVerfGE 89, 276, 286; BVerfG v. 21.9.2006, NZA 2007, 195, 196.

gesprochen werden, wenn die Gerichte für Arbeitssachen das KSchG so interpretieren würden, dass es sich solchen Kündigungen nicht in den Weg stellt, die der Umsetzung einer nicht hinzunehmenden unternehmerischen Entscheidung dienen.

Dass es nicht akzeptable unternehmerische Maßnahmen grundsätzlich gibt, belegt die von der herrschenden Meinung anerkannte Kontrolle der Unternehmerentscheidung auf Missbrauch. Mit dem Rechtsmissbrauchsverbot im engeren Sinne ist der im Zusammenhang mit standortrelevanten Entscheidungen streitigen Frage, ob auch krasses Gewinnstreben von Rechts wegen hinzunehmen ist oder ob sich der Rechtsordnung zumindest äußerste Grenzen entnehmen lassen, sofern sich dieses Gewinnstreben unmittelbar nachteilig auf die berufliche Betätigung einer Vielzahl von Arbeitnehmern auswirkt, allerdings nicht beizukommen. Von einem missbräuchlichen Verhalten kann lediglich dann die Rede sein, wenn eine Betriebsstilllegung etwa deshalb erfolgt, um die Belegschaft für die Wahl eines Betriebsrats »abzustrafen«[103] oder die Arbeitnehmer anderer Betriebe von gewerkschaftlichen Aktivitäten abzuschrecken.[104] Dasselbe gilt für den Fall, dass ein Arbeitgeber am selben Ort ein zweites Unternehmens aufbaut, auf das er alle Zulieferer- und Kundenbeziehungen überleitet, und anschließend den ersten Betrieb stilllegt, um sich von den dort beschäftigten Arbeitnehmern ohne Kostenrisiko trennen zu können.[105] Das Streben auch nach hohem Gewinn gehört dagegen zu den grundsätzlich legitimen Zielen von Unternehmen. Kündigungen, mit denen eine Verbesserung der Rentabilität des eingesetzten Kapitals erreicht werden soll, können daher nicht als rechtsmissbräuchlich im Sinne der Ausübung einer rechtlichen Befugnis zu einem dafür nicht vorgesehenen Zweck angesehen werden.[106] Die überwiegende Ansicht äußert deshalb zwar »juristisches Unbehagen«, hat sich für die teilweise geforderte Kontrolle extremen Gewinnstrebens[107] bislang allerdings nicht erwärmen können.[108]

103 Vgl. ArbG Leipzig v. 5.9.2002, NZA-RR 2003, 142 (Androhung einer Produktionsverlagerung ins Ausland wegen Verursachung von Kosten durch Betriebsrat).

104 So der US-amerikanische Fall Textile Workers Union v. Darlington Mfg. Co., 380 U.S. 263.

105 ArbG Berlin v. 17.2.2000, AuR 2001, 72; KR/*Griebeling*, § 1 KSchG Rn. 523; APS/*Kiel*, § 1 KSchG Rn. 487.

106 *Hillebrecht*, ZfA 1991, 87, 110; *U. Preis*, NZA 1995, 241, 248.

107 So ArbG Gelsenkirchen v. 1.10.1997, AiB 1999, 48; ArbG Gelsenkirchen v. 28.10.1997, NZA 1998, 944; *Feudner*, DB 1999, 742, 745; *ders.*, NZA 2000, 1136, 1143; KDZ/*Kittner*, § 1 KSchG Rn. 337, 341; *Stein*, BB 2000, 457, 464; in diese Richtung auch *Zepter*, DB 2000, 474, 476; im Erg. ferner *Annuß*, Betriebsbedingte Kündigung, S. 110 ff.; *U. Preis*, NZA 1995, 241, 248 f.; *ders.*, in: Stahlhacke/Preis/Vossen, Kündigung und Kündigungsschutz, Rn. 997 f.

108 KR/*Griebeling*, § 1 KSchG Rn. 588; *Hillebrecht*, ZfA 1991, 87, 110; *Kaiser*, NZA 2005, Beilage 1, S. 31, 33; APS/*Kiel*, § 1 KSchG Rn. 471; v. Hoyningen-Huene/*Linck*, KSchG, § 1 Rn. 702; *Stahlhacke*, DB 1994, 1361, 1365; *Thum*, Betriebsbedingte Kündigung, S. 153; scharf abl. auch *Rieble*, Anm. zu BAG, EzA KSchG § 1 Betriebsbedingte Kündigung Nr. 101 und 102.

Gleichwohl erscheint eine Grenzziehung möglich und auch geboten, die dadurch zu verwirklichen ist, dass man beim Kriterium der Willkür ansetzt und dieses um das Element des Verbots rücksichtslosen Verhaltens anreichert. Insoweit spricht einiges dafür, dass ein hemmungsloses Gewinnstreben, das jegliche Rücksichtnahme auf die Belange der Arbeitnehmer vermissen lässt, nicht mehr das Prädikat »frei« für sich in Anspruch nehmen kann, sondern sich eine rechtliche Limitierung gefallen lassen muss. Dabei kann es allerdings nur um äußerste Grenzen gehen. Gerade wenn man dem Gedanken, aus »überzogenen Forderungen« der Arbeitnehmerseite auf die Unzulässigkeit eines Streiks zu schließen, skeptisch gegenübersteht,[109] kann man bei »überzogenen Renditeerwartungen« der Arbeitgeberseite nicht mit kleiner Münze handeln.

Inhaltlich lässt sich an die zivilrechtlichen Grundsätze zur Sittenwidrigkeit von Rechtsgeschäften nach § 138 BGB anknüpfen. Danach sind etwa Darlehen sittenwidrig, wenn der marktübliche Zins um das Doppelte überschritten wird und der Kreditgeber die schwächere Lage des anderen Teils bewusst zum eigenen Vorteil ausnutzt.[110] Überträgt man diese Maßstäbe auf betriebsbedingte Kündigungen, ist ein rücksichtslos willkürliches Verhalten jedenfalls dann anzunehmen, sofern die branchenübliche Rendite des eingesetzten Kapitals um das Doppelte überschritten werden soll und allein zu diesem Zweck rentable, aber nicht hochprofitable Arbeitsverhältnisse beendet und die Arbeitnehmer damit um ihre wirtschaftliche Existenz gebracht werden. In diesem Zusammenhang sei daran erinnert, dass auch *Herschel* wie selbstverständlich davon ausging, dass eine betriebsbedingte Kündigung nur dann zulässig sei, wenn ein objektiver Sachzwang den Arbeitgeber bei einer »ordnungsmäßigen verantwortungsbewussten Betriebsführung« dazu nötige.[111]

Hält man die unternehmerische Entscheidung für unbeachtlich, fehlt es an einem dringenden betrieblichen Erfordernis, so dass betriebsbedingte Kündigungen bereits aus diesem Grund und nicht etwa nur wegen fehlender »Dringlichkeit« des betrieblichen Erfordernisses unwirksam sind.[112] In rechtstechnischer Hinsicht geht es also nicht um eine diffuse Interessenabwägung, sondern darum, die unternehmerische Entscheidung in eng umrissenen Ausnahmekonstellationen als unbeachtlich anzusehen, wodurch betriebsbedingten Kündigungen der Boden entzogen wird.

Diese geringfügige Erweiterung der gerichtlichen Kontrollbefugnis ändert freilich nichts daran, dass das Kündigungsschutzrecht letztlich keine wirksame Handhabe gegen Standortschließungen bereitstellt. Dies erklärt sich in

109 Dazu noch unten zu E III 3 b.
110 BGH v. 10.7.1986, BGHZ 98, 144, 177; BGH v. 24.3.1988, BGHZ 104, 102, 105; BGH v. 13.3.1990, BGHZ 110, 336, 338; Palandt/*Heinrichs*, BGB, § 138 Rn. 24 ff.
111 *Herschel*, FS Schnorr v. Carolsfeld (1972), S. 157, 165.
112 Vgl. *Walker*, ZfA 2004, 501, 518.

erster Linie daraus, dass das Kündigungsrecht keinen Bestandsschutz gegen den marktinduzierten Abbau von Arbeitsplätzen gewährleisten kann. Ein Schutz ist nur in dem Maße möglich, als sich in der standortrelevanten Entscheidung gerade keine Reaktion auf eine vom Arbeitgeber nicht beeinflussbare Veränderung von Marktdaten und damit ein »Schicksal« niederschlägt, sondern die Entscheidung lediglich Ausdruck eines die eigenen wirtschaftlichen Belange in übersteigertem Maße wahrnehmenden Verhaltens ist. Zudem ist mit der Anknüpfung an die übliche Rendite nur ein relativer Maßstab gewonnen, so dass allgemein veränderte Einstellungen von Investoren auch auf die Frage durchschlagen, ab wann von übersteigerten Renditeerwartungen gesprochen werden kann. Immerhin lässt sich auf diese Weise eine rechtliche Grenze formulieren, mit der die hinter dem Verbot rücksichtslosen Verhaltens stehende, vom BVerfG schon frühzeitig betonte Gemeinschaftsgebundenheit des Einzelnen[113] konkretisiert wird, ohne unternehmerisches Handeln übermäßig einzuschränken und die insbesondere von *Reuter* für eine funktionsfähige Marktwirtschaft angemahnte Außensteuerung von Unternehmen durch den Markt anstelle der Innensteuerung durch Schutzrechte der Belegschaft[114] zu unterlaufen.

d) *Standortverlagerungen als Austauschkündigungen?*

Ein speziell bei Standortverlagerungen in »Billiglohnländer« in Betracht kommender Ansatz könnte darin bestehen, das allgemein anerkannte Verbot der Austauschkündigungen[115] weiterzudenken und Kündigungen dann für unzulässig zu halten, wenn es nur darum geht, »teure« deutsche gegen »billige« osteuropäische oder ostasiatische Belegschaften auszutauschen. Diese Überlegung führt freilich nicht zum Ziel. Zunächst kann von einer Austauschkündigung nur dann gesprochen werden, wenn mehr oder weniger die gleichen Arbeitsvorgänge durch andere Arbeitnehmer vorgenommen werden sollen. Schon daran wird es bei Produktionsverlagerungen ins Ausland vielfach fehlen. Vor allem aber würde das etwaige Verbot einer Beendigungskündigung nichts an der davon zu trennenden Entscheidung über die Standortverlagerung ändern. Der Arbeitgeber wäre durch diese Konstruktion also allenfalls zum Ausspruch von Änderungskündigungen genötigt. Da kaum anzunehmen ist, dass größere Teile einer deutschen Belegschaft bereit sind, ihre Arbeit demnächst in Osteuropa oder gar in Ostasien fortzusetzen, würde ein Kündi-

113 BVerfG v. 20.7.1954, BVerfGE 4, 7, 15 f.; BVerfG v. 12.11.1958, BVerfGE 8, 274, 329; BVerfG v. 20.12.1960, BVerfGE 12, 45, 51; BVerfG v. 16.7.1969, BVerfGE 27, 1, 7.
114 *Reuter*, RdA 2004, 161, 166.
115 Siehe nur BAG v. 26.9.1996, AP KSchG § 1 Betriebsbedingte Kündigung Nr. 80; BAG v. 16.12.2004, AP KSchG § 1 Betriebsbedingte Kündigung Nr. 133, ErfK/*Ascheid/Oetker*, § 1 KSchG Rn. 441; APS/*Kiel*, § 1 KSchG Rn. 522 ff.; HWK/*Quecke*, § 1 KSchG Rn. 299.

gungsschutz ins Leere greifen. Vergleichbares gilt für den Bestandsschutz nach Betriebsübergangsrecht gemäß § 613 a BGB, wenn eine grenzüberschreitende Standortverlagerung mit einem Betriebsinhaberwechsel unter Aufrechterhaltung der Identität der wirtschaftlichen Einheit verbunden sein sollte,[116] was freilich eher selten vorkommen dürfte.[117]

3. *Grenzen der Eignung des Kündigungsschutzverfahrens für den Ausgleich kollektiver Interessen*

Gerade im Hinblick auf standortrelevante Entscheidungen wie Betriebsstilllegungen und Produktionsverlagerungen tritt ein weiteres Bedenken gegen eine breitflächige Aktivierung des Kündigungsschutzes als Instrument für einen wirksamen Arbeitnehmerschutz hinzu. Das Kündigungsschutzrecht regelt im Grundsatz lediglich den individuellen Interessenkonflikt zwischen dem Trennungsinteresse des Arbeitgebers auf der einen und dem Bestandsinteresse des einzelnen Arbeitnehmers auf der anderen Seite. Mit der Sozialauswahl und den Mechanismen im Sinne von § 1 Abs. 4 und Abs. 5 KSchG (Auswahlrichtlinien sowie Interessenausgleich mit Namensliste) wird das Kündigungsschutzrecht zwar durch kollektivrechtliche Elemente angereichert. Dies ändert aber nichts daran, dass das dringende betriebliche Erfordernis innerhalb der Rechtsbeziehung zwischen dem Arbeitgeber und dem einzelnen Arbeitnehmer zu beurteilen ist.
Dementsprechend ist der Kündigungsschutzprozess ein bipolares Verfahren, in dem dieser Interessenkonflikt nach den Regeln des Zivilprozessrechts (Verhandlungsgrundsatz, Dispositionsmaxime) ausgetragen wird. Für die Bewältigung kollektiver Auseinandersetzungen, um die es sich bei dem Streit um standortbezogene Entscheidungen des Arbeitgebers letztlich handelt, ist der Kündigungsschutzprozess in seiner vom Gesetzgeber gewollten Struktur nicht geschaffen. Die Überprüfung der sozialen Rechtfertigung von Kündigungen zwecks Schließung oder Verlagerung eines Standorts, die regelmäßig eine große Anzahl von Arbeitsverhältnissen betreffen, ist in einem Zwei-Parteien-Prozess sinnvoll kaum zu leisten. Sofern man nämlich eine Interessenabwägung verlangt, würde man nur dann zu angemessenen Ergebnissen gelangen, wenn man den Vorteilen des Entscheidungsvollzugs für den Arbeitgeber sämtliche Nachteile gegenüberstellt, die für die gesamte Belegschaft durch die Betriebsschließung erwachsen würden. Anderenfalls würde das

116 Vgl. BAG v.20.4.1989, AP BGB § 613 a Nr. 81: Verlagerung der Produktion von Berlin nach Lyon.

117 BAG v. 16.5.2002, NZA 2003, 93, 98 (verneint bei Verlagerung von Schuhproduktion von Deutschland nach Österreich); siehe auch BAG v. 12.2.1987, AP BGB § 613 a Nr. 67; gänzlich abl. LAG Nürnberg v. 26.8.1996, LAGE BGB § 613 a Nr. 51.

Arbeitgeberinteresse praktisch stets überwiegen. Nicht umsonst spricht sich *Kühling* deshalb für eine Berücksichtigung der Summe der betroffenen Arbeitnehmerbelange aus.[118] Für eine Einbeziehung der anderen Arbeitnehmern drohenden Nachteile bietet das auf den einzelnen Arbeitnehmer bezogene Kündigungsschutzverfahren aber keinen geeigneten Rahmen.

Darüber hinaus gewährleistet der Kündigungsschutzprozess keine Einheitlichkeit der Entscheidungsfindung. Es wäre deshalb nicht ausgeschlossen, dass die betriebsbedingten Kündigungen, mit denen eine Standortschließung durchgeführt werden soll, je nach dem Parteivorbringen in einzelnen Verfahren für sozial gerechtfertigt und in anderen für nicht sozial gerechtfertigt erklärt werden. Da die Aufrechterhaltung eines halben Standorts vielfach technisch oder wirtschaftlich unsinnig sein wird, wäre der Arbeitgeber dann ohne weiteres zu »Nachkündigungen« berechtigt, so dass sich der Kündigungsschutz letztlich darauf beschränken würde, die Standortaufgabe in die Länge zu ziehen.

In praktischer Hinsicht kommt hinzu, dass im Falle einer Betriebsschließung ein großer Teil der ausgesprochenen Beendigungskündigungen von vornherein nicht mit Kündigungsschutzklagen angegriffen wird. Da diese Kündigungen wegen der Fiktionswirkung gemäß § 7 KSchG als von Anfang an rechtswirksam gelten, müssten die insoweit betroffenen Arbeitnehmerbelange konsequenterweise aus der Gesamtabrechnung mit der Folge herausgerechnet werden, dass die übrig bleibenden Arbeitnehmerinteressen vielfach nicht mehr ausreichen werden, um ein hinreichendes Gegengewicht zu den unternehmerischen Belangen des Arbeitgebers zu bilden.

118 *Kühling,* AuR 2003, 92, 98.

C. Bindungen durch betriebsverfassungsrechtliche Regelungen

I. *Grundstruktur*

Das Betriebsverfassungsrecht verschafft der Arbeitnehmerseite mit den Vorschriften über die Mitbestimmung in wirtschaftlichen Angelegenheiten ebenfalls nur einen sehr begrenzten Einfluss auf standortrelevante Arbeitgeberentscheidungen. Die auf Betriebsstilllegungen bzw. Betriebsverlagerungen ohne weiteres anwendbaren §§ 111 ff. BetrVG differenzieren bekanntlich zwischen zwei Komplexen, die mit unterschiedlich intensiven Beteiligungsrechten des Betriebsrats versehen sind.

Zum einen geht es um die Betriebsänderung, also die unternehmerisch-wirtschaftliche Entscheidung als solche. Insoweit zielt das Beteiligungsrecht zwar auf einen Interessenausgleich darüber ab, ob, wann und in welcher Form die vom Unternehmer geplante Betriebsänderung durchgeführt wird.[119] Dem Betriebsrat steht dabei aber nur ein Verhandlungsanspruch, dagegen kein erzwingbares Mitbestimmungsrecht zu. Auch wenn der drohende Nachteilsausgleichsanspruch gemäß § 113 Abs. 3 BetrVG den Unternehmer dazu anhält, sich um einen Interessenausgleich zu bemühen und das BAG einen hinreichenden Versuch nur dann bejaht, wenn der Arbeitgeber das Verfahren bis vor die Einigungsstelle vorangetrieben hat,[120] ändert dies nichts daran, dass die Entscheidung des Unternehmers als solche frei ist und bleibt. Der Betriebsrat kann zwar versuchen, den Arbeitgeber auf argumentativem Wege von einer beabsichtigten Standortschließung bzw. Produktionsverlagerung abzuhalten. Arbeitskampfmaßnahmen stehen dem Betriebsrat dagegen nicht zur Verfügung (§ 74 Abs. 2 Satz 1 BetrVG). Das Gesetz schirmt den Unternehmer insoweit bewusst vom Arbeitnehmereinfluss ab. In die eigentlichen unternehmerischen Entscheidungen soll nach dem ausdrücklichen Willen des Gesetzgebers nicht eingegriffen werden.[121]

Der zweite Bereich betrifft den Ausgleich oder die Milderung der wirtschaftlichen Nachteile, die den Arbeitnehmern infolge der geplanten Betriebsände-

119 Siehe nur BAG v. 27.10.1987, BetrVG 1972 § 112 Nr. 41; Richardi/*Annuß*, BetrVG, § 111 Rn. 18; DKK/*Däubler*, BetrVG, §§ 112, 112a Rn. 14; *Fitting*, BetrVG, § 112 Rn. 14.

120 Vgl. BAG v. 20.4.1994, AP BetrVG 1972 § 113 Nr. 27; BAG v. 20.11.2001, AP BetrVG 1972 § 113 Nr. 39; BAG v. 26.10.2004, AP BetrVG 1972 § 113 Nr. 49.

121 BT-Drucksache VI/1786, S. 31, 55.

rung erwachsen, durch Aufstellung eines Sozialplans. Sofern zwischen dem Unternehmer und dem Betriebsrat keine Einigung über den Sozialplan zustande kommt, entscheidet die Einigungsstelle mit bindender Wirkung. Hinsichtlich der wirtschaftlichen Abfederung der Folgen von Betriebsänderungen steht dem Betriebsrat also ein zwingendes Mitbestimmungsrecht zu.

II. *Verfassungsrechtlicher Hintergrund*

Auch aus der verfassungsrechtlichen Perspektive spielt die Abstufung der Beteiligungsrechte bei beiden Komplexen eine entscheidende Rolle. Da die Durchführung der unternehmerischen Maßnahme nicht an die Zustimmung des Betriebsrats gebunden ist, sondern den Arbeitgeber nur eine durch den Nachteilsausgleich gemäß § 113 Abs. 3 BetrVG sanktionierte Beratungspflicht trifft,[122] bestehen gegen die Vorschriften über den Interessenausgleich von vornherein keine verfassungsrechtlichen Bedenken wegen eines unzulässigen Eingriffs in die Grundrechte des Arbeitgebers aus Art. 12 Abs. 1, 14 Abs. 1, 2 Abs. 1 GG.[123]
Dasselbe gilt im Ergebnis auch für die Regelungen über den Sozialplan. Die im Vorfeld der Schaffung dieser Vorschriften geäußerten Einwände, sie stellten einen verfassungswidrigen Eingriff in die unternehmerische Entscheidungsfreiheit sowie das unternehmerische Vermögen dar und ordneten zudem eine unzulässige Zwangsschlichtung an, haben sich nicht durchsetzen können.[124] Vielmehr geht man heute durchgängig und zutreffend davon aus, dass die Sozialplanpflichtigkeit verfassungsgemäß ist. Art. 14 GG ist von vornherein nicht betroffen, weil dieses Grundrecht das Vermögen grundsätzlich nicht gegen die Auferlegung von Geldleistungen schützt.[125] Zumindest aber liegt eine durch die Sozialbindung des Eigentums gerechtfertigte Inhalts- und Schrankenbestimmung im Sinn von Art. 14 Abs. 1 Satz 2 GG vor.[126] Ferner ist die Erzwingbarkeit von Sozialplänen eine verfassungsrechtlich zulässige

122 Zum vieldiskutierten Sonderproblem eines materiell-rechtlichen Anspruchs des Betriebsrats auf Unterlassung der Durchführung einer geplanten Betriebsänderung vor Abschluss des Interessenausgleichsverfahrens vgl. GK-BetrVG/*Oetker*, § 111 Rn. 189 ff.

123 *Ehmann*, FS Kissel (1994), S. 175, 191.

124 Vgl. *Galperin*, Regierungsentwurf, S. 44 ff.; *Kreutz*, BlStSozArbR 1971, 277, 282; *Krüger*, Regierungsentwurf, S. 44 ff.

125 BVerfG v. 20.7.1954, BVerfGE 4, 7, 17; BVerfG v. 8.4.1997, BVerfGE 95, 267, 300 f.; BVerfG v. 12.11.1997, BVerfGE 96, 375, 397; *Hess*, in: HSWG, BetrVG, § 112 Rn. 28; Sachs/*Wendt*, GG, Art. 14 Rn. 38.

126 Richardi/*Annuß*, BetrVG, § 112 Rn. 10; *Beuthien*, Sozialplan, S. 48 ff.; *Ehmann*, FS Kissel (1994), S. 175, 191; *Thüsing/Ricken*, JbArbR, Bd. 42 (2005), S. 113, 120 f.

Regelung der unternehmerischen Berufsausübung.[127] Weiter lässt sich dem Gesetz mit hinreichender Deutlichkeit entnehmen, dass die Einigungsstelle im Rahmen ihrer verbindlichen Entscheidung über den Sozialplan nur die wirtschaftlichen Nachteile ausgleichen oder mildern, nicht aber Regelungen über das »Ob« oder das »Wie« treffen, also etwa eine Standortschließung unterbinden oder hinauszögern darf.[128]
Soweit es schließlich um die Frage geht, ob durch die Höhe eines erzwingbaren Sozialplans bzw. durch die Drohung mit einem entsprechenden Einigungsstellenverfahren die unternehmerische Entscheidung über die Betriebsänderung selbst in unzulässiger Weise beeinflusst wird,[129] ist darauf hinzuweisen, dass § 112 Abs. 5 Nr. 1 BetrVG der Einigungsstelle aufgibt, die wirtschaftliche Vertretbarkeit ihrer Entscheidung für das Unternehmen zu berücksichtigen. Da diese Ermessensgrenze gerichtlich überprüfbar ist, wird einem verfassungsrechtlich unter Umständen bedenklichen Zwang, die geplante standortrelevante Maßnahme aus Kostengründen zu unterlassen, von vornherein wirksam entgegengetreten.[130]

III. *Betriebliche Vereinbarungen zur Standortsicherung*

1. *Ausgangslage*

Bislang nicht abschließend geklärt ist die Frage, ob sich Unternehmensleitung und Betriebsrat rechtsverbindlich über geplante Maßnahmen etwa in dem Sinne verständigen können, dass eine ursprünglich beabsichtigte Standortschließung unterbleibt, eingeschränkt oder zeitlich hinausgeschoben wird. Die betriebliche Praxis kennt eine Reihe von Fällen, in denen die Arbeitgeberseite mit den Betriebsräten entsprechende Regelungen ausgehandelt haben.[131] Begleitet werden solche beschäftigungssichernden Abreden regelmäßig durch Zugeständnisse des Betriebsrats hinsichtlich der sonstigen Arbeitsbedingun-

127 Richardi/*Annuß*, BetrVG, § 112 Rn. 12; *Ehmann*, FS Kissel (1994), S. 175, 191; *Kaven*, Recht des Sozialplans, S. 27.
128 Vgl. BAG v. 17.9.1991, AP BetrVG 1972 § 112 Nr. 59; Richardi/*Annuß*, BetrVG, § 112 Rn. 136. Abwegig daher *Galperin*, Regierungsentwurf, S. 44 ff. und *Krüger*, Regierungsentwurf, S. 44 ff., denen zufolge die Einigungsstelle nach Gutdünken unternehmerische Anordnungen mit Bindungswirkung treffen könne, woraus sich die Verfassungswidrigkeit der Regelungen ergebe; dagegen bereits *R. Hoffmann*, AuR 1971, 271, 277.
129 In diese Richtung, *Hohenstatt/Stamer*, DB 2005, 2410, 2413; ähnlich schon *Erdmann*, BlSt-SozArbR 1971, 241, 246.
130 Dazu auch noch unter IV.
131 Siehe *Göritz/Hase/Krehnke/Rupp*, Interessenausgleich und Sozialplan, S. 30 ff.; *Heidemann*, Beschäftigungssicherung, S. 30 ff.

gen (»concessionary bargaining«).[132] Zuweilen kommt es aber auch zu gemeinsamen Anstrengungen von Unternehmensleitung und Betriebsrat zur Verbesserung von Arbeitsprozessen (Beschleunigung von Verfahrensabläufen, Verringerung von Leerlauf, Verminderung von Material- und Energieverbrauch und ähnliches),[133] so dass der Betriebsrat in einem gewissen Maße mitunternehmerische Entscheidungsverantwortlichkeit übernimmt.
Die rechtliche Qualität derartiger Vereinbarungen wird schon seit längerem kontrovers diskutiert. Nach Ansicht des BAG sowie des überwiegenden Teils des Schrifttums begründet ein Interessenausgleich keinen Erfüllungsanspruch des Betriebsrats hinsichtlich der durchzuführenden bzw. zu unterlassenden Betriebsänderung.[134] Insbesondere sollen keine betrieblichen Regelungen über Standortzusagen rechtsverbindlich möglich sein.[135] Ein Interessenausgleich stelle vielmehr nur eine »Naturalobligation« dar.[136] Dagegen hält eine im Vordringen begriffene Minderansicht einen Interessenausgleich grundsätzlich für rechtlich bindend, so dass der Betriebsrat die in ihm enthaltenen Zusagen der Unternehmensleitung gegebenenfalls erzwingen kann.[137]
Als Ausgangspunkt ist zunächst festzuhalten, dass sich die Betriebsparteien im Rahmen eines Interessenausgleichs nicht nur über die Art und Weise einer vom Unternehmer geplanten Betriebsänderung verständigen, sondern auch die Frage regeln können, ob sie überhaupt durchgeführt werden soll.[138] In gegenständlicher Hinsicht sind standortsichernde betriebliche Regelungen also ohne weiteres möglich. Zweifelhaft ist dagegen die Rechtsverbindlichkeit solcher Absprachen. Im Grundsatz spricht auch weiterhin mehr für die Ansicht, dass das BetrVG den Interessenausgleich nicht schon automatisch mit einer Bindungswirkung versieht, die im Übrigen nicht auf den Arbeitgeber beschränkt werden könnte, sondern sich auch auf den Betriebsrat erstrekken würde. Aus der speziellen Sanktionsregelung des § 113 Abs. 1 BetrVG ergibt sich, dass der Gesetzgeber im Allgemeinen davon ausgegangen ist, dass dem Betriebsrat kein eigenständiger Anspruch auf Erfüllung des Interessen-

132 *Seifert*, WSI-Mitteilungen 2000, 437, 440 ff.
133 *Seifert*, WSI-Mitteilungen 2000, 437, 440 f.
134 BAG v. 28.8.1991, AP ArbGG 1979 § 85 Nr. 2; *Bauer*, DB 1994, 217, 223; *Hümmerich/Spirolke*, BB 1996, 1986, 1989; *Richardi*, FS Wiese (1998), S. 441, 450; *Schaub*, FS Däubler (1999), S. 347, 348; *Schmitt-Rolfes*, FS 50 Jahre BAG (2004), S. 1081, 1091 ff.; *Willemsen/Hohenstatt*, NZA 1997, 345, 348 ff.; *Zöllner/Loritz*, Arbeitsrecht, § 49 II 3 c, S. 598.
135 *Ehmann*, FS Kissel (1994), S. 175, 177 ff.; *Löwisch*, RdA 1989, 216, 217; *Willemsen/Hohenstatt*, NZA 1997, 345, 349 ff.
136 BAG v. 28.8.1991, AP ArbGG 1979 § 85 Nr. 2.
137 LAG München v. 30.7.1997, LAGE BetrVG 1972 § 112 Interessenausgleich Nr. 1; DKK/*Däubler*, BetrVG, §§ 112, 112a Rn. 15 ff.; Schaub/*Koch*, Arbeitsrechts-Handbuch, § 244 Rn. 31; *Matthes*, FS Wlotzke (1996), S. 393, 396; *Molkenbur/Schulte*, DB 1995, 269, 270 f.; *Siemes*, ZfA 1998, 183, 190 ff.; *Zwanziger*, BB 1998, 477, 478 ff.
138 Richardi/*Annuß*, BetrVG, § 112 Rn. 20; *Bauer*, DB 1994, 217, 223; *Fitting*, BetrVG, §§ 112, 112a Rn. 18; GK-BetrVG/*Oetker*, §§ 112, 112a Rn. 9.

ausgleichs zusteht.[139] An dieser Grundwertung können weder das für den Interessenausgleich geltende Schriftformerfordernis noch die gesetzlichen Sonderregelungen der § 1 Abs. 5 KSchG, § 323 Abs. 2 UmwG, § 125 InsO etwas ändern.[140]

2. *Sperrwirkung der §§ 111 ff. BetrVG gegenüber rechtlicher Bindungswirkung?*

Aus den §§ 111 ff. BetrVG lässt sich allerdings nicht schließen, dass das Gesetz eine von den Betriebsparteien gewollte Rechtsverbindlichkeit eines Interessenausgleichs geradezu ausgeschlossen hat. Das Gegenargument, das Gesetz wolle die unternehmerische Entscheidungsfreiheit über die geplante Betriebsänderung freihalten,[141] setzt zu Unrecht die autonome Entscheidung der Unternehmensleitung zur Selbstbindung mit einer heteronom auferlegten Bindung gleich. Auch in verfassungsrechtlicher Hinsicht besteht kein Grund, warum es dem Unternehmer verwehrt sein sollte, sich freiwillig zur Aufrechterhaltung bestimmter betrieblicher Strukturen bzw. zu einem zeitlichen Hinausschieben ihres Abbaus zu verpflichten. Standortsicherungs- und sogar Investitionszusagen sind in anderen Bereichen der Rechtsordnung gang und gäbe und begegnen keinen grundsätzlichen Bedenken.[142] Es ist daher unverständlich, warum es gerade im Arbeitsrecht generell einen »unverzichtbaren Schutz der Unternehmerfreiheit« geben soll.[143] Eine vertragliche Bindung im Hinblick auf künftiges unternehmerisches Verhalten stellt gerade die Ausübung beruflicher Freiheit aus Art.12 Abs. 1 GG dar.[144] Es ist deshalb widersinnig, diese Freiheitsausübung und damit die Möglichkeit zur Schaffung beiderseits verbindlicher Verhaltensprogramme der Betriebspartner unter Berufung auf Art. 12 Abs. 1 GG zu torpedieren. Selbst auf der in einem sehr viel stärkeren Maße personengebundenen Arbeitnehmerseite sind langfristige Verpflichtungen zu arbeitnehmertypischem Verhalten ohne weiteres möglich.[145] Für eine »soziale Vormundschaft« zugunsten der Arbeitgeberseite besteht kein Anlass. Auch kann man Art. 12 Abs. 1 GG nicht entnehmen, dass eine jederzeitige Abstandnahme eines Unternehmers von einer Vereinbarung

139 LAG Düsseldorf v. 16.12.1996, LAGE BetrVG 1972 § 112 Nr. 41; ErfK/*Kania*, §§ 112, 112a BetrVG Rn. 9; *C. Meyer*, BB 2001, 882, 885; GK-BetrVG/*Oetker*, § 112, 112a Rn. 61.
140 Ebenso Richardi/*Annuß*, BetrVG, § 112 Rn. 44.
141 So *Ehmann*, FS Kissel (1994), S. 175, 178 ff.
142 Vgl. BGH v. 3.4.1998, NJW 1998, 2600, 2602; BGH v. 26.5.1999, BGHZ 141, 391, 398; *Wächter/Stender*, NJW 2000, 395 ff.
143 So *Löwisch*, DB 2005, 554; *Willemsen/Hohenstatt*, NZA 1997, 345, 350 f.
144 Ebenso *Schweibert*, in: Willemsen/Hohenstatt/Schweibert/Seibt, Umstrukturierung, Kap. C Rn. 201.
145 Als äußerste Grenze fungiert lediglich § 624 BGB.

über künftiges wirtschaftliches Handeln dann jederzeit möglich sein soll, wenn es sich beim Vertragspartner um den Betriebsrat als Repräsentanten der Arbeitnehmerseite und nicht um einen Geschäftspartner, Kreditgeber oder ähnliches handelt. Soweit es um die Unternehmensleitung geht, gibt es daher keinen Grund für die Annahme einer generellen »Verpflichtungsunfähigkeit«. Mit der nicht ausschließbaren Befugnis der Unternehmensleitung zur außerordentlichen Kündigung betrieblicher Standortvereinbarungen hält die Rechtsordnung ein hinreichendes Instrument bereit, um sich bei Unzumutbarkeit von der rechtlichen Bindung wieder lösen zu können. Gerade weil dieses Instrument in jedem Fall zur Verfügung steht, ist es nicht erforderlich, die Möglichkeit rechtsverbindlichen Handelns generell zu leugnen.
Eine Umgehung von § 113 BetrVG kann in der auf einer konkreten Arbeitgeberzusage beruhenden Anerkennung eines kollektivrechtlichen Durchführungsanspruchs des Betriebsrats auch dann nicht gesehen werden, wenn es um die Vereinbarung von Folgeregelungen geht, die den Eintritt wirtschaftlicher Nachteile für konkret betroffene Arbeitnehmer präventiv verhindern wollen. Dies versteht sich von selbst, wenn man arbeitsverhältnisbezogene Folgeregelungen nicht als Bestandteil des Interessenausgleichs in weiterem Sinne ansieht, sondern insoweit von einer neben dem Interessenausgleich stehenden freiwilligen Betriebsvereinbarung ausgeht.[146] Da § 113 BetrVG bei einem solchen Verständnis bereits tatbestandlich nicht berührt ist, kann diese Norm auch keine etwaige Sperrwirkung entfalten. Dasselbe gilt im Ergebnis aber auch dann, wenn man mit einer im Vordringen befindlichen Ansicht der Auffassung ist, dass entsprechende Folgeregelungen mit normativer Wirkung im Interessenausgleich selbst vereinbart werden können.[147] Die Sanktionsregelung des § 113 BetrVG wird nicht dadurch entbehrlich, dass dem Betriebsrat ausnahmsweise kraft rechtsgeschäftlicher Bindung ein Erfüllungsanspruch zuerkannt wird. Insbesondere stellt auch die normative Wirkung von Folgeregelungen kein Hindernis für einen Durchführungsanspruch dar. Nicht anders als bei einer sonstigen Betriebsvereinbarung lassen sich normative Wirkung und Durchführungsanspruch problemlos miteinander vereinbaren. Zu achten ist lediglich darauf, dass der kollektive Durchführungsanspruch nicht die Befugnis des Betriebsrats enthält, aus eigenem Recht die Erfüllung von Ansprüchen der Arbeitnehmer zu verlangen.[148] Dass mit § 113 BetrVG nicht nur individualrechtliche Folgen ausgelöst werden sollen, sondern die Rege-

146 So etwa *Heither*, AR-Blattei SD 530.14.5 Rn. 166.
147 DKK/*Däubler*, BetrVG, §§ 112, 112a Rn. 19; *Fitting*, BetrVG, §§ 112, 112a Rn. 52; ErfK/*Kania*, §§ 112, 112a BetrVG Rn. 9; *Matthes*, RdA 1999, 178, 180 f.; GK-BetrVG/*Oetker*, §§ 112, 112a Rn. 51. Für die Möglichkeit von Folgeregelungen in einem Interessenausgleich auch BAG v. 17.9.1991, AP BetrVG 1972 § 112 Nr. 59.
148 Vgl. BAG v. 17.10.1989, AP BetrVG 1972 § 112 Nr. 53; unzutreffend daher die Ablehnung eines Durchführungsanspruchs unter Berufung auf die etwaige normative Wirkung eines Interessenausgleichs durch *Willemsen/Hohenstatt*, NZA 1997, 345, 346.

lung zugleich die Einhaltung der Beteiligungsrechte des Betriebsrats bei Betriebsänderungen absichern will,[149] stellt ebenfalls kein Gegenargument dar.[150] Der kollektivrechtliche Einschlag dieser Vorschrift spricht nur gegen eine automatische Bindungswirkung des Interessenausgleichs, nicht aber gegen einen rechtsgeschäftlich begründeten Erfüllungsanspruch. Weiter lässt sich auch der Zweck des Interessenausgleichs nicht gegen einen rechtsgeschäftlich begründeten Durchführungsanspruch mobilisieren.[151] Die gesetzliche Konzeption, die unternehmerische Entscheidung über Betriebsänderungen von einem heteronom auferlegten Einfluss des Betriebsrats abzuschirmen, sagt nichts über die Statthaftigkeit autonomer Zusagen aus.
Hinter dem Postulat der Sicherung der freien Unternehmerentscheidung über die Durchführung von Betriebsänderungen dürfte freilich nicht selten die Annahme stehen, dass die Unternehmensleitung entsprechende Zusagen in Wirklichkeit nicht freiwillig abgibt, sondern vom Betriebsrat (mit unlauteren Mitteln) hierzu mehr oder weniger gezwungen wird.[152] Ein derartiger Einwand ist normativ allerdings unbrauchbar. Die allgemeine Privatrechtsordnung verzichtet mit gutem Grund darauf, die Verbindlichkeit von rechtsgeschäftlichen Einigungen vom Nachweis abhängig zu machen, dass beide Seiten in vollkommener Freiheit gehandelt haben. Vielmehr lässt sie um der Rechtssicherheit willen nur ganz bestimmte Einwände gegen verbindliche Absprachen zu. Da die meisten wirtschaftlich relevanten Vereinbarungen nur aufgrund eines mehr oder weniger großen sozialen oder ökonomischen Drucks zustande kommen, würde die gesamte Wirtschaftsordnung schweren Schaden leiden, wenn der Einwand, es habe an einer in jeder Hinsicht freien Willensbildung gefehlt, bereits genügen würde, die Verbindlichkeit einer Zusage in Frage zu stellen. Auch insoweit gilt wieder, dass es keinen Grund für eine von den allgemeinen rechtsgeschäftlichen Prinzipien abweichende Sonderregel gibt, nach der eine von der Unternehmensleitung gegenüber der Arbeitnehmerseite abgegebene Erklärung jederzeit widerrufbar sein muss.

3. *Funktionelle Zuständigkeit des Betriebsrats*

Hiervon zu trennen ist die Frage nach der funktionellen Zuständigkeit des Betriebsrats. Im Ausgangspunkt entspricht es allgemeiner Meinung, dass sich der Betriebsrat nicht wie ein Bürger auf die allgemeine Privatautonomie berufen kann.[153] Vielmehr ist der Betriebsrat nur im Rahmen der ihm durch das

149 Vgl. BT-Drucksache VI/1786, S. 55.
150 So aber *Willemsen/Hohenstatt*, NZA 1997, 345, 349.
151 In diesem Sinne aber *Willemsen/Hohenstatt*, NZA 1997, 345, 350.
152 So ausdrücklich *Ehmann*, FS Kissel (1994), S. 175, 188.
153 Siehe nur GK-BetrVG/*Kreutz*, § 77 Rn. 84 f.; Richardi/*Richardi*, BetrVG, § 77 Rn. 50, 64.

BetrVG verliehenen Befugnisse funktionell zuständig. Ein Teil der Literatur schließt hieraus, dass der Betriebsrat keine verbindlichen Absprachen über Betriebsänderungen sowie insbesondere standortsichernde Entscheidungen treffen könne. Die Grenze des Mitbestimmungsrechts, nämlich die von den §§ 111 ff. BetrVG freigehaltene unternehmerische Entscheidung über die Betriebsänderung als solche, markiere zugleich die Grenze der Regelungsbefugnis.[154]

Diese Gleichsetzung kann indes nicht überzeugen. Im Bereich der wirtschaftlichen Angelegenheiten hat der Gesetzgeber mit der Schaffung der Möglichkeit zum Abschluss eines Interessenausgleichs zu verstehen gegeben, dass der Betriebsrat für Regelungen über das Ob und das Wie einer Betriebsänderung funktionell zuständig ist. Auch wenn das Gesetz dem Interessenausgleich wie ausgeführt nicht automatisch Bindungswirkung beilegt, ist nicht erkennbar, warum es dem Betriebsrat aus funktionellen Gründen verwehrt sein soll, die Verstärkung eines Interessenausgleichs zu einer Regelung mit bindender Kraft vornehmen zu können. Demgegenüber wirkt es gekünstelt, wenn zwar die Handlungsfähigkeit des Betriebsrats für einen Interessenausgleich bejaht wird, dann aber die Möglichkeit, diesen Interessenausgleich mit Bindungswirkung zu versehen, verneint und zugleich die Befugnis des Betriebsrats zum Abschluss freiwilliger Betriebsvereinbarungen in wirtschaftlichen Angelegenheiten abgelehnt wird.[155] Geht man davon aus, dass es noch zur funktionellen Zuständigkeit des Betriebsrats gehört, einen Interessenausgleich mit beiderseits bindender Wirkung zu schließen, erweist sich die Frage, ob freiwillige Betriebvereinbarungen über wirtschaftliche Angelegenheiten zulässig sind, jedenfalls für Betriebsänderungen und damit für Standortschließungen bzw. Standortverlagerungen als Scheinproblem.

4. *Fehlende Regelbarkeit unternehmerisches Handelns?*

Es bleibt der Einwand, unternehmerisches Handeln entziehe sich strukturell einer vertraglichen Bindung und könne daher nicht zum Gegenstand gerichtlich durchsetzbarer Ansprüche gemacht werden.[156] Tatsächlich wird es in vielen Fällen an einem konkret vollstreckbaren Inhalt fehlen. Dies schließt jedoch nicht per se aus, bei einer hinreichend präzisen Formulierung standortsichernder Maßnahmen (z. B. Unterlassung von Produktionsverlagerung) zu Ansprüchen zu gelangen. Darüber hinaus kann eine Verknüpfung mit dem Recht der betriebsbedingten Kündigung hergestellt werden. Insoweit ist näm-

154 *Beuthien*, ZfA 1983, 141, 164 ff.; *ders.*, ZfA 1984, 1, 25 ff.; *Ehmann*, FS Kissel (1994), S. 175, 182 ff.
155 So aber *Ehmann*, FS Kissel (1994), S. 175, 177 ff.
156 So *Willemsen/Hohenstatt*, NZA 1997, 345, 350.

lich anerkannt, dass die den Kündigungen zugrunde liegende unternehmerische Entscheidung auch daraufhin kontrolliert werden kann, ob sie gegen gesetzliche oder tarifliche Normen verstößt.[157] Dasselbe hat für standortsichernde Zusagen in einem Interessenausgleich zu gelten, sofern dieser ausnahmsweise bindende Wirkung hat und sich die Sanktionen bei einem Verstoß deshalb nicht ausschließlich auf den Nachteilsausgleich gemäß § 113 BetrVG beschränken. Sofern die unternehmerische Entscheidung daher im Einzelfall wegen eines Verstoßes gegen eine in einem Interessenausgleich wirksam begründete standortsichernde Zusage verstößt, bildet sie daher keine hinreichende Grundlage für eine wirksame betriebsbedingte Kündigung.

5. *Auslegung der konkreten Vereinbarung*

Nach alledem entbehrt ein Interessenausgleich nicht zwingend einer rechtlichen Bindungswirkung. Vielmehr ist im Einzelfall danach zu fragen, ob sich die Betriebsparteien im konkreten Fall binden wollten. Mit einer im Schrifttum zunehmenden Strömung ist daher anzunehmen, dass es auf eine Auslegung des konkreten Interessenausgleichs ankommt.[158] Ein rechtsgeschäftlicher Verpflichtungswille der Arbeitgeberseite kann zwar angesichts der gesetzlichen Ausgangslage nicht einfach unterstellt werden. Vielmehr bedarf es entsprechender Anhaltspunkte für die Annahme, dass dem Betriebsrat ein Erfüllungsanspruch zustehen soll.[159] Neben einer ausdrücklichen Klausel[160] kann der Wille zu einer verbindlichen Absprache aber auch aus den Umständen gefolgert werden. Eine rechtsverbindliche Zusage ist vor allem dann zu bejahen, wenn der Betriebsrat ebenfalls Zugeständnisse gemacht und sich etwa auf einen vergleichsweise moderaten Sozialplan eingelassen hat.

6. *Grenzen der Bindungswirkung*

Zweifelhaft sind die Grenzen der Bindungswirkung. Insoweit spricht einiges dafür, sich an § 113 BetrVG zu orientieren und die Bindungswirkung eines Interessenausgleichs jedenfalls dann entfallen zu lassen, wenn der Unterneh-

157 Siehe nur BAG v. 18.12.1997, AP KSchG 1969 § 2 Nr. 46; BAG v. 26.9.2002, AP KSchG 1969 § 1 Betriebsbedingte Kündigung Nr. 124.

158 Richardi/*Annuß*, BetrVG, § 112 Rn. 45 (mit Einschränkungen); *Fitting*, BetrVG, §§ 112, 112a Rn. 51; *v. Hoyningen-Huene*, Betriebsverfassungsrecht, § 15 III 1, S. 367 f.; *C. Meyer*, BB 2001, 882, 885 f.; GK-BetrVG/*Oetker*, §§ 112, 112a Rn 62; *Schweibert*, in: Willemsen/ Hohenstatt/Schweibert/Seibt, Umstrukturierung, Kap. C Rn. 198 ff.

159 *Fitting*, BetrVG, §§ 112, 112a Rn. 51; ErfK/*Kania*, §§ 112, 112a BetrVG Rn. 9; GK-BetrVG/*Oetker*, §§ 112, 112a, Rn. 62.

160 Vgl. *Göritz/Hase/Krehnke/Rupp*, Interessenausgleich und Sozialplan, S. 73.

mer aus zwingenden Gründen von ihm abweichen muss.[161] Sachlich geht es darum, ob dem Arbeitgeber ein Festhalten an der einmal vereinbarten Übereinkunft nicht mehr zugemutet werden kann. Eine ordentliche Kündigung eines bindenden Interessenausgleichs ist wegen seines Charakters als Dauerschuldverhältnis zwar nicht per se ausgeschlossen.[162] Für eine Berechtigung des Unternehmers, sich analog § 77 Abs. 5 BetrVG mit einer Frist von drei Monaten von einem Interessenausgleich wieder lösen zu können, müssen aber konkrete Anhaltspunkte vorliegen.[163] Im Allgemeinen ist jedenfalls bei Zugeständnissen des Betriebsrats etwa bei der Sozialplangestaltung davon auszugehen, dass der Arbeitgeberseite gerade keine grundlose Aufkündbarkeit der Übereinkunft möglich sein soll. Etwas anderes kann sich beispielsweise daraus ergeben, dass der Sozialplan eine auf diesen Fall gemünzte Nachverhandlungsklausel enthält. Unberührt bleibt die Kündigung aus wichtigem Grund (§ 314 BGB). Soweit ein Interessenausgleich seine Bindungskraft eingebüßt hat, löst ein Abweichen keine Nachteilsausgleichsansprüche nach § 113 Abs. 1 und 2 BetrVG aus.[164] Wenn der Unternehmer dann allerdings eine von der ursprünglichen Vereinbarung mit dem Betriebsrat abweichende Betriebsänderung durchsetzen will, muss er sich zur Vermeidung von Nachteilsausgleichsansprüchen gemäß § 113 Abs. 3 BetrVG zunächst erneut um einen Interessenausgleich bemühen.[165]

IV. *Umfang der Dotierung des erzwingbaren Sozialplans*

Zu einer mittelbaren Einflussnahme auf standortrelevante Entscheidungen des Arbeitgebers kommt es durch die Befugnis des Betriebsrats, einen Sozialplan erzwingen zu können. Die Intensität dieser Einflussnahme auf das Arbeitgeberhandeln hängt wesentlich davon ab, wie groß die finanziellen Risiken sind, die dem Unternehmen durch einen von der Einigungsstelle zu beschließenden Sozialplan drohen. Dieser Aspekt ist im vorliegenden Zusammenhang nicht zuletzt deshalb von Interesse, weil es für die Koordinierung von Sozialplanmitbestimmung und Sozialtarifverträgen auch darauf ankommt, nach welchen Regeln sich die Sozialplandotierung richtet.

161 DKK/*Däubler*, BetrVG, §§ 112, 112a Rn. 17: MünchArbR/*Matthes*, § 361 Rn. 28.
162 So aber DKK/*Däubler*, BetrVG, §§ 112, 112a Rn. 17; *Siemes*, ZfA 1998, 183, 206.
163 Ähnlich Schaub/*Koch*, Arbeitsrechts-Handbuch, § 244 Rn. 37: besondere Vereinbarung erforderlich.
164 GK-BetrVG/*Oetker*, § 113 Rn. 24.
165 GK-BetrVG/*Oetker*, § 113 Rn. 24 f.

1. *Kriterien für die Bemessung des Sozialplanvolumens*

Ausgangspunkt ist, dass die Einigungsstelle bei der Aufstellung des Sozialplans gemäß § 112 Abs. 1 S. 2 BetrVG auf den Ausgleich oder die Milderung von Nachteilen für die Arbeitnehmer beschränkt ist. Insoweit handelt es sich nicht lediglich um eine Ermessensgrenze, sondern um eine Frage der funktionellen Zuständigkeit. Für Regelungen, die nicht mehr dem Ausgleich oder der Milderung wirtschaftlicher Nachteile dienen, wie es etwa bei einer Entschädigung für den Verlust des Arbeitsplatzes ohne Rücksicht auf künftige Nachteile für die betroffenen Arbeitnehmer der Fall ist,[166] fehlt der Einigungsstelle die Kompetenz.[167]

Weiteres wichtiges Kriterium ist die wirtschaftliche Vertretbarkeit des Sozialplans für das Unternehmen. Anders als bei freiwilligen Sozialplänen, bei denen für den Arbeitgeber hinsichtlich der finanziellen Ausstattung keine rechtlichen Schranken bestehen und bei denen er deshalb weit überdurchschnittliche Leistungen zusagen kann, hat der Gesetzgeber erzwingbaren Sozialplänen eine Grenze gesetzt. Die Konkretisierung des Maßstabs der wirtschaftlichen Vertretbarkeit ist bislang allerdings erst in Ansätzen gelungen. Das BAG hat sich mehrfach gegen eine feste Obergrenze für den Sozialplan ausgesprochen.[168] Für die Richtigkeit dieser Sichtweise sprechen die Gesetzgebungsgeschichte, ein Umkehrschluss aus § 123 InsO sowie der Umstand, dass der Gesetzgeber trotz mehrfacher Gelegenheit seit über dreißig Jahren davon abgesehen hat, eine solche Grenze festzusetzen.[169] Immerhin lässt sich mit einer im Schrifttum verbreiteten Ansicht § 113 BetrVG ein Richtwert in dem Sinne entnehmen, dass mit den nach dieser Vorschrift zu gewährenden Leistungen die sozialen Belange der von einer Betriebsänderung betroffenen Arbeitnehmer üblicherweise gewahrt werden.[170] Im Übrigen schließt das BAG aus der Ermessensrichtlinie gemäß § 112 Abs. 5 Satz 2 Nr. 3 BetrVG, dass das Gesetz auch einschneidende Belastungen durch den Sozialplan bis zur Grenze der Bestandsgefährdung für möglich ansieht.[171] Innerhalb des so abgesteckten Rahmens spielen die Sicherung einer ausreichenden Rentabilität, die Liquidität des Unternehmens sowie die Aufrechterhaltung der Wettbewerbsfähigkeit eine maßgebliche Rolle.[172] Bei geplanten Investitionsvorhaben ist zwischen sozialplanmindernden notwendigen Investitionen, die der

166 BAG v. 23.4.1985, AP BetrVG 1972 § 112 Nr. 26.
167 GK-BetrVG/*Oetker*, §§ 112, 112a Rn. 307 ff.
168 BAG v. 27.10.1987, AP BetrVG 1972 § 112 Nr. 41; BAG v. 6.5.2003, AP BetrVG 1972 § 112 Nr. 161.
169 Näher dazu Richardi/*Annuß*, BetrVG, § 112 Rn. 165; GK-BetrVG/*Oetker*, §§ 112, 112a Rn. 343; a. A. *Giese*, FS Wißmann (2005), S. 314, 320 f.
170 Richardi/*Annuß*, BetrVG, § 112 Rn. 165; GK-BetrVG/*Oetker*, §§ 112, 112a Rn. 344.
171 BAG v. 6.5.2003, AP BetrVG 1972 § 112 Nr. 161.
172 *Glaubitz*, FS Hanau (1999), S. 403, 405 ff.; MünchArbR/*Matthes*, § 362 Rn. 32.

Substanzerhaltung oder der Betriebsfortführung und damit auch der Arbeitsplatzsicherung dienen, und nützlichen Investitionen, die ohne weiteres zurückgestellt werden können und deshalb nicht sozialplanmindernd wirken, zu unterscheiden.[173] Eine Grenze ist in jedem Fall dann erreicht, wenn das Unternehmen durch die Sozialplanverbindlichkeiten insolvenzreif wird, während die Gefahr einer Verminderung des Eigenkapitals einem Sozialplan nicht entgegengehalten werden kann.

2. *Mittelbare Verhinderung von Standortentscheidungen?*

Die Sozialplanmitbestimmung hat unstreitig die Funktion, unternehmerische Entscheidungen über die Durchführung von Betriebsänderungen dadurch zu steuern, dass die sozialen Folgekosten mit berücksichtigt werden und die Entscheidung nicht ausschließlich nach wirtschaftlichen Kriterien getroffen wird.[174] Der Sozialplan soll rechtsökonomisch sinnvoll die wirtschaftlichen Folgelasten von Desinvestitionen für die betroffenen Arbeitnehmer dem Verursacher anlasten und somit internalisieren.[175] Dagegen besteht sein Zweck nicht darin, den Arbeitgebern so hohe Belastungen aufzuerlegen, dass von Betriebsänderungen wegen wirtschaftlicher Sinnlosigkeit von vornherein Abstand genommen wird. Freilich führt allein der Umstand, dass sich eine Betriebsänderung im Einzelfall entgegen den Planungen als weniger lukrativ erweist, nicht dazu, einen entsprechend dimensionierten Sozialplan bereits als wirtschaftlich unvertretbar anzusehen. In diesem Sinne hat es das BAG nicht beanstandet, wenn sich das Sozialplanvolumen durch die mittels der Betriebsänderung erzielten Einsparungen erst nach einem Jahr[176] oder sogar erst nach zwei Jahren amortisiert.[177]

Unter dem spezifischen Blickwinkel des Verhältnisses von Sozialplan und Standortentscheidung ist daher festzuhalten, dass der Sozialplan nicht die Funktion hat, die Standortaufgabe zu verhindern. Sowohl aus der Begründung des Regierungsentwurfs zum BetrVG als auch aus zahlreichen Äußerungen der das Gesetz tragenden politischen Parteien ergibt sich vielmehr, dass eigentliche unternehmerische Entscheidungen von Mitwirkungsrechten frei-

173 *v. Hoyningen-Huene*, RdA 1986, 102, 108.
174 BAG v. 20.4.1982, AP BetrVG 1972 § 112 Nr. 15. Umfassend zur Steuerungstheorie *Reuter*, Der Sozialplan, S. 17 ff.
175 *Drukarczyk*, RdA 1986, 115, 117; GK-BetrVG/*Oetker*, § 112, 112a Rn. 99; *Schellhaaß*, ZfA 1989, 167, 176, 179, 195, 205.
176 BAG v. 27.10.1987, AP BetrVG 1972 § 112 Nr. 41.
177 BAG v. 6.5.2003, AP BetrVG 1972 § 112 Nr. 161; abl. *Hohenstatt/Stamer*, DB 2005, 2410, 2413; krit. auch *Lessner*, SAE 2004, 257, 260 ff.

gehalten werden sollten.[178] Stattdessen verfolgt der Sozialplan den Zweck, dass die Arbeitgeberseite an den wirtschaftlichen Nachteilen, die bestimmte unternehmerische Entscheidungen für die Arbeitnehmerseite mit sich bringen, angemessen beteiligt wird. Durch eine Internalisierung der sozialen Kosten sollen die zu erwartenden Nachteile für die Arbeitnehmer in die unternehmerische Planung einfließen. Eine Blockade des unternehmerischen Handelns ist dagegen nicht intendiert. Die Limitierung des erzwingbaren Sozialplans durch das Kriterium der wirtschaftlichen Vertretbarkeit soll verhindern, dass der Sozialplan eine prohibitive Wirkung entfaltet und die gesetzliche Grundentscheidung durchkreuzt, die unternehmerisch-wirtschaftliche Entscheidung frei zu lassen und nicht kraft Gesetzes der Mitbestimmung des Betriebsrats zu unterwerfen. Das begrenzende Merkmal der wirtschaftlichen Vertretbarkeit ist daher so zu interpretieren, dass kein unentrinnbarer ökonomischer Zwang ausgeübt wird, von der geplanten Standortschließung bzw. -verlagerung Abstand zu nehmen. Ob ein Sozialplan unzulässigerweise prohibitive Wirkung hat, hängt allerdings nicht von der subjektiven Einschätzung der jeweiligen Unternehmensleitung ab. Vielmehr müssen die wirtschaftliche Vertretbarkeit und damit die Frage, ob eine geplante Standaufgabe trotz des Sozialplans noch durchgeführt werden kann, von einem objektiven Standpunkt aus beurteilt werden.[179] Zur Konkretisierung der wirtschaftlichen Vertretbarkeit wird deshalb regelmäßig ein betriebswirtschaftlicher Sachverständiger beizuziehen sein.[180] Der von einer Einigungsstelle aufgestellte Sozialplan ist also nicht allein deshalb unzulässig, weil die Unternehmensleitung von der Durchführung der Betriebsänderung unter Berufung auf die Dotierung des Sozialplans tatsächlich Abstand nimmt,[181] sondern erst dann, wenn der finanzielle Umfang des Sozialplans die Betriebsänderung faktisch für jeden Unternehmer ausschließt. Wegen der gesetzlichen Begrenzung des Sozialplanvolumens spielt es auch keine Rolle, ob der Betriebsrat im Vorfeld exorbitante Sozialplanforderungen aufstellt. Da ein Verzicht auf die Standortschließung auf diese Weise nicht erzwungen werden kann, ist es unerheblich, mit welchen Vorstellungen der Betriebsrat in die Sozialplanverhandlungen geht.[182]

Auch wenn die Sozialplanmitbestimmung die Unternehmensleitung somit nicht zur Aufgabe ihrer Planungen zwingen soll, lässt sie sich in ökonomischer Hinsicht und damit im Hinblick auf das Entscheidungsverhalten der

178 Stenografische Berichte des Bundestages, 6. Wahlperiode, S. 8597 A/B; 8602 A; 8666 A und 8673 C.

179 Hierfür kann man sich der Kunstfigur des »vernünftigen Unternehmers« bedienen; so etwa *Galperin/Löwisch*, BetrVG, § 112 Rn. 99.

180 DKK/*Däubler*, BetrVG §§ 112, 112a Rn. 91; *v. Hoyningen-Huene*, RdA 1986, 102, 110.

181 In diesem Sinne bereits *Gester/Isenhardt*, RdA 1974, 80, 87.

182 Verfehlt deshalb *Erdmann*, BlStSozArbR 1971, 241, 246.

Unternehmensleitung nicht völlig isolieren. Eine mittelbare Einflussnahme auf die unternehmerische Entscheidung über eine standortbezogene Maßnahme ist damit unvermeidbar. Ausgeschlossen ist lediglich eine unmittelbare unternehmerische Mitbestimmung des Betriebsrats.[183] Darüber hinaus ist die Einigungsstelle durch § 112 Abs. 4 Satz 2 BetrVG ausdrücklich gehalten, sich ein eigenes Urteil über die wirtschaftliche Lage des Unternehmens zu bilden. Die Risikobeurteilung durch die Unternehmensleitung selbst ist kein der Einigungsstelle vorgegebenes Datum.[184] Allerdings bezieht sich die Entscheidungsbefugnis der Einigungsstelle nur auf die Bedeutung einer finanziellen Belastung für das Unternehmen, nicht aber auf die strategische Planung. Insoweit bleibt es also dabei, dass die Sozialplanmitbestimmung durch das festgesetzte oder zu erwartende Sozialplanvolumen zwar ein gewichtiges Datum für die unternehmerische Entscheidung zur Standortschließung setzt, nicht aber zum Kern der eigentlichen Entscheidung vorstößt.[185]

183 *Gester/Isenhardt*, RdA 1974, 80, 87; *Reuter*, ZfA 1981, 165, 180 f.
184 Zutreffend *Reuter*, ZfA 1981, 165, 181.
185 Zur Unternehmensautonomie siehe auch *S. Biedenkopf*, Interessenausgleich und Sozialplan, S. 136.

D. Einflussnahme auf Standortentscheidungen durch tarifvertragliche Regelungen

Im Zentrum der gegenwärtigen Diskussion steht die Frage nach der rechtlichen Zulässigkeit tarifvertraglicher Regelungen sowie insbesondere von Arbeitskampfmaßnahmen im Zusammenhang mit unternehmerischen Standortentscheidungen. Insoweit lassen sich im Wesentlichen zwei Fallgruppen unterscheiden: Zum einen geht es um Vereinbarungen, welche die Standortsicherung als solche zum Gegenstand haben. Durch solche Vereinbarungen soll aus Arbeitnehmersicht das »Übel an der Wurzel gepackt« werden, indem durch standort- und arbeitsplatzerhaltende Zusagen der Unternehmensleitungen eine Standortschließung bzw. -verlagerung und damit ein Personalabbau von vornherein unterbunden wird. Zum anderen handelt es sich um die soziale Abfederung von Betriebsschließungen, wobei inhaltlich die Verlängerung der Kündigungsfrist für betriebsbedingte Kündigungen sowie Ansprüche auf Qualifizierungsmaßnahmen und Abfindungen für den Verlust des Arbeitsplatzes im Vordergrund stehen.

Die Praxis kennt mittlerweile eine Vielzahl von Standortsicherungsvereinbarungen. Vor allem bei den großen Automobilkonzernen existieren Standort- und Investitionszusagen, die häufig Teil eines Gesamtpakets sind, durch das die Produktion bestimmter Modelle an spezifischen Standorten als Gegenleistung gegen eine Verschlechterung bzw. Flexibilisierung von Arbeitsbedingungen versprochen wird.[186] Standort- bzw. Stellengarantien finden sich aber auch in anderen Bereichen,[187] wobei es zu entsprechenden Regelungen teilweise erst nach der Durchführung von Kampfmaßnahmen gekommen ist.[188]

Die rechtliche Beurteilung derartiger Regelungen sowie ihre Erkämpfbarkeit sind umstritten. Das Meinungsspektrum reicht von nahezu vollständiger Unzulässigkeit[189] über vielfältige Abstufungen bis hin zur praktisch uneingeschränkten Statthaftigkeit.[190] Es ist daher ausgeschlossen, eine Lösung zu entwickeln, die auf allseitigen Konsens hoffen kann. Vielmehr kann es nur darum gehen, eine in sich konsistente Konzeption zu entwickeln, die insbe-

186 So etwa bei Daimler-Chrysler und Volkswagen. Etwas weniger konkret der Beschäftigungssicherungs- und Standortvertrag bei General Motors Europe, AuR 2001, 183.

187 Z. B. bei Fujitsu/Siemens und Lufthansa, vgl. dazu Der Gewerkschafter 9/1992, S. 10 f.

188 So in den Fällen Weyburn-Bartel, Sauer-Sundstrand und InfoSystems GmbH; vgl. IG Metall Küste (Hrsg.), Qualifizieren statt Entlassen (1998).

189 Etwa *Lieb*, DB 1999, 2058 ff.

190 So etwa *Zachert*, DB 2001, 1198 ff.

sondere den verfassungsrechtlichen Vorgaben Rechnung trägt und der Praxis nach Möglichkeit Leitlinien aufzeigt.
Hierbei soll zunächst der Frage nach der tariflichen Regelbarkeit der beiden genannten Fallgruppen nachgegangen werden, bevor der Blick dann auf das zusätzliche Problem der Erkämpfbarkeit gerichtet wird. Dabei beschränken sich die folgenden Überlegungen auf Firmentarifverträge. Unternehmensbezogene Verbandstarifverträge, die unmittelbar auf einen Standorterhalt abzielen, werden von den Gewerkschaften soweit ersichtlich nicht angestrebt und dürften jedenfalls aus praktischen Gründen wegen der fehlenden Einflussmöglichkeiten des Arbeitgeberverbandes auf das Investitionsverhalten der einzelnen Verbandsmitglieder ausgeschlossen sein.[191] Soweit es um die Regelung der wirtschaftlichen Folgen von Standortschließungen bzw. -verlagerungen geht, haben die Gewerkschaften in der Vergangenheit zwar mehrfach firmenbezogene Verbandstarifverträge gefordert.[192] Die ganz überwiegende Ansicht sieht darin aber kein eigenständiges Zulässigkeitsproblem.[193] Den auf die Reichweite der Legitimation des Verbandes gestützten Zweifeln[194] soll hier nicht näher nachgegangen werden, zumal die abweichende Ansicht das Verlangen nach einem unternehmensbezogenen Verbandstarifvertrag, dem durch einen auf den betroffenen Arbeitgeber beschränkten Arbeitskampf Nachdruck verliehen werden soll, als falsa demonstratio qualifiziert, hinter der sich die Forderung nach einem Haustarifvertrag verbirgt.[195]

I. *Tarifliche Regelbarkeit der Aufrechterhaltung eines Standorts*

1. *Normative Regelung der Standortsicherung*

Nach praktisch einhelliger Ansicht lässt sich eine Regelung der unternehmerischen Entscheidung, einen Standort zu erhalten, nicht unter den Normenkatalog des § 1 Abs. 1 TVG fassen.[196] Individualnormen liegen schon deshalb

191 Gegen eine rechtliche Zulässigkeit *Fischinger*, Arbeitskämpfe, S. 89 ff.
192 Vgl. LAG Hamm v. 31.5.2000, NJW-RR 2000, 535; LAG Schleswig-Holstein v. 27.3.2003, NJW-RR 2003, 592; Hessisches LAG v. 2.2.2006, LAGE GG Art. 9 Arbeitskampf Nr. 75.
193 LAG Schleswig-Holstein v. 27.3.2003, NJW-RR 2003, 592, 597; *Bauer/Krieger*, NZA 2004, 1019, 1021; *Buchner*, DB 2001, Beilage Nr. 9, S. 1, 6; *Henssler*, ZfA 1998, 517, 537; *Jacobs*, ZTR 2001, 249, 256; *Matthes*, FS Schaub (1998), S. 475, 483 f.; *Richter*, ZTR 2004, 390, 393; *Rolfs/Clemens*, DB 2003, 1678.
194 *Lobinger*, RdA 2006, 12, 20 f.
195 *Lobinger*, RdA 2006, 12, 21.
196 *Buchner*, DB 2001, Beilage Nr. 9, S. 1, 9; *Fischinger*, Arbeitskämpfe, S. 34 ff.; *Hanau/Thüsing*, ZTR 2001, 49, 53; *Lobinger*, Arbeitskämpfe, Rn. 13 f.; *C. Meyer*, ZTR 2005, 394, 399.

nicht vor, weil weder der Inhalt noch die Beendigung einzelner Arbeitsverhältnisse, sondern die den Kündigungen vorgelagerte unternehmerische Entscheidung geregelt werden soll. Weiter scheidet auch die Einordnung einer Standortsicherungsabrede als betriebliche oder betriebsverfassungsrechtliche Norm aus. Beide Normarten gestalten das betriebliche Rechtsverhältnis, indem sie entweder auf die Steuerung der betrieblichen Organisationsgewalt des Arbeitgebers abzielen oder die Rechtsstellung der Arbeitnehmer im Betrieb und die Einrichtung und Befugnisse der Arbeitnehmervertretungen betreffen.[197] Sowohl betriebliche als auch betriebsverfassungsrechtliche Normen setzen jeweils die Existenz eines Betriebs voraus, betreffen aber nicht die unternehmerische Vorfrage, welche Betriebe erhalten, geschlossen oder verlagert werden sollen.[198]

Da der Normenkatalog des § 1 Abs. 1 TVG zwar im Lichte von Art. 9 Abs. 3 GG interpretiert werden muss, im Übrigen aber als Ausgestaltung der Tarifautonomie abschließenden Charakter hat,[199] besteht somit keine rechtliche Möglichkeit, unmittelbar standortregelnde Absprachen als Tarifnormen zu qualifizieren.

2. *Einordnung als schuldrechtliche tarifliche Regelung*

a) *Ausgangssituation*

Während man weithin darüber einig ist, dass standortsichernde Vereinbarungen nicht unter den Normenkatalog des § 1 Abs. 1 TVG gefasst werden können, herrscht über die Frage, ob sie Gegenstand des schuldrechtlichen Teils eines Tarifvertrages sein können, lebhafter Streit. Um das Problem der »Tarifierbarkeit« von Standortzusagen angehen zu können, bedarf es zweier Vorklärungen.

Zunächst ist festzuhalten, dass die Befugnis der Tarifvertragsparteien zu schuldrechtlichen Tarifregelungen nicht auf die Gegenstände beschränkt ist, die auch normativ regelbar sind[200] oder mit dem Sachkatalog des § 1 Abs. 1 TVG in einem unmittelbaren Zusammenhang stehen.[201] Ein solches Gebot der Kongruenz bzw. des Zusammenhangs zwischen normativem und obligatorischem Tarifvertragsteil wird von der ganz herrschenden Meinung zu

197 *Krause*, in: Jacobs/Krause/Oetker, Tarifvertragsrecht, § 4 Rn. 53, 66, 77.
198 A. A. *Stark*, Verfassungsfragen, S. 15 ff.
199 *Krause*, in: Jacobs/Krause/Oetker, Tarifvertragsrecht, § 1 Rn. 31 ff.
200 So aber *Hueck/Nipperdey*, Arbeitsrecht II/1, § 17 III, S. 337 f.; *Mayer-Maly*, BB 1966, 1067, 1069.
201 *Beuthien*, ZfA 1983, 141, 159 ff.

Recht abgelehnt.[202] Die restriktive Sichtweise findet im Wortlaut von § 1 Abs. 1 TVG keine Grundlage und widerspricht zudem der Entstehungsgeschichte des TVG, wonach mit der vergleichsweise vagen Umschreibung »Rechte und Pflichten der Tarifvertragsparteien« gerade keine Beschränkung auf bestimmte Sachmaterien herbeigeführt werden sollte.[203] Die äußere Grenze der tariflichen Regelungsmacht wird vielmehr durch die Doppelformel der »Arbeits- und Wirtschaftsbedingungen« im Sinne von Art. 9 Abs. 3 GG gezogen. Jede darunter zu fassende Materie kann grundsätzlich zum Gegenstand schuldrechtlicher tariflicher Regelungen gemacht werden.

Schwieriger ist die Bestimmung des Verhältnisses von schuldrechtlicher tariflicher Regelungsmacht auf der einen Seite und unternehmerischer Entscheidungsfreiheit auf der anderen Seite, kurz der Konflikt zwischen Tarifautonomie und Unternehmensautonomie. Die damit umrissene Problematik pflegt man vielfach in der Weise anzugehen, dass die Tarifautonomie aus Art. 9 Abs. 3 GG und die Unternehmensautonomie als Teil der Berufsfreiheit aus Art. 12 Abs. 1 GG nach den Grundsätzen der praktischen Konkordanz ausgeglichen und hierdurch zu bestmöglicher Entfaltung gebracht werden.[204] Man könnte sich auf dieses Vorgehen einlassen, wenn es sich bei Art. 9 Abs. 3 GG strukturell um ein reines Freiheitsrecht handeln würde. Tatsächlich enthält die Koalitionsfreiheit aber verschiedene Teilaspekte. Neben ihrem Charakter als Freiheitsrecht enthält sie mit der Tarifautonomie auch ein kompetenzbezogenes Element. Art. 9 Abs. 3 GG gewährleistet die Zuständigkeit der Tarifvertragsparteien zur autonomen Regelung der Arbeits- und Wirtschaftsbedingungen. Eine Kompetenz kann indes nicht auf dieselbe Stufe wie ein Freiheitsrecht gestellt werden. Insoweit würde man, um eine vielzitierte Wendung des BAG aufzugreifen, »Äpfel mit Birnen« vergleichen. Stattdessen ist eine zweistufige Prüfung vorzunehmen. So ist im ersten Schritt die *Zuständigkeit* der Tarifparteien zur Regelung von Standortfragen zu ermitteln (»Innenschranken«). Erst in einem zweiten Schritt ist die *Zulässigkeit* der tariflichen Regelung zu klären, also die Frage, ob zu intensiv in ein Freiheitsrecht eingegriffen worden ist (»Außenschranken«).[205] Dies bedeutet freilich nicht, dass die Unternehmensautonomie zwangsläufig erst auf der zweiten Stufe ins Spiel

202 BAG (GS) v. 29.11.1967, AP GG Art. 9 Nr. 13; *Fischinger*, Arbeitskämpfe, S. 40 ff.; *Löwisch/Rieble*, TVG, § 1 Rn. 421; Däubler/*Reim*, TVG, § 1 Rn. 961; *Seiter*, Streikrecht, S. 490 ff.; *Zachert*, in: Kempen/Zachert, TVG, § 1 Rn. 731; *Zöllner*, Differenzierungsklauseln, S. 40 ff.

203 Vgl. *Herschel*, ZfA 1973, 183, 186 f.

204 In diesem Sinne BAG v. 3.4.1990, AP GG Art. 9 Nr. 56; *Beuthien*, ZfA 1984, 1, 12; *Franzen*, ZfA 2005, 315, 335; *Hanau/Thüsing*, ZTR 2001, 1 ff.; *Wiedemann*, RdA 1986, 231, 235 ff.; *ders.*, in: Wiedemann, TVG, Einl. Rn. 316 f.; offen lassend *Walker*, ZfA 2004, 501, 531.

205 In diesem Sinne auch *Fischinger*, Arbeitskämpfe, S. 42 f.; *Lobinger*, Arbeitskämpfe, Rn. 19 ff.; im Ansatz ferner *Wolter*, RdA 2002, 218, 220.

kommt. Vielmehr ist es zumindest denkbar, dass ihr ebenfalls eine Doppelrolle zukommt, sie also bereits bei der Bestimmung der funktionellen Zuständigkeit der Tarifvertragsparteien zu berücksichtigen ist.

b) *Standortentscheidungen als Arbeits- und Wirtschaftsbedingungen*

Danach konzentriert sich zunächst alles auf die Frage, ob Entscheidungen über die Aufrechterhaltung, Schließung oder Verlegung von Standorten als Arbeits- und Wirtschaftsbedingungen im Sinne von Art. 9 Abs. 3 GG anzusehen und deshalb zumindest grundsätzlich einer tariflichen Regelung zugänglich sind. Damit ist die schon seit langem diskutierte und bislang nicht abschließend geklärte Problematik angesprochen, wie diese Doppelformel zu interpretieren ist. Hierbei begibt man sich bekanntlich auf schwankenden Boden.

Eine schon fast überwunden geglaubte Lehre,[206] die indes vor kurzem noch einmal druckvoll wieder belebt worden ist,[207] beschränkt die Tarifautonomie auf die Regelung von Arbeitsbedingungen. Eine diametral entgegengesetzte Sicht vertritt ein umfassendes Verständnis von Arbeits- und Wirtschaftsbedingungen und hält dementsprechend sämtliche unternehmerischen Entscheidungen bis hin zur Investitions-, Produkt- und Preispolitik für tariflich regelbar.[208] Überwiegend werden mit verschiedenen Nuancierungen vermittelnde Positionen vertreten. Danach sind unter den Arbeits- und Wirtschaftsbedingungen sämtliche rechtlichen Bedingungen zu verstehen, unter denen abhängige Arbeit geleistet wird oder die sich regulierend auf den Arbeitsmarkt auswirken.[209]

Entsprechend den unterschiedlichen Ausgangspositionen differieren die Ansichten zur tariflichen Regelbarkeit unternehmerischer Standortentscheidungen. Während *Franzen*[210] und *Lobinger*[211] sie bereits wegen fehlender Kompetenz der Tarifvertragsparteien ablehnen, wird sie von anderen Stimmen problemlos zu den Arbeits- und Wirtschaftsbedingungen im Sinne von

206 *Forsthoff*, BB 1965, 381, 385 f.; *Weber*, Koalitionsfreiheit und Tarifautonomie als Verfassungsproblem (1965), S. 22.
207 *Lobinger*, Arbeitskämpfe, Rn. 24 ff.; im Erg. ebenso *Franzen*, ZfA 2005, 315, 329.
208 *Däubler*, Tarifvertragsrecht, Rn. 175 b; *Hensche*, AuR 2004, 443, 448; AK-GG/*Kittner/Schiek*, Art. 9 Abs. 3 Rn. 93; in diesem Sinne auch *Berg/Wendeling-Schröder/Wolter*, RdA 1980, 299, 307; *Simitis*, AuR 1975, 321, 331 f. Großzügig ferner *Stark*, Verfassungsfragen, S. 61 ff. (Ausklammerung nur solcher Regelungen, die ex ante völlig ungeeignet zur Einwirkung auf die Lebensumstände des abhängig Beschäftigten sind).
209 *Badura*, ArbRGegw, Bd. 15 (1978), S. 17, 27; ErfK/*Dieterich*, Art. 9 GG Rn. 71; Sachs/*Höfling*, Art. 9 GG Rn. 54; *Kemper*, in: v. Mangoldt/Klein/Starck, GG, Art, 12 Rn. 178; MünchArbR/*Löwisch/Rieble*, § 243 Rn. 1; *Säcker/Oetker*, Grundlagen, S. 48 ff.; *Söllner*, ArbRGegw, Bd. 16 (1979), S. 19, 27.
210 *Franzen*, ZfA 2005, 315, 329.
211 *Lobinger*, Arbeitskämpfe, Rn. 24 ff.

Art. 9 Abs. 3 GG gerechnet.[212] Die mittleren Auffassungen gelangen je nachdem, wie eng oder weit die Doppelformel des Art. 9 Art. 3 GG letztlich verstanden wird bzw. welche Bedeutung man der Unternehmensautonomie beilegt, zur Zulässigkeit oder zur Unzulässigkeit unmittelbar auf die Standorterhaltung abzielender Tarifverträge.[213]

Besondere Aufmerksamkeit verdient naturgemäß die Position der Rechtsprechung. Das BAG hat sich bislang nicht zur tariflichen Regelbarkeit unmittelbarer Standortzusagen geäußert. Allerdings hat es in seiner Entscheidung zur Tarifforderung nach Zeitzuschlägen in einem Personalbemessungssystem zur grundsätzlichen Frage des Verhältnisses von Tarifautonomie und Unternehmensautonomie Stellung genommen.[214] Freilich weisen die Aussagen eine gewisse Unschärfe auf: Auf der einen Seite werden bestimmte Entscheidungsfelder wie Investition, Produktion und Vertrieb von vornherein aus dem Bereich des tariflich Regelbaren herausgenommen. Die Geschäftsleitung soll autonom darüber entscheiden dürfen, welche Geld- und Sachmittel zu welchem Zweck eingesetzt werden und ob, was und wo hergestellt wird. Auf der anderen Seite soll sich der Regelungsauftrag des Art. 9 Abs. 3 auch auf die Steuerung der unternehmerischen Sachentscheidung erstrecken, wenn sich die wirtschaftliche und die soziale Seite einer unternehmerischen Maßnahme nicht trennen lassen. Insbesondere weist das BAG den von *Biedenkopf* entwickelten Gedanken zurück, Tarifautonomie und Unternehmensautonomie in der Weise abzugrenzen, dass der Tarifvertrag nur die sozialen Folgen unternehmerischer Entscheidungen festlegen könne und damit zum sozialen Datenkranz gehöre, welcher der unternehmerischen Planungs- und Koordinationstätigkeit vorgegeben sei, nicht aber diese Tätigkeit selbst einer rechtlichen Bindung unterwerfen könne.[215]

Aus diesen etwas kryptischen Sätzen lassen sich im Hinblick auf Standortentscheidungen durchaus unterschiedliche Schlüsse ziehen.[216] So hat das LAG Hamm aus dieser Entscheidung die Unzulässigkeit einer standortbezogenen Tarifregelung gefolgert.[217] In diesem Sinne sieht *Löwisch* als tariflich regelbare »soziale Seite« der unternehmerischen Maßnahme »Betriebsänderung«

212 *Däubler*, Tarifvertragsrecht, Rn. 1111 ff.; *Hensche*, AuR 2004, 443, 447 f.; *Gamillscheg*, KollArbR, Bd. I, § 7 III 5 a (2), S. 340; MünchArbR/*Löwisch/Rieble*, § 243 Rn. 15; *Wolter*, RdA 2002, 218, 220, 225.

213 Für eine Zulässigkeit *Kühling/Bertelsmann*, NZA 2005, 1017, 1021 ff.; *Gamillscheg*, KollArbR, Bd. I, § 7 III 5 a (5), S. 344; *Hanau/Thüsing*, ZTR 2001, 49, 53; in diesem Sinne auch *Hohenstatt/Schramm*, DB 2004, 2214, 2216 f. Gegen eine Zulässigkeit *Löwisch*, DB 2005, 554, 556 f.; *Wiedemann*, RdA 1986, 231, 236 f.; *ders.*, in: Wiedemann, TVG, Einl. Rn. 328 (großzügiger aber offenbar Rn. 450).

214 BAG v. 3.4.1990, AP GG Art. 9 Nr. 56.

215 Vgl. *Biedenkopf*, Gutachten 46. DJT, S. 162 f. Für die »Datenkranztheorie« ferner *Reuter*, Ordo 36, 1985, S. 51, 81; dagegen etwa *Beuthien*, ZfA 1984, 1, 14 Fn. 37; *Säcker/Oetker*, Grundlagen, S. 44 f.; *Wiedemann*, RdA 1986, 231, 233.

216 Noch drastischer *Lobinger*, Arbeitskämpfe, Rn. 10: »Zwei evident unvereinbare Sätze«.

217 LAG Hamm v. 31.5.2000, NZA 2000, 535, 537.

nur die zu ihrem Vollzug notwendigen Entlassungen an.[218] Danach ließe sich zwar eine Einschränkung betriebsbedingter Kündigungen, nicht aber die dem Kündigungsentschluss vorgelagerte Entscheidung zur Standortaufgabe tarifvertraglich regeln. Die Ausführungen des BAG können dem entgegengesetzt aber auch dahin gedeutet werden, dass jedenfalls die Aufrechterhaltung eines Standorts einer tariflichen Steuerung zugänglich sei, weil sich bei einer Schließung die wirtschaftliche und soziale Seite dieser Maßnahme nicht voneinander trennen ließen.

Sowohl der Wortlaut als auch die Entstehungsgeschichte von Art. 9 Abs. 3 GG sprechen zunächst dagegen, die Tarifautonomie auf die bloße Regelung von Arbeitsbedingungen zu beschränken. Zweifellos gehört es zum historisch gewachsenen Kern der Koalitionsfreiheit, die kollektive Regelung der für die Arbeitsverhältnisse geltenden Austauschbedingungen zu gewährleisten, um die typischerweise bestehende Verhandlungsschwäche des einzelnen Arbeitnehmers zu kompensieren. Indem Art. 9 Abs. 3 GG wie schon vor ihm Art. 159 WRV mit der Formel von den Arbeits- und Wirtschaftsbedingungen über die zuvor geltende Wendung von den Lohn- und Arbeitsbedingungen (§ 152 GewO) hinausgegangen ist, gibt die Verfassung aber zu erkennen, dass sie die Koalitionen nicht auf die Wahrung und Förderung bloßer Arbeitsbedingungen beschränken will. Ferner kann es nicht überzeugen, im Rahmen von Art. 9 Abs. 3 GG dergestalt zwischen Betätigungsfeld und Betätigungsmitteln zu differenzieren, dass sich die Koalitionen zu bestimmten Arbeits- und Wirtschaftsbedingungen zwar außerbetrieblich (etwa durch Demonstrationen) äußern können, ihnen die Möglichkeit eines rechtsverbindlichen Ausgleichs der gegenläufigen Interessen durch Tarifvertrag aber mangels Kompetenz von vornherein zu versagen.[219] Diese Sichtweise würde die allseits anerkannte Koalitionsmittelgarantie missachten, also das von der Koalitionsfreiheit gewährleistete Recht, selbstständig darüber zu entscheiden, mit welchen (grundsätzlich erlaubten) Mitteln die Arbeits- und Wirtschaftsbedingungen gefördert werden sollen.[220] Dementsprechend steht für das BAG außer Frage, dass die Tarifvertragsparteien in Tarifverträgen alle Arbeits- und Wirtschaftsbedingungen im Sinne von Art. 9 Abs. 3 GG regeln können.[221]

Der Wortlaut von Art. 9 Abs. 3 GG allein kann über die gegenständliche Reichweite der tariflichen Regelungsbefugnis allerdings nur begrenzte Auskunft geben. Stattdessen kommt es entscheidend auf die Funktion und den Schutzzweck der Tarifautonomie an.[222] In funktionaler Hinsicht soll die

218 *Löwisch*, DB 2005, 554, 557.
219 So aber offenbar *Lobinger*, Arbeitskämpfe, Rn. 18.
220 Vgl. BVerfG v. 6.5.1964, BVerGE 18, 18, 32; BVerfG v. 26.5.1970, BVerfGE 28, 295, 304 ff.
221 BAG v. 3.4.1990, AP GG Art. 9 Nr. 56.
222 In diesem Sinne auch *Farthmann/Coen*, HbVerfR, § 19 Rn. 88; *Weyand*, Mitbestimmung, S. 181 ff.

Tarifautonomie zu einem wirksamen Schutz von Arbeitnehmern in ihrer Eigenschaft als abhängig Beschäftigte beitragen. Sie zielt auf einen angemessenen Ausgleich der auf das Arbeitsleben bezogenen gegenläufigen Interessen ab und dient damit der beiderseitigen Entfaltung der notwendigerweise arbeitsteilig ausgeübten Berufsfreiheiten.[223] Die autonome Festlegung von Arbeits- und Wirtschaftsbedingungen auf kollektiver Ebene soll Ergebnisse ermöglichen, die sozial befriedigend wirken, die der Einzelarbeitsvertrag aber nicht hervorzubringen vermag. Dagegen hat der Tarifvertrag nicht die Aufgabe, die Güter- und Dienstleistungsmärkte um ihrer selbst willen zu regulieren. Die Gewerkschaften sollen Arbeitnehmerinteressen wahrnehmen, nicht aber für eine aus ihrer Sicht erfolgreichere Unternehmenspolitik sorgen. Die Frage, ob eine Angelegenheit noch dem Bereich der Arbeits- und Wirtschaftsbedingungen zuzurechnen ist, richtet sich deshalb danach, ob sie die Arbeitnehmer in einem solchen Maße berührt, dass sie vernünftigerweise zum Gegenstand eines kollektiven Interessenclearings im Sinne einer Vereinbarung zum Ausgleich der beiderseitigen beruflichen Interessen gemacht wird.

Damit ist freilich nur eine grundsätzliche Richtung angezeigt. Sie besagt im Ausgangspunkt, dass unternehmerische Maßnahmen nicht um ihrer selbst willen, sondern nur zum Zwecke des Arbeitnehmerschutzes tarifierbar sind. Sofern eine unternehmerische Entscheidung Arbeitnehmerinteressen nicht tangiert, unterfällt sie daher nicht der tariflichen Regelungsbefugnis. Insoweit fehlt es bereits an der verfassungsrechtlichen Kompetenz, die betreffende Frage gerade durch Tarifvertrag zu regeln. Aufgrund dieser Innenschranke der Tarifautonomie kommt es auf die Frage, wie intensiv die unternehmerische Autonomie betroffen wird, nicht an. Hiervon unberührt bleibt ein vertragliches Handeln auf der Grundlage der allgemeinen Privatautonomie gemäß Art. 2 Abs. 1 GG.

Mit diesem Ansatz ist auf der einen Seite die Annahme unvereinbar, es gebe gleichsam statisch eine ganze Reihe von Bereichen der unternehmerischen Planungstätigkeit, die per se nicht tariflich regelbar seien. Diese Sichtweise verkennt, dass es der Schutzzweck der Tarifautonomie gebieten kann, bislang ungeregelte Sachmaterien in einen Zustand des verbindlich geregelten Ausgleichs gegenläufiger Interessen zu überführen. Es gibt in den Worten des BAG keinen Anlass, die Bewältigung neuer sozialer Probleme mit Hilfe des Tarifvertragsrechts zu versperren.[224] Auf der anderen Seite kann es nicht überzeugen, sämtliche Maßnahmen der Unternehmensleitung unabhängig von ihrem Inhalt für beschäftigungsrelevant zu erklären und sie mit diesem Kunst-

223 Vgl. *Hoffmann-Riem*, FS Ipsen (1977), S. 385 ff.; siehe auch *Papier*, VVDStRL, Bd. 35 (1977), S. 55, 87; *H. P. Schneider*, VVDStRL, Bd. 43 (1985), S. 18, 25.

224 BAG v. 3.4.1990, AP GG Art. 9 Nr. 56.

griff als tauglichen Gegenstand von Tarifverträgen zu qualifizieren.[225] Stattdessen muss ein wahrnehmbarer Bezug zu den Arbeitnehmerinteressen nicht nur behauptet werden, sondern tatsächlich vorliegen. Insoweit bietet es sich an, unternehmerische Maßnahmen als Arbeits- und Wirtschaftsbedingungen im Sinne von Art. 9 Abs. 3 GG dann für tarifierbar zu halten, wenn sie sich ohne eine Zwischenreaktion unternehmensexterner Marktteilnehmer auf die Beschäftigungsbedingungen auswirken. Der Tarifvertrag regelt demnach nicht nur die Arbeitgeberstellung, sondern erfasst auch die damit untrennbar verbundene Unternehmerstellung. Allerdings soll er nur dann steuernd eingreifen, wenn es um unternehmerische Reaktionen auf Marktimpulse geht, die beschäftigungsrelevant sind. Damit würden etwa Entscheidungen über die Unternehmensfinanzierung durch Kapitalerhöhung oder Kreditaufnahme nicht tariflich regelbar sein, weil sie nur das Verhältnis von Eigen- und Fremdkapital betreffen und aufgrund möglicher Reaktionen des Kapitalmarkts lediglich den Boden für spätere beschäftigungsrelevante unternehmerische Maßnahmen bereiten. Entsprechendes gilt für die Festlegung der Produktpalette sowie die Preisgestaltung. Der Tarifvertrag ist kein Instrument für eine Mitunternehmerschaft der Gewerkschaften. Ein allgemeines unternehmenspolitisches Wächteramt kommt den Koalitionen nicht zu,[226] zumal eine solche Position auch zwangsläufig zu einer entsprechenden haftungsrechtlichen Verantwortung für unternehmerischen Misserfolg führen würde.
Von diesem Ansatz ausgehend sind Standortsicherungsvereinbarungen eindeutig als Arbeits- und Wirtschaftsbedingungen im Sinne von Art. 9 Abs. 3 GG und damit als zulässige Gegenstände von Tarifverträgen zu qualifizieren.[227] Eine Standortschließung wirkt sich für die davon betroffenen Arbeitnehmer unmittelbar auf die Beschäftigungsmöglichkeiten aus. Der Arbeitsplatzverlust trifft direkt und nicht vermittelt durch eine Marktreaktion als Folge der unternehmerischen Entscheidung ein. Für den Arbeitnehmer, der seinen Arbeitsplatz verliert, ist die Betriebsstilllegung daher eine »Arbeits- und Wirtschaftsbedingung ersten Ranges«.[228] Für eine Einbeziehung von standorterhaltenden Absprachen in den Bereich des tariflich Regelbaren sprechen zudem die vielfachen Beispiele aus der Praxis, in denen es zu entsprechenden Vereinbarungen gekommen ist.[229] Zwar steht den Koalitionen keine Kompetenz-Kompetenz in dem Sinne zu, dass sie selbst bestimmen können, welche Gegenstände unter den Begriff der »Arbeits- und Wirtschaftsbedingungen« zu fassen sind. Indes kann nicht in Abrede gestellt werden, dass die Aufrechterhaltung ihrer Beschäftigungsmöglichkeiten durch eine Standort-

225 So Däubler/*Hensche*, TVG, § 1 Rn. 831, 834.
226 *Wiedemann*, RdA 1986, 231, 232.
227 Ebenso *Fischinger*, Arbeitskämpfe, S. 53 ff.
228 *Gamillscheg*, KollArbR, Bd. I, § 6 II 1 b (2), S. 220.
229 Vgl. Fn. 186 bis 188.

sicherung für die betroffenen Arbeitnehmer regelmäßig von einem sehr viel größeren Interesse als viele andere Fragen ist, die in Tarifverträgen üblicherweise geregelt werden. Wenn sich die Tarifparteien dieser Problematik annehmen und damit einen im Arbeitsleben schwelenden sozialen Konflikt lösen, handeln sie deshalb im Rahmen ihrer verfassungsrechtlichen Zuständigkeit.

Wenn eine Reihe von Stimmen in diesem Zusammenhang die Unternehmensautonomie ins Feld führt,[230] so geht es diesen Stellungnahmen systematisch regelmäßig nur um die Außenschranken der Tarifautonomie oder sogar nur um die fehlende Erstreikbarkeit von Standortsicherungszusagen. Mit der an dieser Stelle allein interessierenden Frage nach der Reichweite der Tarifmacht und damit nach den Innenschranken der Tarifautonomie haben diese Überlegungen dagegen nichts zu tun.

In inhaltlicher Hinsicht spielt es für die Zulässigkeit von Standortsicherungsvereinbarungen keine Rolle, ob sie »negativ« oder »positiv« ausgestaltet sind. Möglich sind also Zusagen der Unternehmensleitung, einen bestimmten Betrieb nicht zu schließen bzw. die Produktion nicht zu verlagern. Statthaft sind aber auch Vereinbarungen, an einzelnen Standorten einen bestimmten Beschäftigungsstand zu halten, um für die dort tätigen Arbeitnehmer für einen gewissen Zeitraum Beschäftigungsmöglichkeiten aufrechtzuerhalten. Soweit darüber hinaus die Herstellung bestimmter Produkte oder Komponenten zugesagt wird, ist dies unter kompetentiellen Gesichtspunkten auf den ersten Blick zweifelhaft, weil der Tarifvertrag nicht die Aufgabe hat, dem Arbeitgeber vorzuschreiben und damit auch das Risiko abzunehmen, mit welchen Erzeugnissen er am Markt wahrscheinlich erfolgreich sein wird. Auch ist es für die Arbeitnehmer belanglos, ob sie – platt formuliert – kleine, mittlere oder große Kugellager produzieren, sofern nur die Arbeitsplätze als solche gesichert bleiben. Entsprechende Vereinbarungen, wie sie vor allem in der Automobilindustrie vorkommen, bezwecken aber ohnehin nicht, den Unternehmer auch dann zur Aufrechterhaltung einer bestimmten Produktpolitik zu verpflichten, wenn durch technische Innovationen oder modifizierte Kundenwünsche Veränderungen erforderlich sein sollten. Vielmehr basieren sie auf der Voraussetzung, dass bestimmte langfristig angelegte unternehmerische Projekte (wie etwa die Entwicklung, Fertigung und Vermarktung eines neuen Automodells) auf jeden Fall verwirklicht werden sollen, und regeln, an welchen betrieblichen Standorten dies geschehen soll. Ziel der Standortsicherungsvereinbarung ist die Aufrechterhaltung eines bestimmten Beschäfti-

230 Z. B. *Hanau/Thüsing*, ZTR 2001, 49, 52 f.; *Henssler*, FS Richardi (2007), S. 553, 558 ff.; *Hohenstatt/Schramm*, DB 2004, 2214, 2216 ff.; *C. Meyer*, NZA 2004, 366, 368; *Rolfs/Clemens*, NZA 2004, 410, 415.

gungsstandes. Auf welche Weise der Arbeitgeber seiner Verpflichtung nachkommt, fällt dagegen in seinen alleinigen Zuständigkeitsbereich.

3. *Außenschranken der Tarifautonomie*

Die vergleichsweise breite gegenständliche Zuständigkeit der Tarifparteien für standortbezogene Vereinbarungen lenkt den Blick auf die Außenschranken derartiger Regelungen. Insoweit ist als Ausgangspunkt festzuhalten, dass die Koalitionsfreiheit und damit auch die Tarifautonomie zwar vorbehaltlos, nicht aber schrankenlos gewährleistet sind. Begrenzungen sind möglich, müssen aber durch ein gleichrangiges, verfassungsrechtlich geschütztes Interesse gerechtfertigt sein.[231]

Als überholt kann zunächst die These angesehen werden, dass sich aus der Entwicklung des Mitbestimmungsrechts und dabei insbesondere aus den verschiedenen Regelungen zur Unternehmensmitbestimmung die gesetzliche Grundwertung ableiten lasse, eine Beteiligung der Arbeitnehmerseite an unternehmerischen Entscheidungen nicht vertraglich, sondern nur mitbestimmungsrechtlich zuzulassen. Den Hintergrund bildet die Überlegung, dass es sich in diesen Fällen um innerbetriebliche Konflikte handele, die marktwirtschaftskonform nur durch die Unternehmens- und Betriebspartner gelöst werden könnten.[232] Diese Sichtweise findet in der historischen Entwicklung des kollektiven Arbeitsrechts keine Stütze. Mit den verschiedenen Regelungen zur betrieblichen und zur unternehmerischen Mitbestimmung wollte der Gesetzgeber eine zweite Spur für die kollektive Wahrnehmung von Arbeitnehmerinteressen eröffnen, nicht aber die historisch ältere Interessenwahrnehmung durch Tarifverträge einschränken.[233] Zudem hat das BVerfG klargestellt, dass durch das Mitbestimmungsgesetz 1976 das Tarifvertragssystem rechtlich nicht verändert worden ist.[234] Die mögliche Erörterung von oder Beschlussfassung über Betriebsstilllegungen im mitbestimmten Aufsichtsrat schränkt die Befugnis zur tarifvertraglichen Regelung dieser Fragen daher nicht ein.

Im Zentrum der aktuellen Diskussion steht dagegen die Frage, ob Standortvereinbarungen gegen die unternehmerische Entscheidungsfreiheit verstoßen, die als Teil der Berufsfreiheit durch Art. 12 Abs. 1 GG gewährleistet wird,

231 BVerfG v. 26.6.1991, BVerfGE 84, 212, 228; BVerfG v. 27.4.1999, BVerfGE 100, 271, 283; BVerfG v. 3.4.2001, BVerfGE 103, 293, 306.

232 *Vollmer*, JA 1978, 53, 55; *ders.*, DB 1979, 355; in diese Richtung auch *Beuthien*, ZfA 1984, 1, 5; *Koller*, ZfA 1978, 45, 64 f.

233 *Beck*, AuR 1981, 333, 339; *Fischinger*, Arbeitskämpfe, S. 61 f.; *Kempen*, AuR 1980, 193, 197; *Weyand*, Mitbestimmung, S. 134 f.

234 BVerfG v. 1.3.1979, BVerfGE 50, 290, 371.

wobei es im Ergebnis keine Rolle spielt, ob man insoweit zusätzlich noch Art. 14 Abs. 1 GG und Art. 2 Abs. 1 GG heranzieht.
Ein Teil des Schrifttums geht offenbar davon aus, dass auch freiwillig abgeschlossene Standortsicherungstarifverträge wegen Verstoßes gegen die Unternehmensautonomie unwirksam sind.[235] Demgegenüber geht man überwiegend von der Statthaftigkeit freiwilliger Vereinbarungen aus.[236] Tatsächlich ist nicht zu erkennen, dass aus Art. 12 Abs. 1 GG die Unzulässigkeit einer freiwillig abgeschlossenen tariflichen Standortzusage abzuleiten sein soll. Zwar kann man nicht so weit gehen, dass Art. 12 Abs. 1 GG in diesen Fällen gar nicht betroffen ist.[237] Dennoch greift es zu kurz, den freiwillig abgeschlossenen Firmentarifvertrag so zu behandeln, als handele es sich um einen hoheitlichen Eingriff in die Berufsfreiheit, der mangels einer hinreichenden Rechtfertigung verfassungsrechtlich unzulässig sei. Vielmehr begibt sich die Unternehmensleitung mit einer bindenden Vereinbarung über eine Standortzusage für einen gewissen Zeitraum abweichender unternehmerischer Handlungsbefugnisse. Diese Bindung stellt aber nicht nur eine Einschränkung, sondern zugleich eine Ausübung der Berufsfreiheit aus Art. 12 Abs. 1 GG dar.[238] Da sie üblicherweise Teil eines größeren Pakets gegenseitigen »Gebens und Nehmens« zur Regelung der Arbeits- und Wirtschaftsbedingungen der im Betrieb tätigen Arbeitnehmer ist,[239] schafft sie für einen gewissen Zeitraum auf beiden Seiten Planungssicherheit. Man mag in diesen Fällen von einem punktuellen Grundrechtsverzicht sprechen.[240] Maßgebend für die rechtliche Beurteilung ist jedenfalls, dass eine freiwillige Vereinbarung in erster Linie eine Ausübung und keine Einschränkung von unternehmerischer Entscheidungsfreiheit darstellt.[241] Deshalb sind auch in diesem Zusammenhang Verweise auf die Freiheit der unternehmerischen Entscheidung im Kündigungsschutzrecht und im Betriebsverfassungsrecht unergiebig.[242] In beiden Rechts-

235 *C. Meyer*, NZA 2004, 366, 368; *Wiedemann*, RdA 1986, 231, 236 f.; ebenso *Rolfs/Clemens*, DB 2003, 1678, 1680; *dies.*, NZA 2004, 410, 415, deren Berufung auf *Gamillscheg*, KollArbR, Bd. I, § 7 III 5 b (1), S. 345, freilich fehlgeht, weil *Gamillscheg* nur die Erstreikbarkeit, nicht aber die davon zu unterscheidende tarifliche Regelbarkeit verneint. Für eine weit verstandene tarifvertragsfreie Unternehmerfreiheit auch *Loritz*, ZTR 1990, 495, 497.
236 *Buchner*, DB 2001, Beilage Nr. 9, S. 1, 8; *Gamillscheg*, KollArbR, Bd. I, § 7 III 5 a (2), S. 340; *Hanau/Thüsing*, ZTR 2001, 49, 53; *Kissel*, ArbeitskampfR, § 35 Rn. 24; *Wolter*, RdA 2002, 218, 222.
237 So *Wolter*, RdA 2002, 218, 220, mit der Behauptung, dass nur die negative Koalitionsfreiheit des einzelnen Arbeitgebers berührt sei.
238 Zutreffend *Chr. J. Müller*, Berufsfreiheit des Arbeitgebers, S. 265.
239 *Gamillscheg*, KollArbR, Bd. I, § 7 III 5 a (5), S. 344.
240 So *Fischinger*, Arbeitskämpfe, S. 67 ff.
241 In diesem Sinne auch *Dieterich*, in: FS Wiedemann (2002), S. 229, 242; *ders.*, AuR 2007, 65, 69; *Chr. J. Müller*, Berufsfreiheit des Arbeitgebers, S. 265; *Scholz*, ZfA 1981, 265, 296 f.
242 So aber *Rolfs/Clemens*, DB 2003, 1678, 1680; *dies.*, NZA 2004, 410, 415, mit den von ihnen als Beleg angeführten Entscheidungen des BAG, die allesamt dem Kündigungsschutzrecht und nicht dem Tarifrecht entstammen; ebenso *Lobinger*, Arbeitskämpfe, Rn. 31 ff., wenn auch in erster Linie mit Blick auf die Arbeitskampffreiheit von Standortentscheidungen.

gebieten geht es nämlich im Grundsatz um vom Gesetzgeber heteronom auferlegte Bindungen, nicht aber um autonom eingegangene Verpflichtungen. Für die Entwicklung einer staatlichen Schutzpflicht zugunsten des kontrahierenden Arbeitgebers analog zur Bürgschafts-Rechtsprechung besteht offenkundig kein Anlass.[243] Ein anderes Ergebnis wäre nur dann angezeigt, wenn es dem Unternehmen aus übergeordneten Gründen nicht möglich wäre, sich im Hinblick auf sein künftiges Verhalten tarifvertraglich zu binden, wenn es also nicht nur um die Sicherung eines grundrechtlichen Freiraums, sondern um die Aufrechterhaltung einer bestimmten wirtschaftspolitischen Funktion in der Gesamtordnung ginge. Genau dieser Ansatz lag der »Datenkranz«-Theorie von Biedenkopf zugrunde, der jedoch scheitern musste, weil sich die Einschränkung von Grundrechten nicht auf bloße ordnungspolitische Prinzipien stützen lässt.[244]

Grenzen der tariflichen Regelungsmacht ergeben sich daraus, dass die Befugnis zur außerordentlichen Kündigung von Standortzusagen entsprechend allgemeinen tarifrechtlichen Grundsätzen nicht ausgeschlossen werden kann.[245] Ein eventueller verfassungsrechtlicher Überdruck wird also über das Ventil der außerordentlichen Kündigung einer Standortzusage abgeleitet. Schließlich liefert auch der Gedanke, die Gewerkschaften könnten mangels Legitimation keine Standortvereinbarungen abschließen, weil sie nur ihre Mitglieder, nicht aber Außenseiter repräsentieren könnten, keinen tragfähigen Einwand.[246] Zunächst fehlt es bei einer bloß schuldrechtlichen Zusage des Arbeitgebers, einen betrieblichen Standort aufrechtzuerhalten, an einer rechtlichen Betroffenheit des Außenseiters.[247] Die negative Koalitionsfreiheit schützt die Außenseiter indes nicht vor den faktischen Folgen von Tarifverträgen.[248] Zudem kann von einer Verfügung der Gewerkschaft über den Arbeitsplatz des Außenseiters keine Rede sein. Vielmehr geht es bei einer Standortzusage lediglich darum, die tatsächlichen Voraussetzungen für eine weitere Beschäftigung zu gewährleisten. Wenn der Außenseiter aus welchen Gründen auch immer sein Arbeitsverhältnis beenden will, steht ihm dies jederzeit frei. Durch eine Standortzusage werden seine Handlungsmöglichkeiten also ausschließlich erweitert, nicht aber in irgendeiner Weise beeinträchtigt. Selbst wenn die Standortvereinbarung Teil eines Gesamtpakets ist, gilt im Ergebnis nichts anderes. Die Gegenleistungen der Gewerkschaft, die üblicherweise in Konzessionen im Hinblick auf die Arbeitszeit und das Arbeitsentgelt beste-

243 Ebenso *Hanau/Thüsing*, ZTR 2001, 49, 53; *Walker*, ZfA 2004, 501, 532.
244 Insoweit abl. deshalb bereits *Richardi*, Kollektivgewalt, S. 181 Fn. 18.
245 Vgl. Däubler/*Deinert*, TVG, § 4 Rn. 121; *Löwisch/Rieble*, TVG, § 1 Rn. 274.
246 So aber *Lobinger*, Arbeitskämpfe, Rn. 32 f.
247 *Fischinger*, Arbeitskämpfe, S. 59.
248 Vgl. BVerfG v. 24.5.1977, BVerfGE 44, 322, 352; BVerfG v. 15.7.1980, BVerfGE 55, 7, 22; BVerfG v. 14.6.1983, BVerfGE 64, 208, 213; BVerfG v. 3.7.2000, AP TVG § 4 Nachwirkung Nr. 36; BVerfG v. 11.7.2006, NZA 2007, 42, 44.

hen, gelten für Außenseiter nur bei entsprechender vertraglicher Bezugnahme und sind damit rechtlich hinreichend legitimiert.

II. *Tarifliche Regelung der sozialen Folgen einer Standortschließung bzw. -verlagerung*

Der zweite Themenkomplex betrifft Tarifverträge, die der wirtschaftlichen Abfederung der Folgen von Betriebsschließungen oder Standortverlagerungen für die betroffenen Arbeitnehmer dienen. Auch wenn die einschlägigen gerichtlichen Entscheidungen zu Arbeitskampfsituationen ergangen sind[249] und die meisten Stellungnahmen sich deshalb vorrangig mit der Frage der Erkämpfbarkeit derartiger Tarifverträge beschäftigen,[250] empfiehlt es sich doch, die verschiedenen Komplexe abzuschichten und zunächst die vorgelagerte Frage der tariflichen Regelbarkeit entsprechender Forderungen zu untersuchen und erst an späterer Stelle das spezifische Problem der Zulässigkeit von Arbeitskampfmaßnahmen anzugehen.

Gegenständlich geht es bei den in »Tarifsozialplänen« bzw. – neutraler – in »Sozialtarifverträgen« geforderten Tarifinhalten im Wesentlichen um die (erhebliche) Verlängerung von Kündigungsfristen für betriebsbedingte Kündigungen (zum Beispiel Verlängerung um zwei Monate pro Beschäftigungsjahr), um die Durchführung von Qualifizierungsmaßnahmen nach Ablauf der Kündigungsfrist für eine Dauer von bis zu zwei Jahren auf Kosten des Arbeitgebers sowie die Zahlung von Abfindungen, welche die Regelabfindung des § 1a Abs. 2 KSchG von 0,5 Monatsverdiensten für jedes Beschäftigungsjahr deutlich übersteigen (etwa zwei Bruttomonatsgehälter pro Beschäftigungsjahr).[251]

Die Frage der tariflichen Regelbarkeit zerfällt in drei Teilaspekte: Zum einen geht es darum, ob derartige Regelungen dem Normenkatalog des § 1 Abs. 1 TVG zugeordnet werden können, zum anderen um die facettenreiche Problematik einer sogenannten Sperrwirkung der §§ 111 ff. BetrVG und schließlich um die Reichweite der unternehmerischen Freiheit.

249 Siehe die Nachweise oben Fn. 15.

250 Vgl. oben die Nachweise Fn. 16.

251 Vgl. die in Fn. 15 genannten Entscheidungen; siehe ferner *Nicolai*, SAE 2004, 240 ff.; *Schiefer/Worzalla*, DB 2006, 46.

1. *Einordnung der verschiedenen Klauseln*

a) *Abfindungen*

Die regelmäßig geforderten Abfindungen lassen sich problemlos dem Sachkatalog des § 1 Abs. 1 TVG zuordnen.[252] Konkret handelt es sich hierbei um Beendigungsnormen.[253]

b) *Verlängerung der Kündigungsfristen*

Weiter bereitet auch die geforderte Verlängerung der Kündigungsfristen unter dem Blickwinkel der Zuordnung zu den zur Verfügung stehenden Normgruppen keine Probleme, weil sie ohne weiteres als Beendigungsnormen qualifiziert werden können.[254] Ob eine beliebige Länge von Kündigungsfristen vereinbart werden kann, ist eine von der Zuordnung zu einer der in § 1 Abs. 1 TVG genannten Normgruppen zu trennende Frage.[255]

c) *Qualifizierungsmaßnahmen*

Soweit es um Qualifizierungsmaßnahmen geht, die ausweislich der erhobenen Tarifforderungen nach Ablauf der Kündigungsfrist stattfinden sollen, wird gegen die tarifliche Regelbarkeit der Einwand erhoben, dass es sich dabei um einen Kontrahierungszwang zur Begründung eines Schuldverhältnisses eigener Art handele, der keiner in § 1 Abs. 1 TVG genannten Normengruppen unterfalle.[256] Tatsächlich lassen sich derartige Regelungen entgegen dem Hessischen LAG[257] nicht als Abschlussgebote einordnen, weil diese Normart nur für die Begründung von Arbeits- und Ausbildungsverhältnissen, nicht aber für die Begründung sonstiger Rechtsverhältnisse zur Verfügung steht.[258] Dementsprechend lassen sie sich auch nicht als Inhaltsnormen in dem Sinne einordnen, dass ein Arbeitsverhältnis tariflich ausgestaltet werden soll. Von vornherein verfehlt ist die vom LAG Niedersachsen vorgenommene Einord-

252 *Hanau/Thüsing*, ZTR 2001, 49, 51; *Nicolai*, RdA 2006, 33; *Rolfs/Clemens*, DB 2003, 1678, 1681.

253 LAG Schleswig-Holstein v. 27.3.2003, NZA-RR 2003, 592, 596; *Fischinger*, Arbeitskämpfe, S. 109; nur scheinbar anders *Gamillscheg*, KollArbR, Bd. I, § 15 VI 3 (2), S. 594, der von Inhaltsnormen spricht, zu diesen aber auch Beendigungsnormen rechnet (vgl. § 15 V 2, S. 577).

254 LAG Schleswig-Holstein v. 27.3.2003, NZA-RR 2003, 592, 594; *Lobinger*, Arbeitskämpfe, Rn. 34; *Nicolai*, SAE 2004, 240, 242.

255 Dazu noch unten zu 3.

256 *Nicolai*, SAE 2004, 240, 246 ff.

257 Hessisches LAG v. 2.2.2006, LAGE GG Art. 9 Arbeitskampf Nr. 75.

258 *Fischinger*, Arbeitskämpfe, S. 111 f.

nung als betriebsverfassungsrechtliche Norm.[259] Es bleibt daher nur die Qualifikation als Beendigungsnorm. Mag die Parallele zu den bislang existierenden Rationalisierungsschutzabkommen, zur tariflichen Altersversorgung sowie zur Möglichkeit der Verlängerung von Kündigungsfristen auch nicht tragen,[260] so überzeugt es doch, sie als eine »Sonderform der Abfindung« einzustufen, mit der die Beendigung des Arbeitsverhältnisses geordnet und die Zeit bis zum Antritt einer neuen Beschäftigung überbrückt werden soll.[261] Es würde nicht einleuchten, wenn die Betriebsparteien in einem Sozialplan Qualifizierungsmaßnahmen vorsehen könnten (vgl. § 112 Abs. 5 S. 2 Nr. 2a BetrVG), den Tarifparteien entsprechende Regelungen zur Steigerung der Beschäftigungsfähigkeit der ehemaligen Arbeitnehmer aber verwehrt wären. Dies gilt umso mehr, als § 1 Abs. 1 TVG als eine die Tarifautonomie ausgestaltende Regelung den Kreis der normativ regelbaren Gegenstände zwar abschließend umschreibt, aber im Licht von Art. 9 Abs. 3 GG großzügig ausgelegt werden muss, um es den Tarifvertragsparteien zu ermöglichen, auf neue soziale Herausforderungen angemessen zu reagieren.[262] Angesichts der erheblichen Bedeutung beruflicher Qualifikationen für die Beschäftigungsfähigkeit von Arbeitnehmern wäre es geradezu widersinnig, es den Tarifparteien gerade dann zu versagen, sich dieser Problematik durch tarifliche Regelungen anzunehmen, wenn es sich um Qualifizierungsmaßnahmen im Anschluss an ein beendetes Arbeitsverhältnis handelt und die Arbeitnehmer auf diese Weise wieder für den Arbeitsmarkt »fit« gemacht werden sollen.[263] In diesem Sinne hat das BAG auch in anderen Konstellationen keine Bedenken gehabt, dem Arbeitgeber für die Zeit nach dem Ablauf der Kündigungsfrist Verpflichtungen aufzuerlegen.[264]

2. *Zur Frage einer Sperrwirkung der §§ 111 ff. BetrVG*

Ein viel erörtertes Problem stellt die Frage nach einer Sperrwirkung der §§ 111 ff. BetrVG gegenüber tarifvertraglichen Regelungen mit sozialplantypischen Inhalten dar. Zwar hat sich das BAG in einer aktuellen Entscheidung

259 LAG Niedersachsen v. 2.6.2004, NZA-RR 2005, 200, 202.
260 Näher dazu *Fischinger*, Arbeitskämpfe, S. 114 ff.
261 So *Lobinger*, Arbeitskämpfe, Rn. 36; zustimmend *Fischinger*, Arbeitskämpfe, S. 116 ff.; ebenso *Paschke/Ritschel*, AuR 2007, 110, 111.
262 Vgl. *Krause*, in: Jacobs/Krause/Oetker, Tarifvertragsrecht, § 1 Rn. 33.
263 Für eine tarifliche Regelbarkeit auch *Buchner*, DB 2001, Beilage Nr. 9, S. 1, 11; *Henssler*, FS Richardi (2007), S. 553, 554 ff.; *Rieble*, FS 50 Jahre BAG (2004), S. 831, 837. Dagegen *Lieb*, DB 1999, 2058, 2066; *Schiefer/Worzalla*, DB 2006, 46, 47.
264 Vgl. BAG v. 13.4.1991, AP TVG § 1 Tarifverträge: Metallindustrie Nr. 119 (Anspruch auf Zuschuss zum Unterhaltsgeld während einer Fortbildungsmaßnahme i. S. der früheren §§ 41 ff. AFG).

offenkundig gegen eine solche Sperrwirkung ausgesprochen.[265] Da bislang aber noch keine Gründe vorliegen, soll im Folgenden den verschiedenen Facetten dieser selbst von den Verfechtern einer Sperrwirkung als »ketzerisch« anmutenden Frage nach einer Vorrangstellung der betrieblichen gegenüber der tariflichen Regelung der sozialen Folgen von Betriebsänderungen[266] nachgegangen werden.

a) *Argumente für eine Sperrwirkung*

Die These von der Sperrwirkung der §§ 111 ff. BetrVG wird im Wesentlichen auf den erforderlichen Schutz des Arbeitgebers, des Betriebsrats sowie der gewerkschaftlich nicht organisierten Arbeitnehmer gestützt.[267]
Im Hinblick auf den Arbeitgeber geht es den Befürwortern einer Einschränkung der Zulässigkeit von Sozialtarifverträgen im Kern darum, die Freiheit der unternehmerischen Entscheidung zur Betriebsschließung vor einer mittelbaren Einflussnahme durch möglicherweise unkalkulierbare Kosten eines Sozialtarifvertrages abzusichern. Dieser Aspekt betrifft daher streng genommen keine Sperrwirkung der §§ 111 ff. BetrVG im technischen Sinne, sondern die davon zu unterscheidende Frage, ob in diesen Vorschriften eine verfassungsrechtliche Grundentscheidung zum Ausdruck kommt, nach der selbst die Folgen einer Standortschließung jedenfalls dann nicht tariflich geregelt werden können, wenn dies Rückwirkungen auf die Standortentscheidung als solche habe.[268] Zuweilen werden die §§ 111 ff. BetrVG sowie der darin zum Ausdruck kommende Schutz der Unternehmensautonomie auch erst mit der Arbeitskampffreiheit der Entscheidung über die Betriebsänderung in Verbindung gebracht.[269] Die Bedeutung der unternehmerischen Entscheidungsfreiheit für die Regelbarkeit bestimmter Gegenstände in Sozialtarifverträgen sei daher vorerst zurückgestellt.[270]
Unmittelbar mit den §§ 111 ff. BetrVG zusammen hängt dagegen der Einwand, durch Tarifverträge mit sozialplanähnlichen Inhalten würde der Betriebsrat in unzulässiger Weise funktionslos gestellt. Anders als bei den klassischen tariflichen Rationalisierungsschutzvereinbarungen lasse ein auf eine konkrete Betriebsänderung gemünzter Sozialtarifvertrag dem Betriebsrat keinen Raum mehr für eine eigenständige Regelung. Da sich die Betriebspar-

265 BAG v. 6.12.2006, Pressemitteilung Nr. 76/06.
266 *Nicolai*, RdA 2006, 33.
267 LAG Hamm v. 31.5.2000, NZA-RR 2000, 535, 537; *Lobinger*, Arbeitskämpfe, Rn. 46 ff.; *Nicolai*, SAE 2004, 240, 248 ff.; *dies.*, RdA 2006, 33, 35 ff.; *Reichold*, BB 2004, 2814, 2817 f.; *Rolfs/Clemens*, NZA 2004, 410, 416; *Schiefer/Worzalla*, DB 2006, 46, 47.
268 *Bauer/Krieger*, NZA 2004, 1019, 1022 f.; *Rolfs/Clemens*, NZA 2004, 410, 415.
269 So etwa *Hohenstatt/Schramm*, DB 2004, 2214, 2217 f.
270 Dazu sogleich zu 3.

teien ihrer gesetzlichen Normsetzungsbefugnis nicht entäußern könnten, dürfte sie ihnen auch nicht vollständig weggenommen werden. Zudem lasse ein Sozialtarifvertrag die Sozialplanmitbestimmung leer laufen, weil davon auszugehen sei, dass der Tarifvertrag die Grenze des für das Unternehmen wirtschaftlich Vertretbaren bereits ausgeschöpft habe und die Einigungsstelle daher keinen Sozialplan mehr beschließen könne, ohne gegen § 112 Abs. 5 Satz 1 und Satz 2 Nr. 3 BetrVG zu verstoßen. Weiter sei eine alleinige Zuständigkeit des Betriebsrats aus Gründen des Arbeitnehmerschutzes geboten: Erstens sei der Betriebsrat die sachnähere Interessenvertretung der Arbeitnehmer und besser als die Gewerkschaft geeignet, eine den betrieblichen Gegebenheiten angemessene Regelung zu treffen. Zweitens würden die Leistungen aus einem betrieblichen Sozialplan sämtlichen Arbeitnehmern zugute kommen, während ein Tarifvertrag grundsätzlich nur die organisierten Arbeitnehmer begünstigen würde. In der Sache liege bei einer Betriebsschließung nämlich eine Art Insolvenz vor, so dass die vorhandenen Mittel unter strikter Wahrung des Gleichbehandlungsgrundsatzes verteilt werden müssten, womit sich eine tarifliche Regelung, die zu Sondervorteilen für die organisierten Arbeitnehmer führe, nicht vertragen würde. Drittens würden sich bei betriebsübergreifenden Betriebsänderungen unlösbare Abstimmungsprobleme zwischen der Zuständigkeit des Gesamtbetriebsrats und Sozialtarifverträgen ergeben, die nur für einzelne der betroffenen Betriebe abgeschlossen würden.[271]

b) *Stellungnahme*

Gegen die Sperrwirkungsthese streitet zunächst der Wortlaut von § 112 Abs. 1 Satz 4 BetrVG. Wenn § 77 Abs. 3 BetrVG nach dieser Norm auf den Sozialplan nicht anzuwenden ist, spricht dies dafür, dass sozialplanähnliche Regelungen auch in einem Tarifvertrag vereinbart werden können. Wäre dies aufgrund der Konzeption des BetrVG ausgeschlossen, bedürfte es keiner Einschränkung des an sich bestehenden Tarifvorbehalts.[272] Weiter ergibt sich aus der Entstehungsgeschichte des § 112 Abs. 2 Satz 4 BetrVG, dass der Gesetzgeber wie selbstverständlich von der Möglichkeit eines Nebeneinanders von Tarifvertrag und Sozialplan mit vergleichbaren Inhalten ausging. Denn der Vorschlag des Bundesrates, eine Kumulation von Leistungen aus einem

271 *Lobinger*, Arbeitskämpfe, Rn. 51 f.; *Nicolai*, RdA 2006, 33, 35; *Schiefer/Worzalla*, DB 2006, 46, 47 f.

272 LAG Schleswig-Holstein v. 27.3.2003, NZA-RR 2003, 592, 596; Hessisches LAG v. 2.2.2006, LAGE GG Art. 9 Arbeitskampf Nr. 75; *Fischinger*, Arbeitskämpfe, S. 127 f.; *Fitting*, BetrVG, §§ 112, 112a Rn. 179a; *Franzen*, ZfA 2005, 315, 332; *Hensler*, demnächst FS Richardi (2007); *Lobinger*, Arbeitskämpfe, Rn. 42; *Löwisch*, DB 2005, 554, 558; *Zachert*, DB 2001, 1198, 1202. Dies konzedieren auch *Bauer/Krieger*, NZA 2004, 1019, 1022.

betrieblichen Sozialplan und einem Tarifvertrag zu verhindern,[273] wurde zurückgewiesen.[274] Ferner widerspricht die Sperrwirkungsthese der grundsätzlichen Konzeption des BetrVG, der gewerkschaftlichen Wahrnehmung von Arbeitnehmerinteressen den Vorrang vor der Repräsentation von Arbeitnehmern durch den Betriebsrat einzuräumen. Ausdruck dieses Gedankens sind vor allem § 2 Abs. 3 BetrVG, der Tarifvorbehalt gem. § 77 Abs. 3 BetrVG sowie der Tarifvorrang nach § 87 Abs. 1 Einleitungssatz BetrVG. Dieser klar erkennbare allgemeine Vorrang tariflicher Regelungsbefugnisse hatte *Hanau* seinerzeit sogar dazu bewogen, § 87 Abs. 1 Einleitungssatz BetrVG analog auf den Sozialplan anzuwenden und bei einer abschließenden tariflichen Regelung über die sozialen Folgen einer Betriebsänderung die Sozialplanmitbestimmung entfallen zu lassen.[275] Auch wenn man nicht so weit gehen will, lässt sich ein Vorrang betrieblicher Regelungen der dem BetrVG innewohnenden Konzeption nicht entnehmen. Es bedürfte daher schon anderer zwingender Gründe, um eine Sperrwirkung gegenüber Tarifverträgen annehmen zu können.

Von vornherein unzureichend ist die schlichte und nicht durch Einzelvorschriften oder Belege aus der Entstehungsgeschichte abgesicherte Behauptung, dass der Gesetzgeber bestimmte Sachaufgaben ausschließlich dem Bereich der betrieblichen Mitbestimmung zugeordnet habe und die Tarifparteien bei der Regelung der sozialen Folgen von Betriebsänderungen auf die Festlegung von Rahmenbedingungen beschränkt seien.[276] Im Hinblick auf das Argument der drohenden Aushöhlung der Betriebsratsrechte ist es zwar im Ausgangspunkt richtig, dass die Tarifvertragsparteien die Beteiligungsrechte des Betriebsrats als solche weder abschaffen noch einschränken können.[277] Diese Aussage bezieht sich indes von vornherein nur auf das ersatzlose Streichen von Mitbestimmungsrechten, nicht dagegen auf Situationen, in denen der durch das Beteiligungsrecht intendierte Arbeitnehmerschutz durch die tarifliche Regelung herbeigeführt wird. Ein schlichter Blick in den § 87 Abs. 1 Eingangssatz zeigt, dass dem Gesetz gerade nicht die Vorstellung zugrunde liegt, eine vollständige und aus sich heraus handhabbare tarifliche Regelung habe nicht die Kraft, Beteiligungsrechte des Betriebsrats zu verdrängen. Zudem wird die Sozialplanmitbestimmung des Betriebsrats durch einen Sozialtarifvertrag in rechtlicher Hinsicht weder ausgeschlossen noch eingeschränkt. Vielmehr kann es lediglich in rein faktischer Hinsicht dazu kommen, dass ein Sozialtarifvertrag das für entsprechende Leistung zur Ver-

273 Vgl. Stellungnahme des Bundesrates, BT-Drucksache VI/1786, S. 66 f.
274 Vgl. BT-Drucksache zu VI/1786, S. 2: Änderung würden die »Ausgewogenheit der Gesamtkonzeption des Entwurfs beeinträchtigen«.
275 *Hanau*, RdA 1973, 281, 285; *ders.*; ZfA 1974, 89, 106 f.
276 So *Vollmer*, DB 1979, 308 ff., 355, 356.
277 Allg. Meinung; siehe nur *Fitting*, BetrVG, § 1 Rn. 247.

fügung stehende Volumen vollständig ausschöpft, so dass aus diesem Grunde die Mitwirkungsrechte des Betriebsrats leer laufen bzw. eine Einigungsstelle keinen Sozialplan mehr aufstellen könnte, ohne gegen § 112 Abs. 5 Satz 1 und Satz 2 Nr. 3 BetrVG zu verstoßen. Dies ändert aber nichts daran, dass ein Sozialtarifvertrag je nach Fallgestaltung durchaus auch einen Umfang aufweisen kann, der die durch § 112 Abs. 5 BetrVG gezogenen Grenzen nicht ausschöpft.

Weiter gerät die Sperrwirkungsthese in Nöte, wenn sich der zeitliche Ablauf so gestaltet, dass zunächst ein Sozialplan aufgestellt wird und anschließend die Gewerkschaft über einen Sozialtarifvertrag verhandeln will. In diesem Fall bestehen von vornherein keine Anknüpfungspunkte für eine Aushöhlung von Beteiligungsrechten des Betriebsrats. Dasselbe gilt in Betrieben, in denen kein Betriebsrat besteht. Da in diesen Konstellationen offenbar auch die Verfechter der Sperrwirkungsthese einen Sozialtarifvertrag grundsätzlich zulassen wollen, würde dies bedeuten, dass unter Umständen eine kleine Minderheit von Arbeitnehmern, die angesichts einer sich abzeichnenden Betriebsschließung eine Betriebsratswahl in die Wege leiten, es in der Hand hätte, auf diese Weise die gewerkschaftliche Vertretung von Arbeitnehmerinteressen auszuhebeln.

Die Sperrwirkungslehre wird darüber hinaus dem durch die Verfassung vorgezeichneten Rangverhältnis zwischen Tarifautonomie und betrieblicher Mitbestimmung nicht gerecht. Während die Tarifautonomie auf der Koalitionsfreiheit gemäß Art. 9 Abs. 3 GG beruht und damit Grundrechtsausübung ist, fußen die Beteiligungsrechte des Betriebsrats zumindest im Hinblick auf ihre konkrete Ausprägung auf den einfachgesetzlichen Regelungen des BetrVG. Auch wenn die betriebliche Mitbestimmung insgesamt eine Ausprägung des Sozialstaatsprinzips ist und zugleich der Grundrechtsentfaltung der gesamten Belegschaftsmitglieder dient,[278] ändert dies nichts daran, dass die freie Assoziation von Arbeitnehmern zur kollektiven Wahrnehmung ihrer Interessen nach der grundgesetzlichen Ordnung einen höheren Rang hat als die Wahrnehmung von Arbeitnehmerinteressen durch ein kraft Gesetz geschaffenes Arbeitnehmervertretungsorgan.

Der letzte Aspekt betrifft den Schutz der Außenseiter. Insoweit lässt sich im Ausgangspunkt nicht leugnen, dass ein Sozialtarifvertrag die für die soziale Abfederung der von einer Betriebsschließung betroffenen Arbeitnehmer zur Verfügung stehenden finanziellen Mittel zugunsten der Organisierten in einer Weise ausschöpfen kann, die für einen auch die Außenseiter begünstigenden Sozialplan keinen Raum mehr lässt. In tatsächlicher Hinsicht dürften sich hieraus zumeist keine Probleme ergeben, weil die betroffenen Arbeitnehmer rechtzeitig in die Gewerkschaft eintreten, um von den Leistungen aus dem

278 GK-BetrVG/*Wiese*, Einleitung Rn. 76 ff.

Sozialtarifvertrag zu profitieren, oder weil ihre Arbeitsverträge Bezugnahmeklauseln enthalten und die Arbeitnehmer daher schuldrechtliche Ansprüche auf die im Sozialtarifvertrag vereinbarten Leistungen erwerben. Mit diesen Überlegungen allein ist das von *Lobinger* aufgeworfene Verteilungsproblem[279] allerdings noch nicht gelöst. Keinen Ausweg stellt es dar, die in einem Sozialtarifvertrag enthaltenen Regelungen einfach als betriebliche Normen im Sinne von § 3 Abs. 2 TVG zu qualifizieren, wie es *Löwisch* ursprünglich vorschwebte.[280] Tarifliche Regelungen zur Abfederung der sozialen Folgen von Betriebsänderungen wie die Verlängerung von Kündigungsfristen, die Durchführung von Qualifizierungsmaßnahmen sowie Abfindungen als Entschädigung für den Verlust des Arbeitsplatzes zielen nämlich nicht auf eine Steuerung der betrieblichen Organisationsgewalt des Arbeitgebers ab, die allein es rechtfertigt, von betrieblichen Normen zu sprechen, und für die normative Wirkung gemäß § 3 Abs. 2 TVG die Tarifbindung des Arbeitgebers ausreichen zu lassen.[281] Stattdessen handelt es sich bei derartigen Vereinbarungen um Inhaltsnormen.[282] Tatsächlich kann es somit durchaus dazu kommen, dass sich die organisierten Arbeitnehmer ein vergleichsweise größeres Stück aus der für soziale Ausgleichsmaßnahmen zur Verfügung stehenden Verteilungsmasse herausschneiden als nicht organisierte Arbeitnehmer.
Diese Ungleichbehandlung ist jedoch die schlichte Konsequenz der Grundstrukturen des Tarifrechts, nach denen tarifliche Ansprüche grundsätzlich nur gewerkschaftsangehörigen Arbeitnehmern zugute kommen (§§ 3 Abs. 1, 4 Abs. 1 TVG).[283] Wenn sich Arbeitnehmer nicht dazu entschließen können, durch den Beitritt zu einer Gewerkschaft am tarifvertraglichen System kollektiver Privatautonomie zu partizipieren, fällt ihnen dies im Grundsatz selbst zur Last. An diesem Ergebnis lässt sich auch nicht unter dem Aspekt einer verfassungsrechtlichen Schutzpflicht aus Art. 12 Abs. 1 GG zugunsten der Außenseiter rütteln. Erstens ergibt sich aus der Berufsfreiheit zwar ein Mindestbestandschutz für Arbeitsverhältnisse,[284] nicht aber ein Anspruch auf bestimmte Sozialplanleistungen für den Fall einer rechtmäßigen Kündigung. Zweitens besteht kein Grund für einen aus Art. 12 Abs. 1 GG zu entwickelnden Schutz für Außenseiter, wenn diese ihre beruflichen Interessen in vollem Umfang durch den (vorübergehenden) Beitritt zur Gewerkschaft wahren können.

279 Vgl. *Lobinger*, Arbeitskämpfe, Rn. 51.
280 *Löwisch*, FS Dieterich (1999), S. 345, 350; anders jetzt MünchArbR/*Löwisch/Rieble*, § 261 Rn. 17.
281 Zur Interpretation des Begriffs »betriebliche Normen« siehe nur *Krause*, in: Jacobs/Krause/Oetker, Tarifvertragsrecht, § 4 Rn. 56 ff.
282 *Gamillscheg*, KollArbR, Bd. I, § 15 VI 3 (2), S. 594; *Löwisch/Rieble,* TVG, § 1 Rn. 123.
283 *Franzen*, ZfA 2005, 315, 332 f.; *Löwisch*, DB 2005, 554, 558.
284 Siehe oben zu B I 3 c.

Etwas anderes könnte nur dann gelten, wenn der Gesetzgeber in einer mit Art. 9 Abs. 3 GG zu vereinbarenden Weise ein Gleichbehandlungsgebot aufgestellt hätte, die Tarifvertragsparteien also von Rechts wegen verpflichtet wären, auch die Außenseiter (im Wege eines schuldrechtlichen Vertrages zugunsten Dritter) in die tarifliche Regelung der Folgen von Standortschließungen bzw. -verlagerungen einzubeziehen. Aus Art. 3 Abs. 1 GG folgt ein derartiges Gebot unabhängig von der Frage, ob und auf welche Weise die Tarifvertragsparteien an die Grundrechte gebunden sind, indes nicht. Der Gleichheitssatz bindet Normgeber stets nur im Rahmen ihres Zuständigkeitsbereiches, kann den Tarifvertragsparteien also keine Mitberücksichtigung von Außenseitern vorschreiben. Problematisch wären zwar Differenzierungsklauseln, die bestimmte Leistungen aus Sozialtarifverträgen gewerkschaftsangehörigen Arbeitnehmern vorbehalten und es der Arbeitgeberseite ausdrücklich verbieten würden, auch den Außenseitern diese Leistungen zu gewähren.[285] Soweit ersichtlich spielt diese Problematik jedoch keine praktische Rolle.

Im Übrigen kennt zwar das Insolvenzrecht den Grundsatz der Gleichbehandlung aller Gläubiger (par conditio creditorum), an den auch die Tarifvertragsparteien gebunden sind. An diesen Grundsatz will *Lobinger* mit seinem Schlagwort von der »Arbeitsplätze-Insolvenz« offenbar anknüpfen.[286] Diese Sichtweise verkennt jedoch zum einen, dass eine schlichte Betriebsstilllegung nicht anders als sonstige Betriebsänderungen nicht mit einem ordnungsgemäß eröffneten Insolvenzverfahren, für das allein dieser Grundsatz gilt, gleichgesetzt werden kann. Zum anderen bezieht sich der Grundsatz der Gläubigergleichbehandlung nur auf die Befriedigung existierender Ansprüche gegen den Gemeinschuldner, nicht aber auf die hier allein in Rede stehende Frage der Begründung von Ansprüchen durch Tarifvertrag. Eine Rechtspflicht der Tarifvertragsparteien zur Mitberücksichtigung von Außenseitern lässt sich daher nicht begründen.[287] Auch auf die Rechtsprechung kann sich *C. Meyer* entgegen dem von ihm erweckten Eindruck nicht stützen. Vielmehr hat das BAG lediglich entschieden, dass die Betriebspartner einen Firmensozialtarifvertrag durch Betriebsvereinbarung auf die Gesamtbelegschaft erstrecken *können*, ohne auch nur ansatzweise von einer entsprechenden Pflicht der Tarifparteien zu sprechen.[288] Im Übrigen kann man aus etwaigen rechtlichen Bindungen der Tarifvertragsparteien bei der Ausübung ihrer Regelungsbefug-

285 Zur Problematik von Differenzierungsklauseln siehe *Krause*, in: Jacobs/Krause/Oetker, Tarifvertragsrecht, § 1 Rn. 51 ff.

286 Vgl. *Lobinger*, Arbeitskämpfe, Rn. 51.

287 Anders *C. Meyer*, DB 2005, 830, 831 unter Berufung auf die negative Koalitionsfreiheit sowie das Gleichbehandlungsgebot aus Art. 9 Abs. 3 GG bzw. Art. 3 GG iVm § 75 BetrVG.

288 Vgl. BAG v. 24.11.1993, AP TVG § 1 Tarifverträge: Metallindustrie Nr. 116; BAG v. 13.4.1994, AP TVG § 1 Tarifverträge: Metallindustrie Nr. 119.

nis nicht darauf schließen, dass eine tarifliche Regelung vollständig zu unterbleiben hat.
Wenn in diesem Zusammenhang die größere Sachnähe des Betriebsrats beschworen wird, mag das zwar vielfach in tatsächlicher Hinsicht zutreffen, wenngleich der Einblick der Gewerkschaft in die betrieblichen Gegebenheiten nicht unterschätzt werden darf und ein etwaiges Informationsdefizit durch eine bessere Übersicht über die Arbeitsmarktlage zumindest teilweise kompensiert wird.[289] Vor allem aber stellt dieser Einwand solange kein normativ verwertbares Argument dar, wie der Gesetzgeber ihn nicht in eine die Koalitionsfreiheit zulässigerweise einschränkende Norm umgemünzt hat. Dass dem BetrVG gerade ein entgegengesetztes Verhältnis von Tarifautonomie und Betriebsautonomie zugrunde liegt, zeigt nicht zuletzt der im Zuge der Betriebsverfassungsgesetzreform 2001 wesentlich umgestaltete § 3 BetrVG. Die hierdurch eröffnete Möglichkeit der Schaffung betriebsverfassungsrechtlicher Organisationseinheiten in einer vom Gesetz abweichenden Weise soll gerade sachnahe und den betrieblichen Eigenheiten angepasste Regelung ermöglichen, wobei das Gesetz insoweit aber ganz bewusst Tarifverträgen den Vorrang vor Betriebsvereinbarungen einräumt.[290] Selbst wenn man dies rechtspolitisch kritisieren wollte. Eines geht nach allen Regeln der Auslegungskunst nicht: Aus dem BetrVG einen Vorrang betrieblicher vor tarifvertraglichen Regelungen unter dem Gesichtspunkt der größeren Sachnähe herleiten.
Dass es bei einem prinzipiellen Nebeneinander von Sozialtarifvertrag und betrieblichem Sozialplan insbesondere bei betriebsübergreifenden Stilllegungen zu Koordinierungsproblemen kommen kann, wie sie vor allem *Nicolai* anschaulich geschildert hat,[291] ist ohne weiteres zuzugestehen. Diese Schwierigkeiten würden sich sogar noch potenzieren, wenn koalitionspluralistische Strömungen zunehmen und darüber hinaus der Grundsatz der Tarifeinheit aufgegeben würde. Die Komplexität von Folgeproblemen kann indes kein Argument sein, eine Grundrechtsausübung zu beschneiden, sondern sollte eher als Ansporn dienen, der Praxis durch das vorausschauende Erarbeiten von Lösungsansätzen Hilfestellung zu bieten.
In diesem Sinne hat die Rechtsprechung daher auch ganz unabhängig von der aktuellen Entscheidung des BAG vom 6.12.2006 bislang keinen Anlass gesehen, Tarifverträge mit sozialplanähnlichen Inhalten mangels tariflicher Regelungsbefugnis für unwirksam zu halten. Vielmehr ist das BAG in zahlreichen Entscheidungen wie selbstverständlich von der Wirksamkeit entsprechender

289 *C. Meyer*, RdA 1996, 181, 185.
290 Siehe BT-Drucksache 14/5741, S. 33.
291 *Nicolai*, RdA 2006, 33, 35.

Tarifverträge ausgegangen.[292] Für das Verhältnis zwischen Tarifvertrag und Sozialplan gilt unter Absehung von der Sperrwirkungsthese nach allgemeiner Ansicht das Günstigkeitsprinzip, durch das eine Kumulation gleichartiger Leistungen (also etwa eine doppelte Abfindung für den Verlust des Arbeitsplatzes) vermieden wird.[293] In rechtlicher Hinsicht ist daher eine Grobsteuerung durch Tarifvertrag, der sich auf wenige Regelungspunkte beschränkt, und eine anschließende Feinsteuerung durch einen betrieblichen Sozialplan, der den örtlichen Gegebenheiten genau angepasst ist, durchaus möglich.

Allerdings darf nicht übersehen werden, dass ein vorheriger Tarifvertrag das zur Verfügung stehende Volumen bereits in einer Weise ausschöpfen kann, die für eine betriebliche Feinsteuerung keinen Raum mehr lässt. Zwar finden sich vielfach tarifliche Regelungen, die für den Fall des späteren Zustandkommens eines betrieblichen Sozialplans Öffnungsklauseln vorsehen, den Betriebsparteien also von sich aus – unter Umständen auch für ungünstigere Vereinbarungen – den Vortritt lassen.[294] Von einer derartigen Rücksichtnahme kann freilich nicht stets ausgegangen werden. Es kann also durchaus dazu kommen, dass die spezifischen Ordnungsvorstellungen des Gesetzgebers, die ausweislich der Ermessensleitlinien gemäß § 112 Abs. 5 BetrVG zum Ausdruck kommen und die dem Sozialplan stärker als früher eine zukunftsgerichtete Überbrückungsfunktion zuweisen,[295] faktisch leer laufen. Insoweit ließe sich also durchaus daran denken, dass der Gesetzgeber unter Berufung auf das Sozialstaatsprinzip Leitlinien festsetzt, nach denen auch in Sozialtarifverträgen das Schwergewicht auf die Förderung der Beschäftigungsfähigkeit der Arbeitnehmer durch Qualifizierungsmaßnahmen gelegt werden muss und nicht lediglich pauschale Abfindungen festgelegt werden dürfen. Eine nennenswerte Einschränkung der Tarifautonomie liegt darin zumindest für besonnene Tarifvertragsparteien nicht, weil die Tarifpraxis ohnehin schon in diese Richtung verläuft. Solange der Gesetzgeber aber noch nicht einmal die Betriebsparteien, sondern nur die Einigungsstelle an diese Grundsätze bindet, besteht kein Anlass, den Tarifvertragsparteien engere Schranken zu setzen.

Natürlich ist es erfreulich, wenn sich arbeitgebernahe Autoren für die Beteiligungsrechte des Betriebsrats stark machen.[296] Der das gesamte kollektive

292 Siehe etwa die Urteile des BAG v. 21.4.1993, AP Nr. 108 und 109, BAG v. 10.11.1993, AP Nr. 113, BAG v. 24.11.1993, AP Nr. 116, BAG v. 13.4.1994, AP Nr. 117 und Nr. 119 jeweils zu TVG § 1 Tarifverträge: Metallindustrie.

293 BAG v. 27.8.1975, AP BetrVG 1972 § 112 Nr. 2; aus der Lit. statt aller GK-BetrVG/*Oetker*, §§ 112, 112a Rn. 127.

294 Vgl. BAG v. 11.7.1995, AP TVG § 1 Tarifverträge: Versicherungsgewerbe Nr. 10.

295 Siehe in diesem Zusammenhang LAG Niedersachsen v. 4.5.2000, AiB 2000, 767 ff., wonach sich eine Einigungsstelle nicht darauf beschränken darf, eine tarifliche Regelung, die bei Rationalisierungsmaßnahmen lediglich Abfindungen vorsieht, zu übernehmen, weil hierdurch die Arbeitsmarktchancen der betroffenen Arbeitnehmer unberücksichtigt bleiben.

296 Etwa *Schiefer/Worzalla*, DB 2006, 46, 47 f.

Arbeitsrecht erkennbar durchziehende Vorrang der autonomen Wahrnehmung von Arbeitnehmerinteressen durch Selbstorganisation vor der heteronomen Vertretung von Arbeitnehmerinteressen aufgrund einer durch Gesetz geschaffenen Betriebsverfassung lässt sich unter schlichter Berufung auf so hehre Grundsätze wie das Demokratie- und das Sozialstaatsprinzip indes nicht wegdiskutieren.

3. *Schutzwürdige Arbeitgeberinteressen als Grenze von Sozialtarifverträgen?*

Gegen die grundsätzliche Regelbarkeit von Sozialtarifverträgen, jedenfalls aber gegen die Zulässigkeit bestimmter Tarifinhalte wird schließlich die erforderliche Sicherung der unternehmerischen Freiheit ins Feld geführt. Dabei geht es zum einen um den Umfang der Verlängerung der Kündigungsfristen für betriebsbedingte Kündigungen, die den Arbeitgeber in einer mit Art. 12 Abs. 1 GG nicht zu vereinbarenden Weise an Arbeitsverhältnissen festhalte. Der andere Aspekt betrifft die Gesamtkostenbelastung, die für den Arbeitgeber durch den Sozialtarifvertrag entstehe und die seine unternehmerische Entscheidung zur Standortschließung bzw. -verlagerung konterkariere. Insoweit stellt *Lobinger* vor allem auf die fehlende Deckelung und damit die Unkalkulierbarkeit dieser Kosten für den Arbeitgeber ab.[297]

Dass eine massive Verlängerung von Kündigungsfristen die Berufsfreiheit des Arbeitgebers betrifft, steht außer Streit. Weiter kommt eine deutliche Ausdehnung der Kündigungsfristen in ihrer Wirkung dem Ausschluss des Rechts zur ordentlichen betriebsbedingten Kündigung auf Zeit oder sogar auf Dauer gleich. Ferner sieht ein erheblicher Teil des Schrifttums zumindest einen tarifvertraglichen Ausschluss des Rechts zur ordentlichen betriebsbedingten Kündigung als mit Art. 12 Abs. 1 GG unvereinbar an.[298] Die Rechtsprechung hält für diese Fälle indes eine andere Lösung parat. Zwar geht sie davon aus, dass eine tarifliche Norm vom Arbeitgeber nichts Unmögliches bzw. evident Unzumutbares verlangen kann und Art. 12 Abs. 1 GG das Recht des Arbeitgebers gewährleiste, über die Größenordnung seines Unternehmens zu entscheiden. Die Grenzen des tarifliche Regelbaren werden nach der Rechtsprechung aber bereits dadurch gewahrt, dass dem Arbeitgeber das unabdingbare Recht verbleibt, die Arbeitsverhältnisse aus betrieblichen Gründen außerordentlich zu kündigen (§ 626 BGB).[299] Dabei rechnet das BAG in ständiger

297 *Lobinger*, Arbeitskämpfe, Rn. 46 ff.

298 *Löwisch*, DB 1998, 877, 880; in diesem Sinne auch *Papier*, RdA 2000, 1, 4; *Scholz*, ZfA 1981, 265, 282; *Wendt*, DÖV 1984, 601, 610; ebenso für sehr lange Kündigungsfristen *Löwisch/Rieble*, TVG, § 1 Rn. 867.

299 Vgl. BAG v. 5.2.1998, AP BGB § 626 Nr. 143; BAG v. 6.7.2006, AP TVG § 1 Tarifverträge: Metallindustrie Nr. 201.

Rechtsprechung unter Zustimmung des Schrifttums insbesondere Betriebsstilllegungen zu den wichtigen Gründen, die eine außerordentliche Kündigung rechtfertigen können.[300] Im Einzelnen spricht sich das BAG bekanntlich dafür aus, nur für die ordentliche Kündigung geltende Anforderungen auf die außerordentliche Kündigung zu übertragen (»Orlando-Kündigung«).[301] Der unternehmerischen Freiheit wird also nicht durch die partielle Unwirksamkeit der tariflichen Regelung, sondern durch das seinerseits zumindest nicht völlig ausschließbare[302] Institut der außerordentlichen Kündigung aus betrieblichen Gründen Rechnung getragen.[303] Infolge dieses verfassungsrechtlich gebotenen Ventils bestehen gegen tarifvertragliche Verlängerungen der Kündigungsfristen keine inhaltlichen Bedenken.

Im Übrigen ist in diesem Zusammenhang bemerkenswert, dass eine Betriebsstilllegung den Arbeitgeber nach Ansicht der Rechtsprechung keineswegs automatisch zum Ausspruch außerordentlicher betriebsbedingter Kündigungen berechtigt, sofern die ordentliche Kündigung aus betriebsbedingten Gründen ausgeschlossen oder durch sehr lange Kündigungsfristen erschwert wird.[304] Dies leuchtet insofern ein, als die ordentliche Unkündbarkeit anderenfalls beliebig unterlaufen werden könnte.[305] Vielmehr kommt es entscheidend auf den Einzelfall und in diesem Zusammenhang insbesondere darauf an, ob und inwieweit der Arbeitgeber durch den Ausschluss bzw. die Beschränkung ordentlicher betriebsbedingter Kündigungen das wirtschaftliche Risiko einer Entgeltzahlung ohne Beschäftigung übernommen hat.[306] Die privatautonome Übernahme dieses Risikos ist bis zur Grenze der Unzumutbarkeit also durchaus möglich, so dass auch entsprechende tarifliche Regelungen zulässig sind. Mit ihnen disponiert der Arbeitgeber über seine Berufsfreiheit, was insbesondere bei Standortsicherungs- bzw. Sanierungstarifverträgen deutlich wird.[307] Nach alledem ist jedenfalls gegen eine freiwillige Verlängerung der Kündigungsfristen für betriebsbedingte Kündigungen in einem Sozi-

300 BAG v. 8.10.1957, AP BGB § 626 Nr. 16; BAG v. 28.3.1985, AP BGB § 626 Nr. 86; BAG v. 22.7.1992, EzA BGB § 626 n. F. Nr. 141; KR/*Fischermeier*, § 626 BGB Rn. 158.

301 Siehe nur BAG v. 5.2.1998, AP BGB § 626 Nr. 143.

302 BAG v. 27.6.2002, AP BAT § 55 Nr. 4; BAG v. 6.10.2005, AP BAT § 53 Nr. 8; APS/*Dörner*, § 626 Rn. 7; KR/*Fischermeier*, § 626 BGB Rn. 57; *Löwisch*, DB 1998, 877, 880; *Löwisch/Rieble*, TVG, § 1 Rn. 274; *Preis*, in: Stahlhacke/Preis/Vossen, Kündigung und Kündigungsschutz, Rn. 831.

303 Insoweit zustimmend *Bitter/Kiel*, FS Schwerdtner (2003), S. 13, 33 f.; *Preis/Hamacher*, FS 50 Jahre Arbeitsgerichtsbarkeit Rheinland-Pfalz (1999), S. 245, 255; für eine verfassungskonforme Einschränkung tariflicher »Ewigkeitsbindungen« aber *Bröhl*, FS Schaub (1998), S. 55, 66 f.; *Oetker*, ZfA 2001, 287, 336 ff.

304 BAG v. 28.3.1985, AP BGB § 626 Nr. 86.

305 In diesem Sinne auch LAG Berlin v. 3.4.2001, AuR 2001, 237; *Däubler*, GS Heinze (2005), S. 121, 127; ErfK/*Müller-Glöge*, § 626 BGB Rn. 235.

306 Vgl. BAG v. 22.7.1992, EzA BGB § 626 n. F. Nr. 141; BAG v. 7.3.2002, AP BGB § 620 Schuldrechtliche Kündigungsbeschränkung Nr. 6; APS/*Kiel*, § 626 BGB Rn. 318 e.

307 Ebenso *Dieterich*, Tarifautonomie, S. 13, 27; gleichsinnig für Unkündbarkeitsklauseln *Preis/Hamacher*, FS 50 Jahre Arbeitsgerichtsbarkeit Rheinland-Pfalz (1999), S. 245, 256.

altarifvertrag auch dann nichts einzuwenden, wenn hierdurch eine Betriebsstilllegung aufgrund des Fortbestehens der Entgeltzahlungspflicht ohne eine wirtschaftliche Gegenleistung der Arbeitnehmer erheblich erschwert wird. Da der Arbeitgeber bei unzumutbar hohen Kosten außerordentlich betriebsbedingt kündigen und ihm dieses Recht nicht durch Tarifvertrag genommen werden kann, hält sich der durch verlängerte Kündigungsfristen bewirkte Arbeitnehmerschutz aber in Grenzen. Dies gilt umso mehr, als bei der Bewertung der Unzumutbarkeit wegen des Erfordernisses der Berücksichtigung aller Umstände nicht nur die Kostenbelastung durch das einzelne Arbeitsverhältnis, sondern die Gesamtbelastung für den Arbeitgeber in Rechnung zu stellen ist.
Auch hinsichtlich des finanziellen Volumens von Sozialtarifverträgen bestehen jedenfalls so lange keine Bedenken, wie es sich um freiwillig abgeschlossene Vereinbarungen handelt. Ebenso wie die Betriebsparteien bei der Aufstellung eines Sozialplans nicht an die in § 112 Abs. 5 BetrVG genannten Grenzen gebunden sind, können auch die Tarifparteien einen Firmensozialtarifvertrag mit einem beliebigen Umfang ausstatten.[308] Das besondere Problem sieht *Lobinger* daher offenbar auch weniger in der Größe eines feststehenden Volumens als solche, sondern darin, dass der tarifliche Verhandlungsmechanismus den Umfang für den Unternehmer nicht kalkulierbar macht. Darin liege auch der entscheidende Unterschied zu Rationalisierungsschutzabkommen, bei denen der Unternehmer von vornherein berechnen könne, welche Belastungen bei bestimmten Entscheidungen auf ihn zukommen. Auch dieser Aspekt vermag die tarifliche Regelbarkeit einer sozialen Abfederung der Folgen von Betriebsschließungen indes nicht zu hindern. Zunächst lässt sich einwenden, dass unternehmerisches Handeln stets unter Ungewissheit über künftige Entwicklungen steht. Vielmehr gehören das Erfassen und der Umgang mit Chancen und Risiken geradezu zum Kernbereich unternehmerischer Aktivitäten. Vor allem aber lässt sich das Argument der Unkalkulierbarkeit der Folgekosten bestimmter unternehmerischer Entscheidungen lediglich gegen die Erkämpfbarkeit von Sozialtarifverträgen, nicht aber bereits gegen die Vorfrage der tariflichen Regelbarkeit einwenden. Lässt man den durch einen Arbeitskampf bewirkten Druck außer Betracht, hat es die Unternehmensleitung in der Hand, über das Ausmaß der sozialen Abfederung von Standortschließungen zu bestimmen. Nicht anders als beim betrieblichen Sozialplan kann der Aspekt der freien Unternehmerentscheidung, der hinter dem Kalkulierbarkeitspostulat steht, nicht gegen freiwillige, sondern nur gegen unfreiwillige Regelungen vorgebracht werden.

308 *Thüsing/Ricken*, JbArbR, Bd. 42 (2005), S. 113, 121; in diesem Sinne auch *Franzen*, ZfA 2005, 315, 336 f.

Damit lässt sich als Zwischenergebnis festhalten, dass gegen die Wirksamkeit der bisher bekannt gewordenen Inhalte von Sozialtarifverträgen weder der Art noch dem Umfang nach rechtliche Bedenken bestehen.

E. Erkämpfbarkeit von standortbezogenen Tarifverträgen

Hauptschlachtfeld der erbitterten Auseinandersetzungen um standortbezogene Tarifverträge ist die Frage nach deren Erkämpfbarkeit. Spätestens an diesem Punkt kommt es zum Schwur, welches Gewicht man dem Interesse der Unternehmensleitungen, bei ihren Entscheidungen keinem Arbeitskampfdruck ausgesetzt zu sein, gegenüber dem Interesse der Gewerkschaften beilegt, durch die Androhung bzw. Ausübung von Kampfmaßnahmen ihren Forderungen nach einer tariflichen Einflussnahme auf das unternehmerische Handeln Nachdruck zu verleihen. Dass gerade in Arbeitskampffragen die jeweilige Grundkonzeption (das »Vorverständnis«) die Ergebnisse determiniert, muss nicht eigens betont werden. Wer den Arbeitskampf als ein Instrument ansieht, das der Arbeitnehmerseite überhaupt erst die Möglichkeit verschafft, auf gleicher Augenhöhe in Verhandlungen mit der Arbeitgeberseite einzutreten, wird notwendigerweise zu anderen Resultaten gelangen als derjenige, der im Arbeitskampf in erster Linie den Versuch einer Nötigung der Arbeitgeberseite erblickt. Aus rechtswissenschaftlicher Perspektive kann es nur darum gehen, die arbeitskampfrechtlichen Regeln so zu dimensionieren, dass einerseits der für das deutsche Arbeitskampfrecht charakteristische Ansatz, soziale Konflikte zu kanalisieren, bewahrt bleibt, andererseits die soziale Wirklichkeit nicht aus den Augen verloren wird. Auch wenn sich im Grundsatz wieder eine Unterscheidung zwischen solchen Arbeitskämpfen empfiehlt, die auf die Standortentscheidung der Unternehmensleitung als solche abzielen, und solchen, bei denen es lediglich um die soziale Abfederung der Folgen geht, gibt es doch mehrere Aspekte, die für beide möglichen Forderungsinhalte gelten und deshalb vorab zu klären sind.

I. *Verbandszugehörigkeit des Arbeitgebers und Friedenspflicht als Kampfhindernisse?*

1. *Arbeitskampffähigkeit des verbandsangehörigen Arbeitgebers*

Nicht noch einmal im Einzelnen aufgegriffen werden soll die Debatte, ob die Verbandszugehörigkeit als solche den Arbeitgeber vor einem isolierten

Angriff durch die Gewerkschaft zur Durchsetzung eines Firmentarifvertrages schützt. Mit seiner Grundsatzentscheidung vom 10.12.2002 hat das BAG diese Frage zutreffend verneint und damit zumindest eine vorläufige Klärung dieser Problematik herbeigeführt.[309] Auch wenn Teile des Schrifttums nach wie vor Rückzugsgefechte liefern,[310] ist nicht davon auszugehen, dass das BAG seine Haltung in dieser Frage ändern wird, zumal sie in letzter Zeit noch einmal eine eindrucksvolle Unterstützung erfahren hat.[311]

2. *Friedenspflicht als Kampfhindernis*

Die Durchsetzung von standortbezogenen Tarifverträgen mit den Mitteln des Arbeitskampfes ist von vornherein nur dann zulässig, wenn hierdurch keine Friedenspflicht verletzt wird. Neben der tradierten Friedenspflicht aus einem bestehenden Tarifvertrag werden im neueren Schrifttum spezielle Friedenspflichten für Tarifverträge mit sozialplanähnlichen Inhalten diskutiert.

a) *Friedenspflicht aus bestehenden Tarifverträgen*

Ein Arbeitskampf ist anerkanntermaßen nur dann zulässig, wenn er nicht gegen eine bestehende tarifvertragliche Friedenspflicht verstößt. Insoweit ist im Ausgangspunkt anerkannt, dass die Friedenspflicht in personeller Hinsicht die Tarifvertragspartei selbst und bei einem Verbandstarifvertrag darüber hinaus die Mitglieder der Tarifvertragsparteien im Wege eines Vertrages zugunsten Dritter bzw. mit Schutzwirkung für Dritte schützt.[312] In gegenständlicher Hinsicht ist die Friedenspflicht grundsätzlich nur »relativ«, erstreckt sich also vorbehaltlich abweichender Vereinbarungen lediglich auf die im jeweiligen Tarifvertrag geregelten Arbeitsbedingungen. Dabei kommt es für die konkrete Reichweite des »befriedeten Bereichs« nach überwiegender Ansicht darauf an, ob das Kampfziel unmittelbar geregelt ist oder in einem sachlichen inneren Zusammenhang mit einer geregelten Materie steht.[313]
Im vorliegenden Zusammenhang kommen als Grundlage für eine tarifliche Friedenspflicht praktisch allein Rationalisierungsschutzvereinbarungen in

309 BAG v. 10.12.2002, AP GG Art. 9 Arbeitskampf Nr. 162.
310 Z. B. *Buchner*, RdA 2003, 363, 365 ff.; *Richter*, ZTR 2004, 390, 391 ff.
311 *Fischinger*, ZTR 2006, 518, 523 ff.; *Lobinger*, RdA 2006, 12, 13 ff.; ebenso *Bayreuther*, Tarifautonomie, S. 320 ff.; *Oetker*, in: Wiedemann, TVG, § 2 Rn. 175; *Witt*, Firmentarifvertrag, S. 187 ff.
312 Siehe nur BAG v. 10.12.2002, AP GG Art. 9 Arbeitskampf Nr. 162; *Krause*, in: Jacobs/Krause/Oetker, Tarifvertragsrecht, § 4 Rn. 153; *Otto*, Arbeitskampf- und Schlichtungsrecht, § 15 Rn. 4.
313 BAG v. 10.12.2002, AP GG Art. 9 Arbeitskampf Nr. 162; *Gamillscheg*, KollArbR, Bd. I, § 22 II 2 a, S. 1078; *Krause*, in: Jacobs/Krause/Oetker, Tarifvertragsrecht, § 4 Rn. 149; *Thüsing*, in: Wiedemann, TVG, § 2 Rn. 885.

Betracht. Da sich derartige Abkommen nur mit der wirtschaftlichen Abfederung der Folgen von Rationalisierungsmaßnahmen befassen,[314] stellen sie von vornherein kein Hindernis für Arbeitskämpfe dar, die auf die Standortentscheidung als solche abzielen. Im Übrigen kommt es darauf an, ob das jeweils einschlägige Rationalisierungsschutzabkommen im Hinblick auf die als Inhalt eines Sozialtarifvertrages erhobenen Forderungen eine erkennbar abschließende Regelung enthält.[315] So kann etwa eine verbandstarifvertragliche Regelung über besonderen Kündigungsschutz bei Rationalisierungsmaßnahmen der Forderung nach einem zusätzlichen Kündigungsschutz gegenüber betriebsbedingten Kündigungen bei einer Standortschließung entgegenstehen,[316] wobei allerdings nicht jede Betriebsstilllegung zwecks Kostenersparnis automatisch eine Rationalisierungsmaßnahme darstellt.[317] Dieselben Grundsätze gelten, wenn bereits eine tarifliche Regelung über Abfindungen[318] oder Qualifizierungsmaßnahmen besteht.[319] Sofern der Verbandstarifvertrag den Tatbestand der Betriebsstilllegung als solchen erkennbar abschließend regeln will, kann auch dann kein Arbeitskampf geführt werden, wenn der Tarifvertrag etwa nur Normen über Kündigungen und Abfindungen, nicht aber über Qualifizierungsmaßnahmen enthält. Beschränkt sich die Abgeschlossenheit der tariflichen Regelung auf einen bestimmten Normentyp (etwa Kündigungsfristen), steht die Friedenspflicht der Erkämpfbarkeit anderer Regelungstypen (zum Beispiel Abfindungen und Qualifizierungsmaßnahmen) indes nicht entgegen.[320] Im Allgemeinen werden Verbandstarifverträge Arbeitskämpfe um Sozialtarifverträge nicht hindern.[321]

Unterliegt nur eine der erhobenen Forderungen der Friedenspflicht, wird der Arbeitskampf jedenfalls dann als unzulässig angesehen, wenn es sich um eine zentrale Forderung handelt.[322] Die Friedenspflicht entfällt, wenn sich der Tarifvertrag nur noch im Nachwirkungsstadium befindet.[323] Die vom BAG erwogene Einschränkung der Friedenspflicht bei völlig ungewöhnlichen Entwicklungen[324] dürfte im Zusammenhang mit Standortsicherungsarbeitskämpfen keine Rolle spielen. Wenn die Rationalisierungsschutzvereinbarung Betriebsschließungen nicht einbezieht, besteht schon aus diesem Grunde

314 Vgl. RdA 1976, 322 f.; näher *Konertz*, Rationalisierung, S. 26 ff.: »schadenlindernder Charakter«.
315 *C. Meyer*, DB 2005, 830, 832; *Rieble*, RdA 2005, 200, 202.
316 BAG v. 10.12.2002, AP GG Art. 9 Arbeitskampf Nr. 162; *Franzen*, ZfA 2005, 315, 340.
317 BAG v. 17.3.1988, AP TV RatAng § 2 Nr. 1.
318 So etwa § 13 MTV der chemischen Industrie.
319 *Löwisch*, DB 2005, 554, 557.
320 *Lobinger*, RdA 2006, 12, 20.
321 *Henssler*, FS Richardi (2007), S. 553, 566; *Reichold*, BB 2004, 2814, 2815.
322 BAG v. 4.5.1955, AP GG Art. 9 Arbeitskampf Nr. 2; zum Diskussionsstand vgl. *Gamillscheg*, KollArbR, Bd. I, § 22 I 2 a (3), S. 1066; *Otto*, Arbeitskampf- und Schlichtungsrecht, § 5 Rn. 25.
323 *Otto*, Arbeitskampf- und Schlichtungsrecht, § 7 Rn. 10.
324 BAG v. 10.12.2002, AP GG Art. 9 Arbeitskampf Nr. 162.

keine Friedenspflicht. Sofern das Abkommen diese Fälle dagegen umfasst, besteht kein Anlass, die Friedenspflicht entfallen zu lassen, auch wenn die konkrete Standortschließung oder -verlagerung nicht vorhersehbar war. Letztlich hängt es also von der jeweiligen tarifvertraglichen Ausgangslage wie auch vom Forderungskatalog der Gewerkschaften ab, ob der Arbeitskampf um einen Sozialtarifvertrag an der Friedenspflicht scheitert.

b) *Friedenspflicht aus betriebsverfassungsrechtlichen Gründen*

Über den anerkannten Fall der tariflichen Friedenspflicht hinaus versuchen einzelne Stimmen in der Literatur eine Friedenspflicht für Sozialtarifverträge aus betriebsverfassungsrechtlichen Überlegungen zu begründen. So soll nach Ansicht von *Nicolai* das Kampfverbot des § 74 Abs. 2 Satz 1 Halbsatz 1 BetrVG auch für Gewerkschaften gelten, weil diese sich durch die Forderung nach dem Abschluss eines Tarifvertrages mit sozialplanähnlichen Inhalten an die Stelle des Betriebsrats setzten.[325] *Rolfs/Clemens* wollen eine Friedenspflicht offenbar in dem Augenblick entstehen lassen, in dem mit den Verhandlungen über einen betrieblichen Sozialplan begonnen wird.[326] Für *C. Meyer* schließlich entfaltet ein abgeschlossener Sozialplan eine Friedenspflicht gegenüber Arbeitskampfmaßnahmen, mit denen vergleichbare tarifliche Leistungen erstritten werden sollen.[327]
Alle diese Ansätze, die sachlich kaum mehr als die Wiederbelebung älterer Vorstellungen über ein allgemeines Friedensgebot auf Betriebsebene[328] sind, lassen sich mit dem geltenden Recht nicht vereinbaren. Wenn § 2 Abs. 3 BetrVG davon spricht, dass die Wahrnehmung von Mitgliederinteressen durch die Gewerkschaften durch das BetrVG nicht berührt werden und § 74 Abs. 2 Satz 1 Halbsatz 2 BetrVG diesen Grundsatz noch einmal ausdrücklich im Hinblick auf Arbeitskämpfe bekräftigt, kann aus der das Verhältnis zwischen Arbeitgeber und Betriebsrat regelnden Vorschrift des § 74 Abs. 2 Satz 1 Halbsatz 1 BetrVG nicht das genaue Gegenteil geschlossen werden.[329] Die Herleitung einer besonderen Friedenspflicht für gewerkschaftlich geführte Arbeitskämpfe aus betriebsverfassungsrechtlichen Grundsätzen leugnet letztlich die Zweispurigkeit der Vertretung von Arbeitnehmerinteressen als Strukturelement der deutschen Arbeitsrechtsordnung und den Vorrang der autonomen Koalitionsbetätigung vor den heteronom geschaffenen Beteiligungsrechten des Betriebsrats.[330] In diesem Sinne war man bislang einhellig der

325 *Nicolai*, SAE 2004, 240, 250; etwas zurückhaltender *dies.*, RdA 2006, 33, 37.
326 *Rolfs/Clemens*, NZA 2004, 410, 416.
327 *C. Meyer*, DB 2005, 830, 832.
328 Vgl. *Mayer-Maly*, DB 1965, 32, 33; ebenso *Boldt*, RdA 1971, 257, 267 f.
329 GK-BetrVG/*Kreutz*, § 74 Rn. 43.
330 Im Erg. ebenso *Wendeling-Schröder*, NZA 1998, 624, 629.

Ansicht, dass weder Beteiligungsrechte des Betriebsrats noch bestehende Betriebsvereinbarungen zu einem besonderen Arbeitskampfverbot führen.[331] Es besteht kein Anlass, diesen Grundsatz angesichts des aktuellen Streits um die Erkämpfbarkeit von Sozialtarifverträgen aufzugeben.[332]

II. *Weitere allgemeine Kampfgrundsätze*

Standortbezogene Arbeitskämpfe müssen sich wie andere Arbeitskämpfe auch an den allgemeinen Rechtmäßigkeitsanforderungen messen lassen. Hierzu zählen unstreitig der Grundsatz der Kampfparität sowie das Ultima-ratio-Prinzip.

1. *Zweckwidrigkeit standortbezogener Streiks?*

Über diese allgemein gültigen Rechtmäßigkeitsanforderungen hinaus ist im neueren Schrifttum speziell für die hier zu diskutierenden Fälle ein Verbot »zweckwidriger Streiks« postuliert worden. Nach *Lobinger* hat der rechtmäßige Streik lediglich die Funktion, durch eine Vorenthaltung der Arbeitskraft ihren Marktwert zu steigern. Mit der geplanten Standortschließung bzw. -verlagerung bringe der Arbeitgeber indes zum Ausdruck, dass er auf die Arbeitskraft keinen Wert mehr lege. Ein Streik könne daher nicht mehr dazu dienen, durch eine Zurückhaltung der Arbeitsleistung den eigenen Marktwert zu steigern, so dass ein Arbeitskampf wegen Zweckverfehlung rechtswidrig sei.[333] Abgesehen davon, dass es doch erstaunt, wenn sich *Lobinger* für eine Begrenzung des Streikrechts auf den ersten Vorsitzenden der freien deutschen Gewerkschaften *Carl Legien* beruft, ist die These auch inhaltlich nicht haltbar. Nach allgemeiner Ansicht steht der Arbeitnehmerseite der Arbeitskampf jedenfalls zur Durchsetzung tariflich regelbarer Ziele grundsätzlich zur Verfügung.[334] Soweit standortbezogene Fragen zulässigerweise tariflich geregelt werden können, kann ein Streik deshalb nicht wegen »Zweckverfehlung« als

331 Siehe nur *Kissel*, Arbeitskampfrecht, § 26 Rn. 137 ff.; Richardi/*Richardi*, BetrVG, § 74 Rn. 20, 22.

332 Im Ergebnis ebenso LAG Niedersachsen v. 2.6.2004, NZA-RR 2005, 200, 202; *Franzen*, ZfA 2005, 315, 341; *Henssler*, FS Richardi (2007), S. 553, 555 ff., 566; *Kühling/Bertelsmann*, NZA 2005, 1017, 1020.

333 *Lobinger*, Arbeitskämpfe, Rn. 30.

334 Siehe nur BVerfG v. 26.6.1991, BVerfGE 84, 212, 225; BAG (GS) v. 21.4.1971, AP GG Art. 9 Arbeitskampf Nr. 43; *Konzen*, FS 50 Jahre BAG (2004), S. 515, 530 f., 538 f.; *Otto*, Arbeitskampf- und Schlichtungsrecht, § 5 Rn. 2; *Wank*, FS Kissel (1994), S. 1225, 1234 f.

rechtswidrig eingestuft werden. Insbesondere ist nicht erkennbar, warum es unzulässig sein soll, um die in § 1 Abs. 1 TVG ausdrücklich genannten Beendigungsnormen zu kämpfen. Schließlich wird auch auf diese Weise der Wert der Arbeitskraft, wenn auch unter Umständen erst nachträglich, gesteigert. Dass die Arbeitnehmer bei einer geplanten Betriebsschließung nur für schlechtere Arbeitsbedingungen sollen streiken dürfen, um ihre Arbeitsplätze zu sichern, kann nicht ernstlich Inhalt der Koalitionsfreiheit sein.[335] Von einer Zweckwidrigkeit des Streiks lässt sich lediglich im eher theoretischen Fall sprechen, dass bereits ein betrieblicher Sozialplan vorliegt, der sämtlichen tariflichen Forderungen in vollem Umfang entspricht.[336] Nach der Aufstellung eines betrieblichen Sozialplans kann die Gewerkschaft also nur noch für weiterreichende Forderungen zu Kampfmaßnahmen aufrufen.

2. *Grundsatz der Kampfparität*

Als weiteres allgemein anerkanntes Prinzip beruft sich ein Teil des Schrifttums auf den Grundsatz der Kampfparität, der zur Unzulässigkeit gerade von Sozialtarifverträgen führen soll.[337] Nach der vor allem von der Rechtsprechung vertretenen Konzeption einer materiell-typisierenden Parität ist durch die Ausgestaltung des Arbeitskampfrechts sicherzustellen, dass keine Tarifvertragspartei der anderen von vornherein ihren Willen aufzwingen kann, sondern dass für beide Seiten möglichst gleiche Verhandlungschancen bestehen.[338] Nur das grundsätzliche Vorhandensein von Kampfparität rechtfertigt es, die kollektive Aushandelung von Arbeits- und Wirtschaftsbedingungen dem freien Spiel der Kräfte zu überlassen und auf staatliche Regelungen zur Herstellung sozial angemessener Bedingungen weitgehend zu verzichten.

Nach Ansicht mancher ist diese Kampfparität bei Sozialtarifverträgen nicht mehr gewährleistet. Für das Vorhandensein einer Störung des Kampfgleichgewichts wird wiederum die Sozialplanmitbestimmung ins Feld geführt.[339] Im Normalfall von Tarifauseinandersetzungen habe der Arbeitgeber nämlich die Chance, die gewerkschaftlichen Forderungen zurückzuweisen und den

335 In diesem Sinne aber *Lobinger*, Arbeitskämpfe, Rn. 30.

336 *Bauer/Krieger*, NZA 2004, 1019, 1023; *Sutschet*, ZfA 2005, 581, 612 f.

337 Hiervon zu unterscheiden ist die Berufung auf den Grundsatz der Kampfparität, um Streiks gegen verbandsangehörige Arbeitgeber generell zu unterbinden; vgl. hier bereits die Nachweise oben Fn. 309 bis 311. Für eine Ausweitung der Kampfbefugnisse der Arbeitgeberseite *Gisbertz*, Parität, S. 175 ff.

338 BAG (GS) v. 21.4.1971, AP GG Art. 9 Arbeitskampf Nr. 43; BAG v. 10.6.1980, AP GG Art. 9 Arbeitskampf Nr. 64 und 65. Aus der Lit. statt aller *Otto*, Arbeitskampf- und Schlichtungsrecht, § 2 Rn. 63 ff.

339 *Nicolai*, SAE 2004, 240, 250; *dies.*, RdA 2006, 33, 38 f.; *Henssler*, FS Richardi (2007), S. 553, 567; *Rolfs/Clemens*, NZA 2004, 410, 415; *Schiefer/Worzalla*, DB 2006, 46, 49; *Willemsen/Stamer*, NZA 2007, 413, 414 ff.

Arbeitskampf durchzustehen. Dieses Modell greife dann nicht mehr, wenn der Arbeitgeber damit rechnen müsse, nach der Abwehr eines Streiks um einen Sozialtarifvertrag mit einem Einigungsstellenverfahren überzogen zu werden. Dieses gesetzliche Auffangnetz verschaffe der Gewerkschaft eine Art Erfolgsgarantie. Umgekehrt habe der Arbeitgeber keine Chance, sich der von der Gewerkschaft gewünschten Regelung zu entziehen. Von der Möglichkeit einer freien Willensentschließung des Arbeitgebers oder auch nur von einem Verhandlungsgleichgewicht könne bei dieser Ausgangslage keine Rede sein.

Dieser Sichtweise ist ohne weiteres zuzugeben, dass die Existenz der Sozialplanmitbestimmung bei der Beurteilung der Parität nicht außer Acht gelassen werden darf. Dennoch ist in Abrede zu stellen, dass allein das Vorhandensein eines zwingenden Mitbestimmungsrechts die Gewichte in einer paritätsrelevanten Weise verschiebt. Hierfür muss man sich vor Augen halten, dass es beim Kampf um einen Sozialtarifvertrag praktisch ausschließlich darum geht, mehr Leistungen für die Arbeitnehmer durchzusetzen, als ihnen durch einen Einigungsstellenspruch zugute käme. Die tarifliche Auseinandersetzung bezieht sich in ihrem Kern also gerade nicht auf das Sozialplanvolumen, das die Arbeitnehmerseite auch über § 112 BetrVG erlangen könnte, sondern auf zusätzliche Leistungen. Rechtlich besteht keine andere Situation, als wenn der Gesetzgeber für den Fall einer Betriebsschließung eine fest fixierte wirtschaftliche Abfederung der betroffenen Arbeitnehmer vorgesehen hätte. Auch in diesem Fall gäbe es zwar eine Art Auffangbecken. Dass der Arbeitgeber gezwungen sein soll, höhere tarifliche Forderungen allein deshalb zu erfüllen, weil er gegebenenfalls zur Leistung niedrigerer Beträge verpflichtet ist, leuchtet indes nicht ein. Richtig ist nur, dass der Arbeitgeber an den üblichen Sozialplankosten nicht vorbeikommt und sie deshalb von vornherein einkalkulieren muss. Reagiert der Arbeitgeber auf die gewerkschaftlichen Forderungen umgehend mit einem Angebot in Höhe der bei einem Einigungsstellenverfahren zu erwartenden Kosten, wird deutlich, dass sich der gesamte weitere Arbeitskampf nur um das Zusatzvolumen dreht. Die Sozialplanmitbestimmung wird hierdurch neutralisiert und kann die Kampfparität deshalb nicht mehr beeinflussen. Wie bei jedem anderen Arbeitskampf auch geht es dann nur noch um die Einschätzung des Druckpotentials der Arbeitnehmerseite einerseits und des Forderungsvolumens andererseits. Die Gegenansicht lässt schlicht insoweit außer Betracht, dass die Einigungsstelle nicht die gewerkschaftlichen Forderungen exekutiert, sondern regelmäßig ein sehr viel niedrigeres Leistungsspektrum schafft. Oberhalb dieses Niveaus und damit im Hinblick auf den eigentlichen Kern der Tarifauseinandersetzung spielt die Sozialplanmitbestimmung keine Rolle.

Eine weitere paritätsbezogene Überlegung besteht darin, dass die Arbeitnehmer bei einer geplanten Standortschließung bzw. -verlagerung wissen, dass ihre Arbeitsplätze auf absehbare Zeit wegfallen und sie deshalb anders als bei »normalen« Tarifverhandlungen kein Interesse mehr am Fortbestand des Unternehmens haben. Die Gewerkschaft braucht daher keine Rücksicht mehr zu nehmen, so dass die Gefahr eines »maßlosen« Vorgehens bestehe.[340] Dass eine bevorstehende Standortschließung die Kampfkraft der Gewerkschaft stärkt, ist freilich keineswegs ausgemacht. Zum einen kann sie bei den Arbeitnehmern gerade zu einer Schwächung führen, indem der Eindruck entsteht, am Schicksal des Betriebs sowieso nichts mehr ändern zu können. Zum anderen wird der potentielle Streikdruck mit jedem Tag geringer, an dem die beabsichtigte Stilllegung näher rückt, bis er schließlich gegen Null tendiert: Nicht mehr vorhandene Arbeitnehmer kann man schwerlich zu einem Streik aufrufen.[341] Es soll nicht bestritten werden, dass es Fälle geben kann, in denen ein »kleiner« Arbeitgeber einer »mächtigen« Gewerkschaft gegenübersteht. In diesen Konstellationen kann es eine Rolle spielen, wenn das an sich vorhandene Korrektiv, nämlich das Interesse der Arbeitnehmer am Fortbestand ihres Betriebes, aufgrund einer geplanten Betriebsstilllegung entfällt. Hierbei handelt es sich jedoch um eine allgemeine und nicht auf Standortschließungen bezogene Problematik. Umgekehrt kann es vor allem bei großen und international aufgestellten Konzernen ohne weiteres sein, dass der Streik in einem einzigen zu schließenden Standort eine sehr viel geringere Druckwirkung entfaltet als ein normaler Arbeitskampf großer Teile der Gesamtbelegschaft um einen Entgelttarifvertrag. Jedenfalls kann nicht allgemein davon gesprochen werden, dass es bei einer Betriebsstilllegung in jedem Fall zu einer Verschiebung der Kampfparität kommt und ein Streik um einen Sozialtarifvertrag allein aus diesem Grund unzulässig ist.

3. *Ultima-ratio-Prinzip*

Eine im Schrifttum verbreitete Strömung will aus dem Ultima-ratio-Prinzip Einschränkungen für den Streik um standortbezogene Tarifverträge herleiten. Am umfassendsten ist dieser Ansatz von *Thüsing/Ricken* entfaltet worden.[342] Ausgangspunkt der Überlegungen von *Thüsing/Ricken* ist das vom Großen Senat des BAG aufgestellte und in zahlreichen weiteren Entscheidungen bestätigte Ultima-ratio-Prinzip, nach dem Arbeitskampfmaßnahmen erst dann

340 So *Henssler*, FS Richardi (2007), S. 553, 567 f.

341 Vgl. *Gamillscheg*, KollArbR, Bd. I, § 7 III 5 b (a), S. 345.

342 *Thüsing/Ricken*, JbArbR, Bd. 42 (2005), S. 113, 127 ff.; ebenso *Henssler*, FS Richardi (2007), S. 553, 557 f., 566 f.; *C. Meyer*, DB 2005, 830, 832; *Rolfs/Clemens*, NZA 2004, 410, 415; *Schiefer/Worzalla*, DB 2006, 46, 48 f.; *Willemsen/Stamer*, WZA 2007, 413, 414; in diese Richtung auch *Franzen*, ZfA 2005, 315, 338, soweit es um im Wesentlichen dekkungsgleiche Tarif- und Sozialplanforderungen geht; abl. jetzt *Paschke/Ritschel*, AuR 2007, 110, 112 f.

ergriffen werden dürfen, wenn zuvor Forderungen über den Inhalt des abzuschließenden Tarifvertrages erhoben und erfolglose Verhandlungen darüber geführt worden sind.[343] Der entscheidende Punkt der Argumentation besteht nun darin, die Tarifautonomie und die Betriebsautonomie als zwei gleichwertige und austauschbare Formen der kollektiven Wahrnehmung von Arbeitnehmerinteressen zu qualifizieren und daraus zu schließen, dass bei einer Ausrichtung auf dasselbe Ziel das vom Gesetzgeber bereitgestellte rechtsförmige Einigungsstellenverfahren den Vorrang vor dem kollektiven Selbsthilferecht durch Arbeitskampf haben soll.

In systematischer Hinsicht handelt es sich also nicht darum, dass die Tarifvertragsparteien zunächst selbst alle Verhandlungsmöglichkeiten ausschöpfen sollen, bevor sie zu Arbeitskampfmitteln greifen. Vielmehr steht in Rede, ob einem zwischen Dritten bestehender Konfliktlösungsmechanismus den Vorrang vor der Auseinandersetzung um einen Tarifvertrag verdient. Damit ist auch bereits der entscheidende Einwand gegen diese Sichtweise formuliert. Bezugspunkt des Ultima-ratio-Prinzips war bislang stets die Frage, ob ein Tarifabschluss auch ohne den Einsatz von Arbeitskampfmaßnahmen erreicht werden kann. Da ein betrieblicher Sozialplan per se keine tarifliche Regelung darstellt, scheidet die Anwendung des Ultima-ratio-Grundsatzes an sich bereits von vornherein aus. Zwar ließe sich dagegen einwenden, dass es aus der Sicht der von einer Standortschließung betroffenen Arbeitnehmer nur darum gehen kann, dass die daraus resultierenden Folgen sozial hinreichend abgefedert werden. Wenn also durch einen betrieblichen Sozialplan dasselbe wirtschaftliche Ergebnis wie durch einen Tarifvertrag erreicht würde, wäre ein Arbeitskampf scheinbar überflüssig. Dieser Überlegung ist indes entgegenzuhalten, dass der Betriebsrat und erst recht nicht die Einigungsstelle als verlängerter Arm der Gewerkschaft angesehen werden kann. Wenn die Gewerkschaft als solche die Sozialplanverhandlungen weder einleiten noch inhaltlich steuern kann, leuchtet es nicht ein, ihr gerade wegen dieses Verfahrens ein an sich bestehendes Streikrecht zu nehmen.

Weiter spricht zwar einiges dafür, dass der Arbeitgeber nicht in der Weise »in die Zange« genommen werden darf, dass er parallel mit zwei auf verschiedene Weise legitimierten Arbeitnehmervertretern, die unter Umständen ganz unterschiedliche Ordnungsvorstellungen über die soziale Abwicklung der Betriebsstilllegung haben, verhandeln muss. Diese Verdoppelung der Vertretung von Arbeitnehmerinteressen ist aber nicht durch eine Einschränkung der Koalitionsbefugnisse, sondern gerade umgekehrt durch eine arbeitskampfkonforme Reduktion der Beteiligungsrechte des Betriebsrats zu verwirk-

343 BAG (GS) v. 21.4.1971, AP GG Art. 9 Arbeitskampf Nr. 43; BAG v. 18.2.2003, GG Art. 9 Arbeitskampf Nr. 163 m. w. N.

lichen, wie sie vom BAG auch in anderen Zusammenhängen vertreten wird.[344] Der Arbeitgeber kann damit während der Dauer eines Arbeitskampfes die Verhandlungen mit dem Betriebsrat über einen Sozialplan einstellen, ohne dass ihm ein Einigungsstellenverfahren droht. Sofern ein solches Verfahren bereits in Gang gesetzt worden ist, ist es mit dem Beginn von Arbeitskampfmaßnahmen auszusetzen, um zu verhindern, dass der Arbeitgeber in der Tat zeitgleich an zwei Fronten kämpfen bzw. verhandeln muss.[345] Auf diese Weise wird auch vermieden, dass durch den Arbeitskampf auf das Einigungsstellenverfahren selbst Einfluss genommen werden soll, was unzulässig wäre, weil Kampfgegner nur der Arbeitgeber, nicht aber der Einigungsstellenvorsitzende sein darf.[346] Die erforderliche Koordination von gewerkschaftlichem Vorgehen einerseits und Sozialplanmitbestimmung andererseits ist daher in Fortführung der bisherigen Judikatur durch ein Zurückweichen der Beteiligungsrechte des Betriebsrats und nicht durch eine Zurückdrängung von Arbeitskampfbefugnissen vorzunehmen. Die Gegenansicht kann umso weniger überzeugen, als das BetrVG – wie schon mehrfach betont – in den §§ 2 Abs. 3, 74 Abs. 2 Satz 1 Halbsatz 2, 77 Abs. 3 und 87 Abs. 1 BetrVG den allgemeinen Vorrang der Wahrnehmung von Arbeitnehmerinteressen durch Gewerkschaften und Tarifvertrag vor der Betriebsratsmitbestimmung zum Ausdruck bringt. Da zur Tarifautonomie die Arbeitskampfbefugnis als Konfliktlösungsmechanismus dazugehört, ist es inkonsequent, den Streik zugunsten eines anderen Konfliktlösungsmechanismus für unzulässig zu erklären, der einem anderen Regelungsregime angehört und lediglich die Rechtsbeziehungen zwischen Arbeitgeber und Betriebsrat betrifft.[347]
Weiter wäre es eine Verkehrung des Verhältnisses von Tarifautonomie und Betriebsautonomie, wenn der Betriebsrat oder der Arbeitgeber durch die spätere Aufnahme von Sozialplanverhandlungen bzw. durch die Anrufung der Einigungsstelle einem zunächst rechtmäßigerweise begonnenem Arbeitskampf nachträglich die Zulässigkeit entziehen könnte. Einen Streik um einen Tarifvertrag aber schon vorher für unzulässig zu halten, obwohl die Gewerkschaft keine rechtlich gesicherte Befugnis hat, dass es überhaupt zu einem solchen Verfahren kommt, leuchtet nicht ein. Die Problematik liegt daher auch

344 *Löwisch*, DB 2005, 554, 559; grds. auch *Henssler*, FS Richardi (2007), S. 553, 557, der sich dann aber doch für einen Vorrang des Einigungsstellenverfahrens vor einem Streik ausspricht. Zur arbeitskampfkonformen Reduktion von Mitbestimmungsrechten siehe nur BAG v. 10.12.2002, AP BetrVG 1972 § 80 Nr. 59 m. w. N.
345 So jetzt auch *Willemsen/Stamer*, NZA 2007, 413, 416 f. Für eine Parallelität von Tarifverhandlungen und Einigungsstellenverfahren dagegen *Bauer/Krieger*, NZA 2004, 1019, 1023.
346 Insoweit zutreffend *Henssler*, FS Richardi (2007), S. 553, 557.
347 In diesem Sinne auch Hessisches LAG v. 2.2.2006, LAGE GG Art. 9 Arbeitskampf Nr. 75; *Kühling/Bertelsmann*, NZA 2005, 1017, 1020. Etwas zurückhaltender *Fitting*, BetrVG, §§ 112, 112a Rn. 179 a: Gewerkschaft kann »wohl« nicht auf Sozialplanverhandlungen bzw. Verfahren vor der Einigungsstelle verwiesen werden.

nicht im Vorhandensein der Sozialplanmitbestimmung, sondern in der umstrittenen Frage, ob zur Durchsetzung auch vergleichsweise hoher Forderungen Arbeitskampfdruck entfaltet werden darf.[348]
Im Übrigen gilt für das Verhältnis von Tarifautonomie und Betriebsautonomie die »Rosinentheorie«. Unabweisbare Kehrseite des Schutzes des Arbeitgebers vor einem »Zweifrontenkrieg« ist nämlich, dass es ihm nicht möglich ist, den Arbeitskampf gegen den Willen des Betriebsrats durch einen frühen Einigungsstellenspruch mit einem moderaten Volumen auszutrocknen. Sowenig die betriebliche Mitbestimmung dazu eingesetzt werden darf, die Kampfparität zulasten des Arbeitgebers zu verschieben, sowenig kann sie dazu benutzt werden, die Kampfkraft der Gewerkschaft zu schwächen. Dass eine freiwillige Einigung zwischen Arbeitgeber und Betriebsrat dieselben Folgen nach sich ziehen kann, ist wegen der Aufhebung des Tarifvorbehalts durch § 112 Abs. 1 S. 4 BetrVG allerdings systemimmanent.

III. *Unternehmensautonomie als Kampfhindernis?*

1. *Arbeitskampf zur Standortsicherung*

a) *Meinungsbild*

Der wohl heikelste Streitpunkt betrifft die Frage, ob und in welchem Umfang sich Arbeitskämpfe unmittelbar gegen die Standortentscheidung als solche richten dürfen, ob also anders gesagt die Arbeitnehmer das Recht haben, um ihre Arbeitsplätze zu kämpfen und den Arbeitgeber durch Streikmaßnahmen zur Aufrechterhaltung des Standortes zu bewegen. Die bisherigen Ausführungen haben zu dem Ergebnis geführt, dass die Entscheidung über die Beibehaltung des Standorts als ein der Sicherung eines bestimmten Beschäftigungsstandes unmittelbar vorgelagerter Aspekt noch zum Kreis der Arbeits- und Wirtschaftsbedingungen im Sinne von Art. 9 Abs. 3 GG zählt und daher im schuldrechtlichen Teil eines Tarifvertrages geregelt werden kann.[349]
Hieraus folgt einerseits, dass eine Erkämpfbarkeit grundsätzlich in Betracht kommt. Im Ausgangspunkt sind nämlich auch die schuldrechtlichen Tarifregelungen erkämpfbar. Alle Ansätze, schuldrechtliche tarifliche Bestimmungen generell oder zumindest dann für nicht erkämpfbar zu halten, wenn sie nicht in einem unmittelbaren Zusammenhang mit normativen Regelungen ste-

348 Ebenso *Otto*, Arbeitskampf- und Schlichtungsrecht, § 3 Rn. 22.
349 Siehe oben zu D I.

hen,[350] sind abzulehnen.[351] Andererseits greift es zu kurz, sämtliche Arbeits- und Wirtschaftsbedingungen automatisch für uneingeschränkt erstreikbar zu halten.[352] Vielmehr kann es durchaus einzelne Fragen geben, bei denen die Erkämpfbarkeit um der Aufrechterhaltung der unternehmerischen Entscheidungsfreiheit aus Art. 12 Abs. 1 GG eingeschränkt ist.[353] Wenn bestimmte Angelegenheiten deshalb tariflich regelbar sind und keine Verletzung der Berufsfreiheit des Arbeitgebers darstellen, weil er in die Beschränkung seiner künftigen Handlungsbefugnisse etwa im Hinblick auf Investitionsentscheidungen zur Aufrechterhaltung eines bestimmten Beschäftigungsstandes eingewilligt hat, darf man den Aspekt der Freiwilligkeit der Zusage bei der Anschlussfrage, ob ein entsprechender Tarifvertrag auch erstreikt werden darf, nicht ausblenden. Stünde mit der tariflichen Regelbarkeit zugleich auch die Erkämpfbarkeit definitiv fest, müsste in bestimmten Fällen unter Umständen bereits die Zulässigkeit tarifvertraglicher Vereinbarungen verneint werden.

Die Frage, welche möglichen Tarifinhalte auch erkämpfbar sind, wird überwiegend als ein Problem des Verhältnisses von Tarifautonomie und Unternehmensautonomie angesehen. Im Ausgangspunkt geht es danach also um eine praktische Konkordanz zwischen dem Freiheitsrecht der Arbeitnehmer aus Art. 9 Abs. 3 GG und der Unternehmensautonomie als Teil der Berufsfreiheit aus Art. 12 Abs. 1 GG.[354] Nach einer vom Ansatz her abweichenden Sichtweise handelt es sich stattdessen um den Konflikt zwischen der Berufsfreiheit des Arbeitgebers und der Berufsfreiheit des Arbeitnehmers aus Art. 12 Abs. 1 GG.[355] Insoweit wird mit einigem Recht der Hilfscharakter der Koalitionsfreiheit betont, deren Zweck darin besteht, im Wege kollektiv ausgeübter Privatautonomie die beruflichen Interessen beider Seiten des Arbeitsverhältnisses in einer Weise zu koordinieren und auszugleichen, die mit den Mitteln des Individualvertrages nicht erreichbar wäre. Die entscheidende Weichenstellung für ein großzügigeres Verständnis des Arbeitskampfes besteht freilich weniger in der Konzeption der Tarifautonomie als Instrument zum Ausgleich der beruflichen Interessen von Arbeitnehmer- und Arbeitge-

350 So *Lieb*, DB 1999, 2058, 2067, *Rieble*, ZfA 2004, 1, 22; *Reuter*, ZfA 1990. 535, 554.

351 Siehe nur Däubler/*Schumann*, Arbeitskampfrecht, Rn. 154 ff.; *Gamillscheg*, KollArbR, Bd. I, § 22 I 3 b, S. 1070; HWK/*Hergenröder*, Art. 9 GG Rn. 280; *Rüthers*, in: Brox/Rüthers, Arbeitskampfrecht, Nr. 261; *Seiter*, Streikrecht, S. 490 ff.; *Zöllner/Loritz*, Arbeitsrecht, § 38 III 1 c, S 428.

352 So aber etwa *Rieth*, Steuerung, S. 110 ff.; *Runggaldier*, Kollektivvertragliche Mitbestimmung, S. 214 ff. (allerdings unter Herausnahme von Kleinstunternehmern, S. 290 ff.); Däubler/*Schumann*, Arbeitskampfrecht, Rn. 164 ff.; *Simitis*, AuR 1975, 321, 332 f.

353 *Gamillscheg*, KollArbR, Bd. I, § 7 III 5, S. 339 ff.; *Otto*, Arbeitskampf- und Schlichtungsrecht, § 5 Rn. 13 ff., 21 ff.; *Scholz*, ZfA 1981, 265, 297 ff.

354 BAG v. 3.4.1990, AP GG Art. 9 Nr. 56; *Gamillscheg*, KollArbR, Bd. I, § 7 III 5, S. 339 ff.; *Kissel*, Arbeitskampfrecht, § 35, Rn. 23 ff.; *Säcker/Oetker*, Grundlagen, S. 250 ff.; *Wiedemann*, RdA 1986, 231 ff.

355 Däubler/*Hensche*, TVG, § 1 Rn. 833.

berseite. Vielmehr geht es im Kern darum, ob man im Arbeitskampf eine zumindest im Grundsatz rechtfertigungsbedürftige Verletzung an sich bestehender arbeitsvertraglicher Pflichten sieht, durch die ein Zwang auf die Arbeitgeberseite ausgeübt werden soll, oder ob man Arbeitskämpfe als ein unter vielen anderen Formen der Druckausübung im Wirtschaftsleben bestehendes typisches Instrument der Arbeitnehmerseite begreift, um mit der Arbeitgeberseite überhaupt auf gleicher Augenhöhe über den Ausgleich beruflicher Interessen verhandeln zu können.

Nach diesem Grundverständnis hat sich die Verfassung mit Art. 9 Abs. 3 GG dafür entschieden, dass sämtliche Arbeits- und Wirtschaftsbedingungen grundsätzlich auf kollektiver Ebene im Wege machtmäßiger Regulierung festgelegt werden sollen, um hierdurch zu einem sozial angemessen Ausgleich von Arbeitgeber- und Arbeitnehmerinteressen zu gelangen. Die Androhung und Durchführung von Arbeitskampfmaßnahmen durch die Arbeitnehmerseite zielt nicht darauf ab, die berufliche Entscheidungsfreiheit der Arbeitgeberseite einzuschränken, sondern will lediglich die berufliche Entscheidungsfreiheit der Arbeitnehmerseite überhaupt erst herstellen. Anders gesagt wird erst durch Tarifautonomie und Arbeitskampf eine Situation hergestellt, wie sie derjenigen gleichstarker Verhandlungspartner entspricht, die beide eine vertragliche Regelung herbeiführen wollen, weil sie ihre Interessen nicht einseitig durchsetzen können. Für eine Unternehmensautonomie als eigenständige Grenze der Erkämpfbarkeit tariflicher Regelungen ist von diesem Ansatz aus daher kein Platz, weil es im Bereich des zulässigerweise tariflich Regelbaren kein Reservoir einseitiger Bestimmungsmacht der Arbeitgeberseite gibt. Äußerste Grenzen werden lediglich durch die Tariffestigkeit bestimmter grundlegender Freiheitsaspekte gezogen. Auf eine regelrechte Abwägung zwischen Tarifautonomie auf der einen und Unternehmensautonomie auf der anderen Seite, wie sie der herrschenden Meinung vorschwebt, kommt es danach von vornherein nicht an.

Konkret auf Standortentscheidungen bezogen gehört es nach überwiegender Ansicht zum Kernbereich der unternehmerischen Freiheit, über die Stilllegung bzw. Verlagerung von Betrieben autonom und nicht unter Kampfdruck entscheiden zu können.[356] Die Gegenauffassung hält Arbeitskämpfe, die unmittelbar auf die Standortsicherung abzielen, für zulässig.[357] Teilweise

356 *Bauer/Krieger*, NZA 2004, 1019, 1022; *Franzen*, ZfA 2005, 315, 317, 329, 337; *Henssler*, FS Richardi (2007), S. 553, 559; *Gamillscheg*, KollArbR, Bd. I, § 7 III 5 b (1), S. 345; *Hanau/Thüsing*, ZTR 2001, 49, 52 f.; *Hohenstatt/Schramm*, DB 2004, 2214, 2217; *Löwisch*, DB 2005, 554, 558; *C. Meyer*, NZA 2004, 366, 368; *Sutschet*, ZfA 2005, 581, 610 f.; *Walker*, ZfA 2004, 501, 532; *Wiedemann*, RdA 1986, 231, 237; *ders.*, in: Wiedemann, TVG, Einl. Rn. 328, 450.

357 *Berg/Platow/Schoof/Unterhinninghofen*, Tarifvertragsgesetz und Arbeitskampfrecht, Teil 2, Rn. 71 f.; *Däubler*, AuR 2005, 1, 5; Däubler/*Hensche*, TVG, § 1 Rn. 831 ff., 853 ff.; Däubler/*Schumann*, Arbeitskampfrecht, Rn. 164 ff.; *Wolter*, RdA 2002, 218, 225 f.; *Zachert*, DB 2001, 1198, 1202.

wird danach differenziert, wie intensiv die Arbeitgeberseite durch einen Arbeitskampf in ihrer Berufsfreiheit betroffen wird. So soll ein Arbeitskampf nur dann unzulässig sein, wenn die negative Berufswahl berührt ist, weil sich ein kleiner oder mittlerer Unternehmer völlig aus dem Geschäftsleben zurückziehen will und zu diesem Zweck seinen Betrieb schließt. Dagegen handele es sich bei Standortschließungen oder -verlagerungen größerer Unternehmen um Entscheidungen, die lediglich die Berufsausübung betreffen würden. Für die Arbeitnehmer gehe es dagegen um das höherrangige Grundrecht auf freie Wahl des Arbeitsplatzes, so dass ihre Grundrechtsbetroffenheit überwiege. Im Übrigen laufe die von großen Teilen des Schrifttums vertretene Zwischenlösung, über eine Standortsicherung zwar Tarifverhandlungen zuzulassen, Arbeitskampfmaßnahmen aber auszuschließen, auf eine »Entmachtung der Arbeitnehmerseite« hinaus, die »handgreiflich unausgewogen« und »mit dem Grundgedanken der Tarifautonomie nicht zu vereinbaren« sei.[358]

b) *Stellungnahme*

Betrachtet man die verschiedenen Argumente näher, so führen alle diejenigen Überlegungen von vornherein nicht weiter, die einen Arbeitnehmereinfluss durch Kampfmaßnahmen auf Standortentscheidungen deshalb für unzulässig halten, weil die unternehmerische Entscheidungsfreiheit auch im Kündigungsschutzrecht sowie in den §§ 111 ff. BetrVG insoweit nicht beeinträchtigt werde.[359] Zum einen regeln weder das Kündigungsschutzrecht noch das Betriebsverfassungsrecht die hier allein interessierende Frage des Schutzes der arbeitgeberseitigen Berufsfreiheit vor einem Streikdruck. Zum anderen muss diese Frage in erster Linie auf der grundrechtlichen Ebene und nicht durch Heranziehung einfachgesetzlicher Vorschriften entschieden werden.[360] Sodann sind alle diejenigen Ansätze nicht zielführend, die Standortentscheidungen ohne nähere Begründung zur Unternehmensautonomie bzw. zu einem Kernbereich der Unternehmerfreiheit rechnen, in dem jeder Zwang unzulässig sein soll.[361] Die Unzulässigkeit von Arbeitskampfmaßnahmen gegen Standortentscheidungen damit begründen zu wollen, dass die Entscheidungsfreiheit des Arbeitgebers nicht angetastet werden dürfe, stellt lediglich einen Zirkelschluss dar.

Aussagekräftiger ist dagegen die Überlegung, aus der negativen Berufsfreiheit das nicht beschränkbare Recht abzuleiten, den Beruf des Unternehmers

358 *Kühling/Bertelsmann*, NZA 2005, 1017, 1022 ff.; zustimmend *Paschke/Ritschel*, AuR 2007, 110, 114.
359 In diesem Sinne *Löwisch*, DB 2005, 554, 558; ähnlich auch *Fitting*, BetrVG, §§ 112, 112a Rn. 179a; *Gamillscheg*, KollArbR, Bd. I, § 7 III 5 a (2), S. 340.
360 *Franzen*, ZfA 2005, 315, 336; insoweit auch *Hohenstatt/Schramm*, DB 2004, 2214, 2217.
361 So etwa *Rieble*, ZfA 2004, 1, 22; *Sutschet*, ZfA 2005, 581, 610 f.

wieder aufzugeben und den zum Unternehmen gehörenden Betrieb zu diesem Zweck stillzulegen.[362] Wenn sich eine natürliche Person zum Beispiel aus Altersgründen aus dem Berufsleben zurückziehen will, kann es deshalb nicht ernstlich zweifelhaft sein, dass die Belegschaft ihren Arbeitgeber nicht durch Streikmaßnahmen zum Weiterarbeiten »bis zum Umfallen« zwingen kann.[363] Vollends unerträglich wäre dies, wenn der Arbeitgeber für die Unternehmensverbindlichkeiten persönlich haftet und er sich durch eine erzwungene Weiterführung des Unternehmens immer tiefer in Schulden verstricken würde. Eine praktische Bedeutung kommt diesem Szenario soweit ersichtlich allerdings nicht zu.

Ein Teil des Schrifttums schließt aus dieser eindeutigen Rechtslage ohne weitere Differenzierungen auf eine generell unantastbare Gründungs- und Beendigungsfreiheit des Unternehmers, die neben der Standortschließung auch die Standortverlagerung umfasse und jeglichen Arbeitskampf hindere.[364] Insbesondere bei international tätigen Großunternehmen, die über dutzende oder sogar hunderte von Arbeitsstätten verfügen, kann indes nicht davon die Rede sein, dass die Stilllegung oder Verlagerung eines Betriebs eine Ausübung der negativen Berufswahlfreiheit darstelle. Weiter können sich zwar auch juristische Personen auf den Schutz von Art. 12 Abs. 1 GG berufen, sofern sie eine Erwerbstätigkeit betreiben.[365] Allerdings ist der für die Reichweite des Schutzes durch Art. 12 Abs. 1 GG maßgebliche personale Bezug der Berufsfreiheit bei Großunternehmen nur äußerst schwach ausgeprägt und auf jeden Fall weniger intensiv als bei den von einer Standortschließung bzw. -verlagerung betroffenen Arbeitnehmern, die durch den Verlust ihres Arbeitsplatzes in wirtschaftlicher und sozialer Hinsicht zumal dann schwer getroffen werden können, wenn durch die Schließung eines größeren Betriebes zeitgleich eine große Anzahl von Arbeitnehmern mit ähnlichen Qualifikationen auf den Arbeitsmarkt strömt, um einen neuen Arbeitsplatz zu suchen.[366]

Freilich greift es zu kurz, die Erkämpfbarkeit einer Standortsicherung schlicht daraus zu schließen, dass eine Standortaufgabe die Arbeitsplatzwahlfreiheit der Arbeitnehmer berühre, während bei einem Verzicht der Unternehmensleitung auf die Standortschließung nur die Berufsausübungsfreiheit betroffen sei.[367] Die schlichte Gegenüberstellung von höherrangiger Arbeitsplatzwahl-

362 *Walker*, ZfA 2004, 501, 413, 532. Zur negativen Berufswahlfreiheit siehe bereits oben zu B I 3 b mit Fn. 65.

363 In diesem Sinne auch ErfK/*Dieterich*, Art. 12 GG Rn. 43; *Fischinger*, Arbeitskämpfe, S. 82 f.; *Kühling/Bertelmann*, NZA 2005, 1017, 1025; *Scholz*, ZfA 1981, 265, 297 ff.

364 *Walker*, ZfA 2004, 501, 532.

365 Siehe dazu oben zu B I 3 b mit Fn. 68.

366 Zum Arbeitsverhältnis als Grundlage der beruflichen Tätigkeit BVerfG v. 27.1.1998, BVerfGE 97, 169, 177.

367 So im Kern die Argumentation von *Kühling/Bertelsmann*, NZA 2005, 1017, 1025 f.; ebenso jetzt *Paschke/Ritschel*, AuR 2007, 110, 114; etwas zurückhaltender *Dieterich*, AuR 2007, 65, 70.

freiheit der Arbeitnehmer und niederrangiger Berufsausübungsfreiheit des Arbeitgebers, die zur Erkämpfbarkeit von unmittelbar standortsichernden Entscheidungen führen soll, krankt zum einen daran, dass die hier zugrunde liegende Drei-Stufen-Theorie schon seit längerem einer differenzierten Analyse anhand des Verhältnismäßigkeitsgrundsatzes gewichen ist.[368] Zum anderen passt sie unmittelbar ohnehin nur für staatliche Eingriffe sowie für die Konkretisierung staatlicher Schutzpflichten. Im vorliegenden Zusammenhang geht es indes darum, ob Arbeitnehmer einen Tarifvertrag erstreiken dürfen, der ihren Arbeitgeber dazu verpflichtet, einen betrieblichen Prozess nur deshalb aufrechtzuerhalten, um die tatsächlichen Voraussetzungen für ihre Weiterbeschäftigung zu gewährleisten. Die hierdurch aufgeworfenen Fragen lassen sich nicht lediglich dadurch beantworten, dass ein Standortsicherungsstreik lediglich die Berufsausübungsfreiheit größerer Unternehmen betreffe und deshalb unbedenklich sei. Immerhin lässt sich schwerlich daran vorbeikommen, dass in einer Marktwirtschaft Arbeitsplätze nicht einfach vorhanden sind und nur zugeteilt werden müssen, sondern das Ergebnis von – stets risikobehafteten – Investitionen sind.[369] Ferner gibt die Aufgabe des Streiks, eine funktionierende Tarifautonomie sicherzustellen,[370] nichts für die Frage her, ob auch die unternehmerische Entscheidung zur Standortschließung bzw. -verlagerung durch Streikmaßnahmen attackiert werden kann. Sofern die Rechtsordnung gewährleisten will, dass aus unternehmerischer Sicht sinnvolle Veränderungsprozesse nicht durch Kampfmaßnahmen der Arbeitnehmer aufgehalten werden können, lässt sich dies nicht durch den Einwand aushebeln, Tarifverhandlungen degenerierten hierdurch zu einem »kollektiven Betteln«. Entscheidend muss daher sein, ob jenseits des Bereiches der negativen Berufswahlfreiheit von Kleinunternehmern und Mittelständlern eine Zone freiheitlicher unternehmerischer Betätigung identifiziert werden kann, die von Kampfdruck freigehalten werden soll, um in den Entscheidungsprozess jedenfalls nicht die wirtschaftlichen Schäden ins Kalkül ziehen zu müssen, die durch gegen die geplante Maßnahme selbst gerichtete Kampfmaßnahmen hervorgerufen werden.

Nicht sehr viel weiter führend ist die in der Rechtsprechung des BVerfG öfter verwendete Formulierung, dass Art. 12 Abs. 1 GG einen hinreichenden Spielraum zur Entfaltung unternehmerischer Betätigungen gewährleiste.[371] Diese Wendung lässt offen, welche einzelnen Aktivitäten hierzu zählen und ob und in welchem Umfang sie gerade gegen Arbeitskampfmaßnahmen geschützt sein sollen. Nicht angängig ist es jedenfalls, standortbezogenen Entscheidungen ohne nähere Begründung einem unantastbaren Kernbereich zuzuordnen

368 Siehe oben zu B I 3 b mit Fn. 69.
369 *Schmidt-Preuß*, AG 1996, 1, 5.
370 BVerfG v. 26.6.1991, BVerfGE 84, 212, 225.
371 Siehe dazu bereits oben zu B III 1 b mit Fn. 69.

und sie damit a priori jeder weiteren Diskussion zu entheben. Eine überzeugende Lösung kann vielmehr nur dann gelingen, wenn man von pauschalen Überhöhungen der Unternehmensautonomie einerseits oder der Tarifautonomie andererseits Abstand nimmt und stattdessen die Struktur des unternehmerischen Entscheidungsprozesses und den Schutzzweck der Tarifautonomie zueinander in Beziehung setzt.

Ausgangspunkt muss die Überlegung sein, dass die Koalitionsfreiheit einen Prozess des autonomen Aushandelns von Regeln für die gemeinsame und faire Bewältigung von Veränderungen des Arbeits- und Wirtschaftslebens gewährleisten will. Schutzzweck ist es nicht, Modernisierungsprozesse zu blockieren, was für die betroffenen Arbeitnehmer (vorübergehend) zwar vorteilhaft, gesamtgesellschaftlich aber von Nachteil wäre. So müssen insbesondere technische Innovationen eingeführt werden können, ohne dass hiergegen Streikdruck mobilisiert werden darf, auch wenn hierdurch Arbeitsplätze entfallen. So wenig wie der »Heizer auf der E-Lok« als Dauerlösung erzwungen werden kann, so wenig kann dagegen gekämpft werden, dass überhaupt eine E-Lok an die Stelle einer Dampflok tritt. Ebenso wäre ein Streik unzulässig, der sich etwa kategorisch gegen die Umrüstung der Telekom auf die Internet-Protokoll-Technik richtet, auch wenn hierdurch auf lange Sicht Tausende von Arbeitsplätzen im Festnetzbereich gefährdet sind und voraussichtlich wegfallen. Ein Arbeitskampf, der den technischen Fortschritt aufhalten will, wäre im Übrigen auch ein hoffnungsloses Unterfangen, weil einem nicht mehr wettbewerbsfähigen Unternehmen die Kunden in Scharen davonlaufen würden und der Arbeitsplatzabbau deshalb zwar zunächst aufgehalten, er dann aber mit noch größerer Wucht eintreten würde. Klarstellend sei hinzugefügt, dass sozialverträgliche Übergangslösungen, für die auch gestreikt werden kann, hierdurch selbstverständlich nicht ausgeschlossen werden.

Vor diesem Hintergrund erscheint es hilfreich, mehrere Grundkonstellationen zu unterscheiden, die in der bisherigen Diskussion unterschiedslos behandelt worden sind, ohne dass man über das konkrete Gewicht der unternehmerischen Entscheidung bzw. der betroffenen Arbeitnehmerinteressen hinreichend Rechenschaft abgelegt hat. Dabei sei zunächst die Konstellation einer Kapazitätsverringerung infolge eines Nachfragerückgangs erwähnt. Können bestimmte Erzeugnisse definitiv nicht mehr abgesetzt werden (etwa Röhrenbildschirme), müssen die entsprechenden Produktionsanlagen stillgelegt werden können. Eine dauerhafte Abschirmung der Arbeitnehmer vor den Marktrisiken kann nicht erkämpft werden. Dies muss auch dann gelten, wenn unter dem Dach eines Unternehmens völlig separate Betriebe agieren und andere Unternehmensbestandteile durchaus noch profitabel arbeiten. Der Arbeitgeber kann eine längerfristige Quersubventionierung versprechen. Dagegen kann sie nicht erzwungen werden. Die Sachgerechtigkeit dieser Lösung wird deutlich, wenn man sich vor Augen hält, dass durch Tarifvertrag und Arbeitskampfdruck nur diejenige Vereinbarung herbeigeführt werden soll, auf die sich die Einzelvertragsparteien bei einem fiktiven vollständigen Verhandlungsgleichgewicht eingelassen hätten. Auch in diesem Fall hätte der Arbeitgeber dem Arbeitnehmer nur den Schutz vor betrieblich nicht erforderlichen Kündigungen, nicht aber eine vom Marktgeschehen völlig losgelöste Lebenszeitstellung zugesagt.

Anders stellt sich dagegen die Situation dar, wenn ein Nachfragerückgang in einem größeren Unternehmen zu einem Personalabbau zwingt, der auf unterschiedliche Weise, nämlich durch die Schließung eines Standorts oder durch die gleichmäßige Ausdünnung aller Standorte, bewerkstelligt werden kann. In diesen Fällen bietet es sich an, zwischen dem »Ob« und dem »Wie« der unternehmerischen Entscheidung zu differenzieren. Die Tarifautonomie kann die dem Unternehmen vorgegebenen Marktdaten nicht ignorieren und eine nicht vorhandene Nachfrage nach den hergestellten Produkten quasi fingieren. Sie hat aber die Funktion, bei der Verteilung des Nachfragerückgangs die Interessen der Arbeitnehmer in den unternehmerischen Entscheidungsprozess grundsätzlich gleichberechtigt einfließen zu lassen. Zielrichtung eines erkämpfbaren Tarifvertrages darf allerdings nur die Regelung des der Personalanpassungsentscheidung nachgelagerten Verteilungsproblems sein, die in ihrer Wirkung allerdings auf die Sicherung bestimmter Standorte hinauslaufen kann. Eine Grenze markiert die Unzumutbarkeit. Wenn die Verteilungsvorstellungen der Arbeitnehmerseite zur Aufrechterhaltung von betriebswirtschaftlich sinnlosen Kleinststandorten führen würden, muss die unternehmerische Entscheidung für eine Bündelung der Kräfte vorgehen.

Von den Standortschließungen sind Standortverlagerungen zu unterscheiden. Sie lösen bei den betroffenen Arbeitnehmern nicht selten den meisten Widerstand aus, und zwar vor allem dann, wenn der Arbeitgeber unter Einsatz von Arbeitnehmern aus Niedriglohnländern dieselben Märkte mit denselben Produkten weiterbeliefern will. Auch insoweit sollten verschiedene Fallgestaltungen abgeschichtet werden, nämlich die markt- und kundenorientierte Standortverlagerung einerseits und die kostenorientierte Standortverlagerungen andererseits.[372] Denkbar ist zunächst die Situation, dass ein regionaler Markt weitgehend gesättigt ist und der Unternehmer auf einem anderen Markt einen Neuanfang wagt. Geht es dabei um einen echten unternehmerischen Neubeginn etwa in einem anderen kulturellen Umfeld, ohne dass in nennenswertem Umfang auf den von der bisherigen Belegschaft mitgeschaffenen wirtschaftlichen Werten aufgebaut wird, muss die unternehmerische Entscheidung frei bleiben. Auch in diesem Fall würde es den Schutzzweck der Tarifautonomie überdehnen, die ausnahmslose Belieferung eines neu zu

372 Vgl. *Kinkel/Zanker*, WSI-Mitteilungen 2007, 9, 10. Ähnlich *Ahlers/Öz/Ziegler*, Standortverlagerung in Deutschland, S. 33.

erschließenden ausländischen Marktes vom Inland aus erzwingen zu wollen, obwohl unter Umständen erst die Einbettung in die fremde Kultur zum unternehmerischen Erfolg führt. Entsprechendes gilt, wenn bestimmte Kunden eine Verlagerung erzwingen, der Arbeitgeber bei seiner Entscheidung also selbst nicht frei ist.

Anders ist die Sachlage, wenn eine Standortverlagerung in erster Linie deshalb erfolgt, um das Lohnkostengefälle zwischen verschiedenen Ländern auszunutzen. Spätestens an diesen Punkt treffen fundamental unterschiedliche Ordnungsvorstellungen aufeinander. Wer den Lohnkostenwettbewerb als wünschenswert zur Absenkung »übersteigerter« Entgelte ansieht, wird an einer derartigen unternehmerischen Maßnahme nichts Bedenkliches erblicken können. Ein solches Verständnis wird dem Schutzzweck der Tarifautonomie jedoch nicht gerecht. Die Lohnunterbietung sowie insbesondere das gegenseitige Ausspielen verschiedener Arbeitnehmergruppen gehören gleichsam zu den Urängsten der Arbeitnehmerschaft und damit zu den Haupttriebfedern der Bildung von Koalitionen. Die Verhinderung von Lohnunterbietung gehört daher seit jeher zum Selbstverständnis der Gewerkschaften. Sie ist deshalb auch zu den Schutzzwecken der Koalitionsfreiheit zu zählen, wobei die Durchsetzung dieses Zieles selbstverständlich nur nach Maßgabe der von der Rechtsordnung zur Verfügung gestellten Instrumente statthaft ist. Für innerstaatliche Vorgänge hält bereits das Kündigungsschutzrecht einen Mechanismus bereit, der die schlichte Entgeltunterbietung verhindert. Entlässt der Arbeitgeber seine gesamte Belegschaft als »zu teuer« und stellt er dafür (ausländische) Arbeitnehmer für dieselben Tätigkeiten zu einem geringeren Entgelt ein, handelt es sich um nach allgemeiner Ansicht unzulässige Austauschkündigungen.[373] Bei einer Produktionsverlagerung insbesondere in Niedriglohnländer versagt dieses Schutzinstrument, obwohl der wirtschaftliche Erfolg angesichts der heutzutage vorhandenen Kommunikations- und Transportmöglichkeiten vielfach identisch ist. Es sprechen deshalb die überwiegenden Gründe dafür, dass die Tarifautonomie ihrem Schutzzweck nach grundsätzlich auch den Versuch der Verhinderung von Standortverlagerungen zwecks Belegschaftsaustauschs umfasst.

Allerdings muss diese vergleichsweise weit gefasste Aussage sogleich wieder relativiert werden. Dabei geht es um die angemessene Justierung des druckfreien Spielraums für unternehmerische Betätigung, der nicht zu eng bemessen werden darf, um nicht kontraproduktive Wirkungen hervorzurufen. Sofern ein triftiges Rentabilitätsinteresse besteht, ein Standort also keine angemessene Rentabilität mehr erwirtschaftet oder sogar schon rote Zahlen schreibt, ohne dass Besserung in Aussicht steht, muss es dem Unternehmer letztlich wieder druckfrei möglich sein, dieser Situation durch eine – unter

373 Siehe oben zu B III 2 d mit Fn. 115.

Umständen partielle – Standortverlagerung wieder Herr zu werden, auch wenn hierbei Lohnkostenüberlegungen eine maßgebliche Rolle spielen. Dass etwa ein Unternehmen wie Grundig mit einstmals fast 40.000 Beschäftigten infolge des Verzichts auf Produktionsverlagerungen in Niedriglohnländer in die Insolvenz gefallen ist, während der vergleichbare Wettbewerber Thomson durch entsprechende Verlagerungen Arbeitsplätze in Europa gesichert hat,[374] gibt bei besonnener Betrachtung zu denken. Soll dagegen im Falle eines florierenden Betriebes gleichwohl eine Standortverlagerung mit dem Ziel eines Belegschaftsaustausches durchgeführt werden, kann der Ursprungsbelegschaft ein Recht zum Kampf um die eigenen Arbeitsplätze nicht versagt werden. Bei alledem trägt die Arbeitgeberseite entsprechend allgemeinen Grundsätzen die Darlegungs- und Beweislast für das Vorliegen einer nicht kostengesteuerten bzw. einer durch ein triftiges Rentabilitätsinteresse motivierten Standortentscheidung, wenn sie daraus die Rechtswidrigkeit eines Arbeitskampfes herleiten will.

Tarifvertrag und Arbeitskampf als Formen des autonomen Interessenclearings zwischen den Beteiligten des Arbeitslebens füllen damit die Lücke, die das Kündigungsschutzrecht und das Betriebsverfassungsrecht mit der jeweiligen Grundentscheidung hinterlassen, die unternehmerische Entscheidung zumindest weitgehend kontrollfrei zu halten. Dass diese dritte Säule der Wahrnehmung von Arbeitnehmerinteressen bei Standortschließungen bzw. -verlagerungen unter Umständen zu einem weitergehenden Schutz als die ersten beiden Säulen führt, ist systemimmanent und entspricht der in Art. 9 Abs. GG zum Ausdruck kommenden Entscheidung des Grundgesetzes, dem freien Spiel der sozialen Kräfte den Vorrang vor gesetzlichen Schutzmechanismen einzuräumen.

Im Übrigen belegt ein Blick in das Recht der Vereinigten Staaten, in denen sich traditionell ein feines Gespür für faire Regeln im Verhältnis zwischen unternehmerischer Entscheidungsfreiheit auf der einen und kollektiver Wahrnehmung von Arbeitnehmerinteressen auf der anderen Seite herausgebildet hat, dass die unternehmerische Entscheidungsfreiheit insbesondere durch die zuletzt genannten Grundsätze nicht zu stark belastet wird. So geht man davon aus, dass der Arbeitgeber bei zentralen unternehmerischen Entscheidungen, die den Einsatz des Kapitals und die Struktur des Unternehmens betreffen, in seiner Entscheidung zum Abschluss von Kollektivverträgen frei ist, während er bei Produktionsverlagerungen und vergleichbaren Maßnahmen, die vorrangig der Ersparnis von Arbeitskosten dienen, einer Verhandlungspflicht sowie gegebenenfalls einem Streikdruck ausgesetzt ist.[375]

374 Vgl. *Abele/Kluge/Näher*, Handbuch Globale Produktion (2006), S. 22 ff.

375 Fibreboard Corp. v. Labor Board, 379 U. S. 203 (1964); First National Maintenance Corp. v. N. L. R. B., 452 U. S. 2573 (1981); Furniture Rentors of America, Inc. v. N. L. R. B., 36 F.3d

c) *Androhung von Standortschließungen bzw. -verlagerungen als Arbeitskampfmittel?*

Über die bisherige Argumentation hinaus könnten Streikaktionen der Arbeitnehmerseite unter Umständen als Abwehrmaßnahme gegen einen Arbeitskampf der Arbeitgeberseite gerechtfertigt sein. Dies würde etwaigen Kampfmaßnahmen der Arbeitnehmer gegenüber Standortverlagerungen zwecks Austauschs der Belegschaft eine zusätzliche Legitimation verleihen. Vor allem aber könnten Streikmaßnahmen hierdurch unter Umständen in einem die geschilderten Grenzen überschreitenden Umfang zulässig sein.

Dabei ist zunächst klarzustellen, dass als Gegenstand für eine arbeitsrechtliche Qualifikation lediglich die Drohung mit Produktions- und Investitionsverlagerungen durch die Unternehmensleitung mit dem Ziel der Verschlechterung insbesondere von tariflichen Arbeitsbedingungen in Betracht kommt. Dagegen kann die schlichte Durchführung einer Betriebsschließung oder Standortverlagerung von vornherein nicht als Arbeitskampfinstrument gewertet werden, sofern der Arbeitgeber nicht zu erkennen gibt, dass er an einer Absenkung der Arbeitsbedingungen im bisherigen Betrieb interessiert ist.

Dass der Hinweis der Unternehmensleitung auf eine mögliche Produktionsverlagerung in ein Niedriglohnland dieselbe oder eine noch größere Druckwirkung auf die Gewerkschaft entfalten kann, einer Verschlechterung tariflicher Standards zuzustimmen, als eine Angriffsaussperrung oder eine Massenänderungskündigung, kann ernstlich nicht bezweifelt werden.[376] Kaum eine Maßnahme kann die Arbeitnehmer in einer globalisierten Wirtschaft so sehr in die Knie zwingen wie die Perspektive, infolge der vollständigen Schließung eines Standorts unter Umständen dauerhaft arbeitslos zu werden und mittelfristig auf den Status von Hartz IV-Empfänger abzurutschen. Aus der Intensität der Wirkung ergibt sich indes nicht automatisch, dass die Drohung mit einer Produktionsverlagerung als Arbeitskampfmaßnahme einzustufen ist.

Mit den herkömmlichen Definitionen des Arbeitskampfes ist diesen neuartigen Gestaltungen nicht beizukommen. Beschränkt man den Arbeitskampf auf solche Maßnahmen, die durch eine kollektive Störung der Arbeitsbeziehungen Druck auf den sozialen Gegenspieler ausüben sollen,[377] scheidet eine arbeitskampfrechtliche Einordnung der Androhung einer Standortverlagerung

1240 (3d Cir. 1994); ferner Otis Elevator Co., 269 NLRB 891 (1984); Reece Corp., 294 NLRB 448 (1989); Dubuque Packing Co., 303 NLRB 386 (1991); für eine noch umfassendere Verhandlungspflicht *Hedlund*, 95 Yale Law Journal (1986), 949 ff.; *o. V.*, 102 Harvard Law Review (1989), 1971 ff.

376 *Däubler*, NJW 2005, 30, 31; *Franzen*, ZfA 2005, 315, 325; *Gamillscheg*, RdA 2005, 79, 81; *Jacobs*, Betriebschließung, Rn. 2 ff.; siehe ferner *Kissel*, Arbeitskampfrecht, § 32 Rn. 71.

377 So etwa *Brox*, in: Brox/Rüthers, Arbeitskampfrecht, Rn. 17; *Kissel*, Arbeitskampfrecht, § 13 Rn. 1; *Zöllner/Loritz*, Arbeitsrecht, § 39 V 1 d 2, S. 445 f.

mangels einer unmittelbaren Störung des arbeitsvertraglichen Pflichtenprogramms von vornherein aus.[378] Das Inaussichtstellen einer Standortverlagerung stellt keine Vorenthaltung einer an sich geschuldeten Leistung dar, sondern bringt nur zum Ausdruck, dass die Arbeitnehmer zu einem späteren Zeitpunkt wegen eines Fortfalls von Beschäftigungsmöglichkeiten mit betriebsbedingten Kündigungen zu rechnen haben, wobei die Einstellung der weiteren Entgeltzahlung erst nach der Beendigung der Arbeitsverhältnisses erfolgen soll. Selbst wenn man von einer Störung der Arbeitsbeziehungen als notwendiges Element von Arbeitskämpfen absieht und eine kollektive Druckausübung durch Zufügung von wirtschaftlichen Nachteilen ausreichen lässt,[379] führt dies nicht weiter, weil die Ankündigung einer Produktionsverlagerung als solche noch keine unmittelbaren wirtschaftlichen Einbußen verursacht.[380] Von einer Zufügung wirtschaftlicher Nachteile könnte erst dann gesprochen werden, wenn die Standortschließung bzw. -verlagerung bereits durchgeführt und die Arbeitnehmer entlassen worden sind. Sofern die Entwicklung erst einmal bis zu diesem Punkt vorangeschritten ist, dürften etwaige Verhandlungen über eine Verschlechterung von Arbeitsbedingungen indes bereits endgültig beendet sein, so dass zu diesem Zeitpunkt keine Druckausübung mehr intendiert ist, um am ursprünglichen Standort zu einer Verschlechterung der Arbeitsbedingungen zu gelangen.

Wenn man die Funktion der Qualifikation eines Verhaltens als Arbeitskampf allein darin sieht, eine an sich rechtswidrige in eine rechtmäßige Handlung umzuwandeln, ist es unnötig, die Androhung einer Produktionsverlagerung als Arbeitskampf einzustufen. Da die Standortverlagerung als solche rechtmäßig ist, bedarf es keiner Heranziehung arbeitskampfrechtlicher Maßstäbe, um sie zu legitimieren. Die Funktion des Arbeitskampfbegriffs reicht freilich weiter. Wie die konzertierte Massenkündigung und der Kollektivwiderspruch gemäß § 613 a Abs. 6 BGB zeigen, kann auch ein an sich rechtmäßiges Verhalten unter Umständen als Arbeitskampf angesehen werden, um es bestimmten Rechtmäßigkeitsanforderungen zu unterwerfen.[381] So wird insbesondere die von der Gewerkschaft organisierte Massenänderungskündigung zur Erlangung übertariflicher Zulagen verbreitet als Verstoß gegen die tarifvertragliche Friedenspflicht angesehen.[382] Auch dieser Aspekt führt jedoch zumindest so lange nicht weiter, wie man an der unmittelbaren Zufügung wirtschaftlicher

378 *Franzen*, ZfA 2005, 315, 319; *Jacobs*, Betriebsschließung, Rn. 15 f.

379 So *Otto*, Arbeitskampf- und Schlichtungsrecht, § 1 Rn. 2 ff.; *Schwarze*, RdA 1993, 264, 268.

380 *Jacobs*, Betriebsschließung, Rn. 18; in diesem Sinne bereits *Schwarze*, RdA 1993, 264, 268 Fn. 67; ferner *Kissel*, Arbeitskampfrecht, § 32 Rn. 71.

381 Siehe nur *Otto*, Arbeitskampf- und Schlichtungsrecht, § 11 Rn. 3, 32 ff.

382 BAG v. 8.2.1957, AP TVG § 1 Friedenspflicht Nr. 1; *Brox*, in: Brox/Rüthers, Arbeitskampfrecht, Rn. 565; *Gamillscheg*, KollArbR, Bd. I, § 21 II 2 h, S. 991; *Kissel*, § 61 Rn. 50; *Otto*, Arbeitskampf- und Schlichtungsrecht, § 11 Rn. 37.

Nachteile als Grundvoraussetzung für die Qualifikation eines Verhaltens als Arbeitskampf festhält.
Es kommt deshalb darauf an, ob man bereits die Erzeugung psychischen Drucks arbeitskampfrechtlichen Grundsätzen unterwerfen kann. Einen Anhalt hierfür könnte eine frühe Entscheidung des BAG liefern, die schon im gewerkschaftlichen Beschluss über die Durchführung einer Urabstimmung einen Verstoß gegen die tarifliche Friedenspflicht gesehen hat.[383] Allerdings wird diese Ausdehnung des Kampfbegriffs von der Literatur praktisch einhellig abgelehnt.[384] Wenn sich insbesondere das gewerkschaftsnahe Schrifttum gegen eine weite Auslegung des Begriffs der Kampfmaßnahme ausspricht, weil hierdurch eine der Rechtssicherheit abträgliche Erweiterung der Friedenspflicht eintreten würde,[385] wäre es wenig folgerichtig und könnte im Übrigen zu ungeahnten Weiterungen führen, wenn man Ankündigungen der Arbeitgeberseite, die zu einem psychischen Druck auf die Arbeitnehmer führen, nunmehr als Arbeitskampf qualifizieren würde. Dazu kommt das Problem, dass eine Standortverlagerung als solche rechtmäßig ist. Würde man die Drohung mit einer solchen Verlagerung arbeitskampfrechtlichen Einschränkungen unterwerfen, würde dies zu der inkonsistenten und für die Arbeitnehmer eher nachteiligen Konsequenz führen, dass die Unternehmensleitung die Produktionsverlagerung durchführen kann, aber daran gehindert wäre, in ihrem Vorfeld mit der Arbeitnehmerseite über Mittel und Wege zu verhandeln, um den bisherigen Beschäftigungsstand wenn auch zu schlechteren Konditionen aufrecht zu erhalten.
Eine arbeitskampfrechtliche Einordnung der Ausübung psychischen Drucks durch die Androhung von Produktionsverlagerungen mit dem Ziel, ein derartiges Arbeitgeberverhalten generell für unzulässig zu erklären oder zumindest als einen Verstoß gegen die Friedenspflicht aus einer noch bestehenden Entgelttarifvertrag anzusehen,[386] steht zudem vor dem Problem der Abgrenzbarkeit derartiger Verhaltensweisen. Rein interne Papiere der Unternehmensleitung, in denen verschiedene Szenarien für die künftige Investitionspolitik durchgespielt werden, können schlechterdings noch nicht als unzulässiger Arbeitskampf qualifiziert werden. Dies kann auch dann nicht anders sein, wenn diese Überlegungen auf welchen Wegen auch immer nach außen dringen und zur Kenntnis der Gewerkschaft gelangen. Umgekehrt fehlt es an einem Anknüpfungspunkt für eine arbeitskampfrechtliche Qualifikation des

383 BAG v. 31.10.1958, AP TVG § 1 Friedenspflicht Nr. 2.
384 *Gamillscheg*, KollArbR, Bd. I, § 21 II 6 a (1), S. 1008; *Kissel*, Arbeitskampfrecht, § 26 Rn. 99; *Otto*, Arbeitskampfrecht, § 7 Rn. 8; *Rüthers*, in: Brox/Rüthers, Arbeitskampfrecht, Rn. 235 ff.; *Thüsing*, in: Wiedemann, TVG, § 1 Rn. 878; in diesem Sinne auch LAG Rheinland-Pfalz v. 16.12.1992, AuR 1993, 255.
385 Däubler/*Schumann*, Arbeitskampfrecht, Rn. 214; Däubler/*Reim*, TVG, § 1 Rn. 1040 ff.; *Zachert*, in: Kempen/Zachert, TVG, § 1 Rn. 697.
386 Dagegen ausdrücklich Däubler/*Reim*, TVG, § 1 Rn. 1042.

Arbeitgeberverhaltens, wenn die Planungen für eine Standortschließung bzw. -verlagerung vorangetrieben werden und es in erster Linie die Arbeitnehmerseite ist, die sich zu einem Nachdenken über eine Verschlechterung der Arbeitsbedingungen bereiterklärt, um die bestehenden Arbeitsplätze zu sichern.

Im Übrigen ist zweifelhaft, ob es überhaupt einer Qualifikation des Arbeitgeberhandelns als Arbeitskampfmaßnahme bedarf, um die eigentliche Frage nach den der Arbeitnehmerseite zur Verfügung stehenden Reaktionsmöglichkeiten angemessen zu beantworten. *Franzen* hat vorgeschlagen, der von der Drohung mit einer Standortverlagerung betroffenen Belegschaft unter bestimmten Voraussetzungen das außerarbeitskampfrechtliche Instrument der Notwehr gemäß § 227 BGB zuzubilligen, um durch eine Arbeitsniederlegung den Angriff der Arbeitgeberseite auf das Rechtsgut der Entschließungsfreiheit abzuwehren. Hierfür verlangt er zum einen, dass es sich bei dem Inaussichtstellen einer Produktionsverlagerung um eine widerrechtliche Drohung im Sinne von § 123 BGB bzw. § 240 StGB handele, was dann anzunehmen sei, wenn die Androhung der Standortverlagerung mit dem Ziel der Verschlechterung der Arbeitsbedingungen erfolge, an dem konkret in Aussicht genommenen Standort aber insgesamt nicht günstiger produziert werden könne. Zum anderen setze die Rechtmäßigkeit einer Arbeitsniederlegung voraus, dass der Arbeitgeber sich auf keine Verhandlungen mit Arbeitnehmervertretern über die Standortverlagerung sowie die Veränderung der Arbeitsbedingungen eingelassen habe oder diese ergebnislos geblieben sind.[387]

Dieser Ansatz erfasst allerdings nur die eher seltenen Fälle, in denen eine Standortverlagerung für das Unternehmen letztlich keine Kostenvorteile generieren würde, betriebswirtschaftlich also auf ein Nullsummenspiel hinausliefe. Sehr viel bedeutsamer dürften dagegen die Gestaltungen sein, in denen unter Ausnutzung eines geringeren Entgeltniveaus an einem ausländischen Standort tatsächlich billiger produziert werden kann. Da die Tarifautonomie ihre innere Rechtfertigung daraus bezieht, dass beide Seiten prinzipiell gleichberechtigt sind und über Druckpotentiale verfügen, die ein strukturelles Verhandlungsgleichgewicht gewährleisten, kommt es darauf an, ob noch von einer gleichgewichtigen Ausgangslage bei Verhandlungen über die Verschlechterung von Arbeitsbedingungen gesprochen werden kann, wenn die Arbeitgeberseite der Arbeitnehmerseite signalisiert, bei einem unzureichenden Nachgeben die Arbeitsplätze schlicht zu streichen, während die Arbeitnehmerseite nichts in die Waagschale werfen kann, um ihren Vorstellungen über eine möglichst geringe Absenkung der Arbeitsbedingungen Nachdruck zu verleihen. Im Kern geht es deshalb darum, ob die Arbeitnehmerseite bei den Verhandlungen über eine Verschlechterung tariflicher

387 *Franzen*, ZfA 2005, 315, 324 ff., 348 ff.

Arbeitsbedingungen dem Druck der Arbeitgeberseite nur passiv ausgesetzt ist oder durch Kampfmaßnahmen (etwa durch Warnstreiks) eigenen Druck erzeugen darf.

Hierbei lassen sich drei Gestaltungen unterscheiden: Besteht bereits ein Standortsicherungstarifvertrag, der beispielsweise einen bestimmten Beschäftigungsstand vorschreibt, muss sich die Arbeitgeberseite vorbehaltlich einer Kündigung aus wichtigem Grund an ihre Zusagen halten. Unternimmt die Arbeitgeberseite Anstalten, den Tarifvertrag zu unterlaufen, kann sich die Gewerkschaft ohne weiteres auf die tarifliche Durchführungspflicht stützen. Da sie einen Rechtsanspruch auf Einhaltung auch der rein schuldrechtlichen Bestimmungen von Tarifverträgen hat, sind Kampfmaßnahmen nicht erforderlich und damit unzulässig. Liegt lediglich ein bereits im Nachwirkungsstadium befindlicher Entgelttarifvertrag vor und wird über eine Absenkung der Vergütungen verhandelt, kann die Gewerkschaft gegenüber der Drohung der Arbeitgeberseite mit etwaigen Standortverlagerungen nach allgemeinen Grundsätzen zu Arbeitskampfmaßnahmen greifen, ohne hierfür auf eine zusätzliche Legitimation angewiesen zu sein. Entsprechendes gilt bei einem lediglich nachwirkenden Manteltarifvertrag, soweit auch um Arbeitszeitfragen verhandelt wird. Zweifelhaft sind daher lediglich die Fälle, in denen die Arbeitgeberseite eine Verschlechterung von noch unabdingbar geltenden tariflichen Standards verlangt. Hier scheint die Friedenspflicht aus den bestehenden Tarifverträgen der Gewerkschaft die Hände zu binden, während die Arbeitgeberseite durch die tarifliche Friedenspflicht nicht daran gehindert wird, dass Inaussichtstellen von Produktions- und Investitionsverlagerungen zur Stärkung der eigenen Verhandlungsposition einzusetzen.

Die Friedenspflicht verfolgt indes keinen Selbstzweck, sondern soll in erster Linie die Arbeitgeberseite davor bewahren, während der Laufzeit eines Tarifvertrages von der Arbeitnehmerseite mit Arbeitskampfmaßnahmen überzogen zu werden, um eine Verbesserung tariflicher Standards durchzusetzen. Daher greift sie nach ihrem Schutzzweck nicht ein, wenn die Arbeitgeberseite selbst die Einhaltung des Tarifvertrages bis zu dessen ursprünglich vorgesehenen Ende in Frage stellt, indem sie auf eine Verschlechterung der Konditionen drängt. Da die Friedenspflicht nur ein Angriffsverbot enthält[388] und sich die Arbeitgeberseite deshalb nicht auf die Friedenspflicht berufen könnte, wenn sie echte Arbeitskampfmittel einsetzt, um die tariflichen Arbeitsbedingungen während der Laufzeit des Tarifvertrages zu ihren Gunsten abzuändern, kann dies nicht anders sein, wenn eine in ihrer Intensität gleiche oder noch stärkere Druckwirkung durch die Drohung mit einer Standortverlagerung erreicht

388 So bereits RG v. 9.6.1925, RGZ 111, 105, 109 f.; ferner *Otto*, Arbeitskampf- und Schlichtungsrecht, § 7 Rn. 9; in diesem Sinne auch *Gamillscheg*, KollArbR, Bd. I, § 22 II 1 a, S. 1074.

wird. Der das gesamte Tarifwesen überwölbende Gedanke der Parität der sozialen Gegenspieler gebietet es, die Friedenspflicht so zu interpretieren, dass bei einer Verstärkung des Druckpotentials der Arbeitgeberseite durch eine typisierbare Verhaltensweise der Arbeitnehmerseite eine angemessene Gegenreaktion möglich ist. Mit dieser Lösung wird zum einen die letztlich nicht praktikabel handhabbare Qualifikation des Inaussichtstellens von Standortverlagerungen als Arbeitskampfmittel vermieden, andererseits aber verhindert, dass bei den Verhandlungen über die Verschlechterung von Arbeitsbedingungen bei noch laufenden Tarifverträgen allein die Arbeitgeberseite mit dem Hinweis auf die »Reservearmee in Billiglohnländern« über ein Druckmittel verfügt.[389]

Für den vorliegenden Zusammenhang folgt aus alledem: Wenn die Drohung mit einer Standort- bzw. Investitionsverlagerung von der Arbeitgeberseite instrumental eingesetzt wird, um tarifliche Standards während der Laufzeit des jeweiligen Tarifvertrages abzusenken, darf die Arbeitnehmerseite hiergegen Arbeitskampfmaßnahmen nach Maßgabe des Verhältnismäßigkeitsgrundsatzes ergreifen, um eine Parität bei den Abänderungsverhandlungen zu gewährleisten. Die Friedenspflicht aus dem bestehenden Tarifvertrag steht in diesem Fall einem Streik nicht entgegen, ohne dass für dieses Ergebnis das Verhalten der Unternehmensleitung seinerseits als Arbeitskampfmaßnahme qualifiziert werden müsste.

Ziel der Kampfmaßnahmen der Arbeitnehmer darf zum einen die Abwehr der von der Arbeitgeberseite geforderten Verschlechterung des tariflichen Niveaus sein. Zum anderen darf die Aufrechterhaltung des Standorts selbst in den Gegenforderungskatalog der Arbeitnehmerseite entsprechend den geschilderten Grundsätzen aufgenommen werden, also für den Fall, dass die Produktionsverlagerung lediglich einen Austausch von »teuren« durch »billige« Arbeitnehmer darstellt, um in einem florierenden Unternehmen den Gewinn noch weiter zu steigern. Selbstredend sollen mit dieser Justierung der Arbeitskampfinstrumente nur in etwa gleich große Chancen auf Durchsetzung der eigenen Interessen bei der Regelung des Arbeitskonflikts gewährleistet werden. Die Schaffung einer Erfolgsgarantie für die Arbeitnehmerseite kann ebenso wenig Ziel einer sozialstaatlichen Ausgestaltung des Arbeitskampfrechts sein wie die Ermöglichung eines Diktats durch die Arbeitgeberseite.

389 Sofern der Tarifvertrag allerdings selber die Möglichkeit von (verschlechternden) Ergänzungstarifverträgen vorsieht, wie es in der Metallindustrie mit dem sog. Pforzheimer Abkommen von 2004 geschehen ist, passt die entwickelte Argumentation nur, wenn sich aus der Regelung nicht die Arbeitskampffreiheit der Abänderungsverhandlungen ergibt.

d) *Weiterungen durch Art. 6 Nr. 4 der Europäischen Sozialcharta (ESC)?*

Die bei Arbeitsniederlegungen gegen angekündigte Betriebsschließungen und Standortverlagerungen seit einiger Zeit wieder intensiver diskutierte Bedeutung der Gewährleistung des Streikrechts durch Art. 6 Nr. 4 ESC[390] führt im vorliegenden Zusammenhang nicht wesentlich weiter. Zweifelhaft kann allenfalls die hier nicht weiter zu untersuchende Frage sein, ob die Regelung den betroffenen Arbeitnehmern das Recht verschafft, auch ohne gewerkschaftliche Führung ihren Unmut und ihren Widerstand gegen eine Standortschließung bzw. -verlagerung zum Ausdruck zu bringen. Selbst wenn man dies annähme, könnte das Streikrecht in inhaltlicher Hinsicht nicht über die kraft Verfassungsrechts bestehenden Grenzen hinausgehen[391] und etwa dazu eingesetzt werden, einen Arbeitgeber, der sich aus Altersgründen aus dem Berufsleben zurückziehen will, zur weiteren Unternehmensführung zu zwingen. Eine in diese Richtung gehende Weiterung der Streikbefugnis von Arbeitnehmern lässt sich weder im Wortlaut von Art. 6 Nr. 4 ESC noch den Empfehlungen des Ministerkomitees bzw. des ihm vorgelagerten Sachverständigenausschusses (vgl. Art. 25, 29 ESC)[392] entnehmen.

2. *Arbeitskämpfe um Sozialtarifverträge*

Die zweite Fallgruppe betrifft Arbeitskämpfe, die sich nicht gegen die Standortentscheidung als solche richten, sondern der Durchsetzung eines möglichst umfänglichen Sozialtarifvertrages dienen. Nachdem zu den allgemeinen Kampfgrenzen bereits Stellung genommen worden ist,[393] geht es in diesem Zusammenhang nur noch um die Frage, ob die Grundrechte des Arbeitgebers in Gestalt der Unternehmensautonomie den Streikmaßnahmen der Gewerkschaft Grenzen setzen. Da die üblicherweise gestellten Forderungen (Abfindungen, Verlängerung der Kündigungsfristen, Qualifizierungsmaßnahmen) ihrer Art nach unbedenklich sind, kann dies nur der Fall sein, wenn für die Rechtmäßigkeitsprüfung andere Ziele heranzuziehen wären oder der Forderungshöhe eine »überschießende Tendenz« entnommen werden dürfte.

390 Eingehend *Rieble*, RdA 2005, 200 ff.; ferner *Bepler*, FS Wißmann (2005), S. 97 ff.

391 BAG v. 10.12.2002, AP GG Art. 9 Arbeitskampf Nr. 162 (unter Verweis auf Teil III Art. 31 ESC); siehe auch BAG v. 10.6.1980, AP GG Art. 9 Arbeitskampf Nr. 64.

392 Vgl. AuR 1998, 154 ff.; dazu *Däubler*, AuR 1998, 144 ff.; ferner *Kohte/Doll*, ZESAR 2003, 393 ff.

393 Siehe dazu oben zu I und II.

a) *Gegenstand der Rechtmäßigkeitsprüfung*

Für die Beurteilung der Rechtmäßigkeit eines Streiks sieht man üblicherweise den Streikbeschluss des satzungsmäßig dafür zuständigen Gewerkschaftsorgans als maßgeblich an.[394] Dementsprechend will die überwiegende Ansicht auch bei einem Arbeitskampf um Sozialtarifverträge nur auf das nach außen verlautbarte formale Streikziel abstellen.[395] Nach anderer Ansicht soll die Rechtmäßigkeitskontrolle demgegenüber am »wahren Kampfziel« der Gewerkschaft orientiert werden. Wenn und soweit sich aus den Begleitumständen ergebe, dass es der Gewerkschaft in Wirklichkeit darum gehe, die Standortschließung bzw. -verlagerung als solche zu verhindern, müsse sie sich an diesem Ziel bei der Frage nach der Rechtmäßigkeit des Streiks festhalten lassen.[396] Jedenfalls aber sei von einer unzulässigen Umgehung eines bestehenden Arbeitskampfverbotes auszugehen, wenn um ein tariflich regelbares Ziel gekämpft werden soll, um in Wahrheit ein tariflich nicht regelbares Ziel zu erreichen.[397]

Gegen den Versuch, eine vom Streikbeschluss abweichende »wahre« Gewerkschaftsforderung zum Gegenstand der Rechtmäßigkeitsprüfung eines Arbeitskampfes zu machen, bestehen grundsätzlich erhebliche Bedenken. Zunächst ist unklar, wie weit der Kreis derjenigen Umstände zu ziehen ist, die bei der Bestimmung des »tatsächlichen Kampfzieles« berücksichtigt werden sollen. So ist etwa zweifelhaft, auf welche Gewerkschaftsfunktionäre abgestellt werden soll und ob etwa auch die Äußerungen einzelner Gewerkschaftsmitglieder in die Beurteilung einfließen sollen. Sodann verbieten es die Grundsätze der Rechtsklarheit und Rechtssicherheit, eine Motivforschung betreiben und daran die Rechtmäßigkeit von Streikmaßnahmen ausrichten zu wollen.[398] Vor allem aber stellt es einen unzulässigen Eingriff in das Selbstbestimmungsrecht einer Koalition dar, wenn aus dem Gesamtverhalten einer Tarifpartei auf eine Forderung ohne Rücksicht auf die satzungsmäßige Willensbildung auf die zuständigen Organe geschlossen wird. Diese vom BVerfG zu § 116 Abs. 3 AFG (nunmehr § 146 Abs. 3 SGB III) entwickelte Auffassung[399] ist sinngemäß auch auf die Feststellung von Kampfforderungen als Anknüpfungspunkt für die Rechtmäßigkeitskontrolle von Streikmaßnahmen

394 LAG Sachsen-Anhalt v. 12.3.1997, LAGE GG Art. 9 Arbeitskampf Nr. 67; *Kissel*, Arbeitskampfrecht, § 42 Rn. 2; *Otto*, Arbeitskampf- und Schlichtungsrecht, § 5 Rn. 2.

395 LAG Schleswig-Holstein v. 27.3.2003, NZA-RR 2003, 592, 593 f.; Hessisches LAG v. 2.2.2006, LAGE GG Art. 9 Arbeitskampf Nr. 75; *Hensche*, AuR 2004, 443, 444 Fn. 18; *Wolter*, RdA 2002, 218, 224.

396 LAG Hamm v. 31.5.2000, NZA-RR 2000, 535, 537; *Nicolai*, SAE 2004, 240, 241 f.; *Rolfs/Clemens*, DB 2003, 1678, 1680.

397 *Nicolai*, SAE 2004, 240, 241 f.

398 *Fischinger*, Arbeitskämpfe, S. 107; *Lobinger*, Arbeitskämpfe, Rn. 41.

399 BVerfG v. 4.7.1995, BVerfGE 92, 365, 403 f.

anwendbar. Dementsprechend hat es das BAG abgelehnt, für die Ermittlung des Kampfzieles auf die Meinungsäußerung von Mitgliedern der örtlichen Streikleitung oder gar von einzelnen streikenden Arbeitnehmern abzustellen.[400]

Dies gilt umso mehr, als es der Gewerkschaft freistehen muss, im Verlauf des innerverbandlichen Willensbildungsprozesses von rechtswidrigen Vorstellungen wieder Abstand zu nehmen und das Kampfziel entsprechend einzuschränken. Da der Arbeitskampf in dem Augenblick endet, in dem die Arbeitgeberseite auf die erhobenen Forderungen eingeht, kann es für die Beurteilung der Rechtmäßigkeit des Streikdrucks keine Rolle spielen, welche über die konkreten Forderungen hinausgehenden Motive die Gewerkschaft hatte. Ein an sich rechtmäßiger Streik kann nicht dadurch rechtswidrig werden, dass die Gewerkschaft die (möglicherweise völlig irreale) Hoffnung hegt, die Arbeitgeberseite lasse sich beeindrucken und werde von bestimmten unternehmerischen Planungen wieder Abstand nehmen.[401] Ferner kann man es der Gewerkschaft nicht verwehren, sich außerhalb des Arbeitskampfes etwa durch Öffentlichkeitsarbeit oder durch Gespräche mit regionalen Politikern für einen Standorterhalt stark zu machen. Warum derartige Aktivitäten, die selbstverständlich zum Betätigungsfeld der Koalitionen gehören, zur Unzulässigkeit eines gleichzeitig geführten Arbeitskampfes um einen Sozialtarifvertrag führen sollen, der sich auf die Abfederung der Folgen einer Standortschließung beschränkt, ist unerfindlich. Nach alledem kommt es somit für die Rechtmäßigkeitskontrolle grundsätzlich nur auf die konkret erhobene Forderung an.

Der einzige Vorbehalt betrifft die vom BVerfG angesprochene und in § 146 Abs. 3 Satz 2 SGB III geregelte Fallgruppe des rechtsmissbräuchlichen Zurückhaltens einer offiziellen Forderung durch die Gewerkschaft. Nicht anders als im sonstigen Privatrecht sind Umgehungsversuche unzulässig. Wenn also das für die Formulierung des Streikziels innergewerkschaftliche zuständige Organ klar erkennbar eine bestimmte Absicht verfolgt und zu deren Verdeckung eine scheinbar unverfängliche Formulierung wählt, wird dieses Verhalten von der Rechtsordnung nicht goutiert. Wird ersichtlich ein rechtswidriges Streikziel angestrebt, in concreto also die Verhinderung einer Standortschließung bzw. -verlagerung in Konstellationen, in denen Art. 12 GG eine freie Entscheidung des Arbeitgebers gebietet,[402] lässt sich die Unzulässigkeit des Arbeitskampfes nicht durch Formulierungskünste bei der Gestaltung von Tarifforderungen vermeiden.

400 BAG v. 19.6.1973, AP GG Art. 9 Arbeitskampf Nr. 47.
401 *Fischinger*, Arbeitskämpfe, S. 108.
402 Siehe dazu oben zu 1 b.

b) *Kontrolle der Forderungshöhe?*

Nach einer im Schrifttum vertretenen Ansicht kann ein Streik um einen Sozialtarifvertrag wegen »überhöhter« Forderungen rechtswidrig sein.[403] In diesem Sinne hat sich auch das LAG Schleswig-Holstein geäußert, wenngleich es die auf den Forderungsumfang gestützte Rechtswidrigkeit an hohe Voraussetzungen geknüpft hat.[404] Die Gegenauffassung moniert, dass auf diese Weise eine unzulässige Tarifzensur ausgeübt werde.[405]

Im Ausgangspunkt ist unstreitig, dass die Gerichte keine Tarifzensur ausüben und Tarifverträge nicht auf Angemessenheit oder Billigkeit kontrollieren dürfen.[406] Dementsprechend darf ein Arbeitskampf nicht mit der Begründung für unzulässig erklärt werden, dass die tarifliche Forderung den Arbeitnehmern keine nennenswerten Vorteile bringe[407] oder die durch den Kampf hervorgerufenen Schäden außer Verhältnis zum Kampfziel stehen würden.[408] Eine Rechtskontrolle des Arbeitskampfes auf die Vereinbarkeit mit Grundrechten des Arbeitgebers oder mit sonstigen rechtlichen Grenzen wird hierdurch allerdings nicht ausgeschlossen. Die Besonderheit bei »überhöhten« Forderungen liegt nun darin, dass weder der Forderungsumfang noch die Druckausübung bei jeweils isolierter Betrachtung rechtswidrig sind, sondern erst die Verknüpfung beider Elemente möglicherweise zur Unzulässigkeit führt.[409]

Nach einer verschiedentlich vertretenen Konzeption besteht die Funktion des Arbeitskampfes von vornherein nicht in der Durchsetzung einer bestimmten Forderung, sondern lediglich darin, Tarifverhandlungen über eine bestimmte Angelegenheit anzuschieben.[410] Dementsprechend enthalte das Kampfziel stets einen Verhandlungsspielraum, entfalte selbst aber noch keine rechtsgestaltende Wirkung. Soweit es um die Bewertung von Arbeitskampfzielen in qualitativer Hinsicht geht, würde diese Sichtweise mit dem Grundsatz brechen, dass ein Arbeitskampf nur zur Durchsetzung rechtmäßiger Ziele zulässig ist.[411] Selbst eine evident rechtswidrige Tarifforderung würde nicht zur Unzulässigkeit eines Streiks führen, wenn man den Einwand der Gewerkschaft zulassen würde, dass man über die Angelegenheit nur verhandeln und

403 *Fischinger*, Arbeitskämpfe, S. 163 ff.; *Löwisch*, DB 2005, 554, 558 f.; *Rolfs/Clemens*, DB 2003, 1678, 1681.
404 LAG Schleswig-Holstein, NZA-RR 2003, 592, 595.
405 LAG Niedersachsen v. 2.6.2004, NZA-RR 2005, 200, 201 f.; Hessisches LAG v. 2.2.2006, LAGE GG Art. 9 Arbeitskampf Nr. 75; *Hensche*, AuR 2004, 443, 445; *Kühling/Bertelsmann*, NZA 2005, 1017, 1021.
406 Siehe nur BVerfG v. 26.6.1991, BVerfGE 84, 212, 231; *Gamillscheg*, KollArbR, Bd. I, § 16 III 1, S. 695 ff.
407 BAG v. 27.6.1998, AP GG Art. 9 Arbeitskampf Nr. 113.
408 *Gamillscheg*, KollArbR, Bd. I, § 22 I 2 c (1), S. 1067 ff.
409 Insoweit auch *Otto*, FS Konzen (2006), S. 663, 678.
410 LAG Niedersachsen v. 2.6.2004, NZA-RR 2005, 199, 200, 201 f.; ErfK/*Dieterich*, Art. 9 GG Rn. 112; *Paschke/Ritschel*, AuR 2007, 110, 113.
411 Siehe nur *Otto*, Arbeitskampf- und Schlichtungsrecht, § 5 Rn. 2 ff.

sich letztlich schon auf eine zulässige tarifliche Regelung verständigen werde. Zudem lässt sich kaum behaupten, dass das Ziel des Arbeitskampfes letztlich nur darin besteht, überhaupt in Tarifverhandlungen über eine bestimmte Angelegenheit einzutreten. Wäre dies tatsächlich das eigentliche Kampfziel, müsste die Gewerkschaft den Streik absurderweise in dem Augenblick beenden, in dem sich die Arbeitgeberseite auf ernsthafte Tarifvertragsverhandlungen einlässt. Dass es der Gewerkschaft demgegenüber darum geht, ihren Forderungskatalog in einem möglichst hohen Umfang in eine tarifliche Regelung einfließen zu lassen, kann nicht ernstlich bestritten werden.

Man wird den genannten Ansatz indes dahin zu verstehen haben, dass er nur auf die Fälle gemünzt ist, in denen eine Tarifforderung der Art nach regelbar ist und lediglich die Höhe der Forderung unter Umständen bedenklich erscheint. Diese Sichtweise will also letztlich nur verhindern, dass die Rechtswidrigkeit eines Arbeitskampfes allein aus der Quantität und nicht aus der Qualität der Forderung hergeleitet wird.[412] Insoweit macht diese Konzeption zutreffend darauf aufmerksam, dass die rechtliche Würdigung von Arbeitskämpfen nicht losgelöst vom tatsächlichen Ablauf von Tarifverhandlungen erfolgen kann, soll das Geschehen angemessen erfasst werden. Betrachtet man diese Abläufe näher, kann man nicht daran vorbeigehen, dass das Aufstellen von aus Arbeitgebersicht »überhöhten« Forderungen der Gewerkschaften zum üblichen Auftakt von Tarifverhandlungen gehört. Die Funktion dieses Vorgehens besteht zunächst darin, der Gegenseite die Erwartungshaltungen zu verdeutlichen, die sich durch vielschichtige innergewerkschaftliche Meinungsbildungsprozesse herauskristallisiert haben. Hierdurch wird zugleich der Rahmen abgesteckt, innerhalb derer die Verhandlungen stattfinden sollen (»Auftaktfunktion«). Sodann geht es um eine Mobilisierung der Arbeitnehmer, die durch eine gewerkschaftliche Forderung, die sich von vornherein am voraussichtlichen Ergebnis orientiert, nicht gelingt (»Mobilisierungsfunktion«). Hinzu kommt, dass die Gewerkschaft zu einem aus ihrer Sicht akzeptablen Ergebnis regelmäßig nur über eine vergleichsweise hohe Eingangsforderung gelangt, mit deren ungeschmälerter Durchsetzung sie aber nicht ernstlich rechnet,[413] was auch der Arbeitgeberseite geläufig ist. Bei alledem handelt es sich um Eigengesetzlichkeiten einer funktionierenden Tarifautonomie, die ihrerseits anerkanntermaßen im Zentrum der verfassungsrechtlich geschützten Koalitionsfreiheit steht. Eine gerichtliche Kontrolle des Umfangs einer Streikforderung würde den geschilderten Mechanismus von Tarifauseinandersetzungen empfindlich stören und damit Art. 9 Abs. 3 GG

412 Vgl. LAG Schleswig-Holstein v. 27.3.2003, NZA-RR 2003, 592, 595 f.; Hessisches LAG v. 2.2.2006, LAGE GG Art. 9 Arbeitskampf Nr. 75; ErfK/*Dieterich*, Art. 9 GG Rn. 112; *Paschke/Ritschel*, AuR 2007, 110, 113.

413 Ebenso *Rieble*, Arbeitsrecht und Wettbewerb, Rn. 1375.

verletzen. Es kann daher nicht überzeugen, die Unzulässigkeit einer Tarifforderung lediglich aus quantitativen Aspekten ableiten zu wollen.

Der Gegenansicht ist zwar darin zu folgen, dass die Rechtmäßigkeit eines Arbeitskampfes nicht damit begründet werden kann, dass sich im Verlaufe der Tarifverhandlungen schon ein rechtmäßiges Tarifziel herausschälen werde.[414] Sie übersieht jedoch, dass sich der ritualisierte Ablauf von Tarifauseinandersetzungen als Teil der Koalitionsbetätigungsfreiheit bereits auf die Prüfung auswirken muss, ob und unter welchen Voraussetzungen »überhöhte« Forderungen rechtswidrig sind. Da auch exorbitant hohe Forderungen freiwillig erfüllt werden können, ist es schief, von der Vorstellung einer »an sich« unzulässigen Forderung auszugehen, die erst durch Verhandlungen auf ein zulässiges Maß reduziert wird.[415] Wenn davon die Rede ist, dass bereits die Eingangsforderung rechtmäßig sein muss, damit der Arbeitskampf zulässig ist,[416] kann dem nur zugestimmt werden. Dies besagt für sich genommen aber nichts darüber, unter welchen Voraussetzungen eine solche Rechtswidrigkeit vorliegt.

Einer gerichtlichen Kontrolle des Arbeitskampfgeschehens anhand quantifizierender Maßstäbe stehen weitere gewichtige Bedenken entgegen. Da die etwaige Unzulässigkeit einer Forderung aufgrund ihres Volumens nicht abstrakt bestimmt werden kann, sondern sie von der jeweiligen Finanzkraft des Unternehmens abhängt, könnte ohne ein betriebswirtschaftliches Gutachten schwerlich entschieden werden, ob die uneingeschränkte Erfüllung der Forderung die unternehmerische Entscheidung über die Standortaufgabe torpedieren würde. Eine schnelle Klärung der Rechtslage, auf die es gerade in arbeitskampfrechtlichen Streitigkeiten ankommt, wäre damit im Verfahren des einstweiligen Rechtsschutzes praktisch ausgeschlossen. Darüber hinaus müsste man der Gewerkschaft gestatten, eine »überhöhte« Forderung auf gerichtlichen Hinweis auf das gerade noch zulässige Maß herabzusetzen. Diese Möglichkeit und damit die Weiterführung des Streiks mit einer ermäßigten Forderung kann der Gewerkschaft nicht verwehrt werden. Die Tarifverhandlungen würden damit in den Gerichtssaal verlagert.

Ein Teil des Schrifttums versucht die Unsicherheiten einer quantifizierenden Betrachtung zwar dadurch zu umgehen, dass man in den §§ 112, 112a bzw. 113 BetrVG die äußersten Grenzen dessen sieht, was dem Unternehmer entgegen seinem Willen um des Arbeitnehmerschutzes willen auferlegt werden kann, ohne sein Grundrecht aus Art. 12 Abs. 1 GG zu verletzen.[417] Alle diese

414 *Fischinger*, Arbeitskämpfe, S. 166 ff.; *Rolfs/Clemens*, DB 2003, 1678, 1680.

415 So aber *Nicolai*, SAE 2004, 240, 244 ff.; *Rolfs/Clemens*, DB 2003, 1678, 1680.

416 *Fischinger*, Arbeitskämpfe, S. 167.

417 Für eine Anlehnung an die §§ 112, 112a BetrVG *Bauer/Krieger*, NZA 2004, 1019, 1023 f.; *Rolfs/Clemens*, NZA 2004, 410, 415; *Sutschet*, ZfA 2005, 581, 615. Für eine Begrenzung nach Maßgabe von § 113 BetrVG, § 10 KSchG *Löwisch*, DB 2005, 554, 558 f.

Ansätze kranken indes daran, dass sich eine Begrenzung der Arbeitskampfbefugnis nur aus Art. 12 Abs. 1 GG bzw. aus allgemeinen Rechtsgrundsätzen, nicht aber aus betriebsverfassungsrechtlichen Detailregelungen gewinnen lassen.[418] Deshalb ist es problematisch, einen Streik wegen unverhältnismäßig hoher Tarifforderungen als rechtsmissbräuchlich zu qualifizieren und für die Frage der Unverhältnismäßigkeit auf die nach § 112 Abs. 5 BetrVG üblichen Sozialplanleistungen zu rekurrieren.[419] Auf diese Weise würden bloße Gepflogenheiten der Einigungsstellen zu Schranken der Grundrechtsausübung. Aber auch eine von betriebsverfassungsrechtlichen Maßstäben losgelöste Prüfung der Kampfforderung auf Unverhältnismäßigkeit[420] kann letztlich nicht überzeugen. Um nicht in eine gefährliche Nähe zur Tarifzensur zu geraten, sollte man es dabei belassen, als Bezugspunkt der Verhältnismäßigkeitskontrolle nur die Kampfwirkung und nicht die Kampfforderung anzusehen.[421]

Nach alledem kann deshalb allein entscheidend sein, ob und unter welchen Voraussetzungen die Quantität in Qualität umschlägt, ob also das Erreichen eines bestimmten Forderungsvolumens – unter Umständen in Verbindung mit dem konkreten Verhandlungsverhalten der Gewerkschaft – die Unzulässigkeit eines darum geführten Streiks zur Folge hat.

Als Anknüpfungspunkt für eine Beschränkung der Kampfbefugnis kommt zunächst das allgemeine anerkannte Verbot der Existenzvernichtung des Gegners in Betracht. Danach darf ein Arbeitskampf nicht darauf gerichtet sein, den sozialen Gegner aus dem Weg zu räumen.[422] Allerdings untersagt dieser Grundsatz nur die gezielte Vernichtung.[423] Der wirtschaftliche Zusammenbruch von schwächeren Unternehmen als Folge einer erheblichen Entgelterhöhung in einem Flächentarifvertrag führt nicht zur Rechtswidrigkeit des zu seiner Durchsetzung geführten Streiks. Die »Markträumung von Grenzbetrieben«[424] ist als systemimmanent hinzunehmen. Bei einem Sozialtarifvertrag besteht zwar eine andere Ausgangssituation, als es in diesen Fällen lediglich um ein einzelnes Unternehmen und nicht um eine flächendeckende Regelung von Arbeitsbedingungen geht. Dies verändert aber nur den Bezugspunkt für die Prüfung, nicht dagegen den Kontrollmaßstab als solchen. Es kommt des-

418 In diesem Sinne auch *Kühling/Bertelsmann*, NZA 2005, 1017, 1020.
419 So *Otto*, Arbeitskampf- und Schlichtungsrecht, § 8 Rn. 43.
420 So Otto, FS Konzen (2006), S. 663, 682 ff.; im Grundansatz bereits *Kreuz*, Grundsatz der Verhältnismäßigkeit, S. 115 ff.
421 Ebenso *v. Hoyningen-Huene*, JuS 1987, 505, 508; *Kissel*, Arbeitskamprecht, § 29 Rn. 34; *Chr. J. Müller*, Berufsfreiheit des Arbeitgebers, S. 267; in diesem Sinne auch *Buchner*, in: Lieb/v. Stebut/Zöllner, Arbeitskampfrecht (1990), S. 21, 29.
422 BAG (GS) v. 21.4.1971, AP GG Art. 9 Arbeitskampf Nr. 43; *Otto,* Arbeitskampf- und Schlichtungsrecht, § 8 Rn. 41; *Rüthers*, in: Brox/Rüthers, Arbeitskampfrecht, Rn. 165; Däubler/*Schumann*, Arbeitskampfrecht, Rn. 204 b.
423 *Gamillscheg*, KollArbR, Bd. I, § 24 V 2 b, S. 1165.
424 So anschaulich *Thüsing*, FS 50 Jahre BAG (2004), S. 889, 910.

halb darauf an, ob das gesamte Kampfverhalten der Gewerkschaft darauf abzielt, das Unternehmen als eigenständiges Marktsubjekt zu beseitigen. Dies kann sich aus einer exorbitant hohen Forderung dann ergeben, wenn es sich nicht nur um eine Eingangsforderung handelt, sondern die Gewerkschaft in der weiteren Verhandlungsführung jedes Nachgeben kategorisch ablehnt und die vollständige Erfüllung des Forderungsvolumens zur Insolvenzreife des Unternehmens führen würde.[425] In einem solchen Fall folgt aus der Quantität in Verbindung mit dem konkreten Kampfverhalten eine bestimmte unerlaubte Qualität des Kampfziels. Diese aus Art. 12 Abs. 1 GG ableitbare Grenze für Streikmaßnahmen betrifft freilich nur Extremfälle. Es bleibt daher zu fragen, ob auch unterhalb diese Schwelle Beschränkungen der Kampfbefugnis anzuerkennen sind.

Ausgangspunkt ist insoweit, dass der Streik dann rechtswidrig ist, wenn sich die Gewerkschaft in bestimmten Situationen unmittelbar gegen die Standortaufgabe richtet.[426] Hieraus ergibt sich die Unzulässigkeit von Kampfmaßnahmen zur Durchsetzung eines Sozialtarifvertrages, wenn dadurch die Standortentscheidung gezielt torpediert werden soll. Eine solche Zielsetzung liegt freilich nur unter sehr engen Voraussetzungen vor: Erstens muss der angestrebte Tarifvertrag ein Volumen aufweisen, das zu einer »wirtschaftlichen Erdrosselung« des Arbeitgebers führt.[427] Der Tarifvertrag muss die unternehmerische Maßnahme offensichtlich wirtschaftlich unmöglich machen.[428] Dagegen genügt es nicht, dass der geforderte Sozialtarifvertrag den Umfang eines bereits vorhandenen oder zu erwartenden betrieblichen Sozialplans erheblich übersteigt. Zweitens und vor allem aber kann nicht allein auf die Höhe der Eingangsforderung abgestellt werden, selbst wenn deren vollständige Erfüllung zur wirtschaftlichen Unmöglichkeit der Durchführung der Standortentscheidung führen würde. Nimmt man den eingangs geschilderten typischen Mechanismus von Tarifverhandlungen ernst, kann es nur darauf ankommen, ob die Gewerkschaft durch ihr weiteres Vorgehen erkennbar zum Ausdruck bringt, dass sie an den exorbitant hohen Forderungen kategorisch festhalten will und diese lediglich als Vorwand dazu benutzt, um die Maßnahme als solche zu verhindern. Nur in diesem Fall schlägt die Quantität in unerlaubte Qualität um. Hat die Kampfforderung dagegen lediglich die erwähnte Auftakt- und Mobilisierungsfunktion, kann sich die Rechtswidrigkeit des Arbeitskampfes nicht allein aus ihrem Umfang ergeben. Vielmehr kommt es erst dann zu einem Umschlag, wenn die Gewerkschaft den Arbeitskampfdruck nicht dazu einsetzt, mit der Arbeitgeberseite auf gleicher Augenhöhe über die

425 In diesem Sinne auch *Rolfs/Clemens*, NZA 2004, 410, 415; *Thüsing/Ricken*, JbArbR, Bd. 42 (2005), S. 113, 121.
426 Dazu eingehend oben zu 1.
427 In diesem Sinne auch LAG Schleswig-Holstein v. 27.3.2003, NZA-RR 2003, 592, 595.
428 Insoweit auch *Fischinger*, Arbeitskämpfe, S. 162; *Fitting*, BetrVG, §§ 112, 112a Rn. 179 a.

Abfederung der wirtschaftlichen Folgen der Standortaufgabe zu verhandeln, sondern jede Suche nach einem tragfähigen Kompromiss blockiert und dadurch eindeutig zu erkennen gibt, dass es ihr in Wirklichkeit um die definitive Ablehnung der unternehmerischen Maßnahme geht.[429] Rechtsfolge ist dann die Unzulässigkeit des Streiks, sofern keine Gestaltung vorliegt, in der sich die Gewerkschaft nach hier entwickelter Ansicht nicht ohnehin direkt gegen die Standortverlagerung wenden könnte.[430]
Nur unter diesen engen Voraussetzungen wird der Anschluss an die bereits erwähnte Rechtsprechung des BVerfG zur Frage rechtsmissbräuchlich zurückgehaltener Kampfforderungen[431] bzw. des BAG zur Ermittlung des wahren Kampfziels[432] hergestellt. Eine Sichtweise, die demgegenüber aus der reinen Forderungshöhe auf die Unzulässigkeit von Kampfmaßnahmen schließt, würde den Charakter von Tarifauseinandersetzungen verfehlen und vor allem übersehen, dass sich die Unzulässigkeit eines Arbeitskampfes allein aus der Qualität, nicht aber aus der Quantität der Forderung ergeben kann. Da jeder Streik zur Durchsetzung eines Sozialtarifvertrages die unternehmerische Freiheit beeinträchtigt, kann nicht zuletzt aus Gründen der Rechtssicherheit nicht darauf abgestellt werden, ob durch die Höhe einer Forderung ein mehr oder weniger großer psychischer Druck aufgebaut wird oder die Standortaufgabe faktisch an Attraktivität verlieren bzw. undurchführbar würde. Vielmehr kann nur durch die qualitative Prüfung, ob die Gewerkschaft erkennbar ein unerlaubtes Ziel verfolgt, die im Arbeitskampfrecht erforderliche Rechtsklarheit hergestellt werden.

IV. *Europarechtliche Grenzen von Streiks um standortbezogene Tarifverträge*

Das Vorabentscheidungsersuchen des Court of Appeal für England und Wales an den EuGH in der Rechtssache Viking Line vom 23.11.2005[433] hat schlagartig die Frage ins Bewusstsein gerückt, ob Arbeitskämpfe, die sich gegen Standortverlagerungen in einen anderen Mitgliedstaat des Europäischen

429 Vgl. *Seebacher*, AiB 2006, 70, 71 f., der glaubt, von einer »Strategie« zur »indirekten Bekämpfung der Betriebsänderung« durch eine Forderungshöhe (!), welche den »kritischen Punkt« überschreitet, sprechen zu müssen. Deutlicher kann man berechtigte Anliegen nicht desavouieren.
430 Hierzu oben zu 1 b.
431 BVerfG v. 4.7.1995, BVerfGE 92, 365, 403 f.
432 BAG v. 19.6.1973, AP GG Art. 9 Arbeitskampf Nr. 47.
433 Court of Appeal für England und Wales vom 23.11.2005, ABlEG 2006, C 60, S. 16 ff. = IRLR [2006], 58 ff.

Union richten bzw. auf eine die Verlagerung wirtschaftlich neutralisierende tarifliche Regelung abzielen, gegen die Niederlassungsfreiheit gemäß Art. 43, 48 EG verstoßen. Die grundlegende Bedeutung dieser Thematik für das Verhältnis zwischen Gewerkschaftsrechten und Binnenmarkt kann kaum überschätzt werden. [434]
Tatsächlicher Hintergrund des Rechtsstreits ist der Plan der finnischen Reederei Viking Line, eines ihrer Fährschiffe auszuflaggen. Zu diesem Zweck wurde zunächst eine estnische Tochtergesellschaft gegründet, auf die das Schiff übertragen werden sollte, um die Seeleute zu den niedrigeren estnischen anstelle der höheren finnischen Tariflöhne anheuern zu können. Hiergegen wandten sich die Internationale Transportarbeiter-Föderation (ITF) und die Finnische Seeleute-Gewerkschaft (FSU), die einen Arbeitskampf ankündigten, um durchzusetzen, dass die Besatzung auch nach dem Ausflaggen weiterhin nach den mit der FSU ausgehandelten Tarifentgelten entlohnt werden. Mit einer Entscheidung des EuGH über diese Problematik ist im Laufe des Jahres zu rechnen. Damit es überhaupt zu einem Konflikt zwischen Streikrecht und Niederlassungsfreiheit kommen kann, müssen zunächst einige Hindernisse überwunden werden, die durch die bisherige Judikatur des EuGH aber bereits ausgeräumt sind.

1. *Grundlagen der Drittwirkung der Niederlassungsfreiheit*

a) *Unmittelbare Anwendbarkeit der Niederlassungsfreiheit*

Schon seit Jahrzehnten anerkannt[435] und heutzutage völlig unstreitig[436] ist die unmittelbare Anwendbarkeit der Art. 43, 48 EG, so dass sich die Bürger und Gesellschaften nicht erst nach Maßgabe von sekundärrechtlichen Vorschriften im Sinne von Art. 44 EG auf die Niederlassungsfreiheit berufen können.

b) *Grundfreiheiten als Beschränkungsverbote*

Sodann hat der EuGH die ursprünglich als reine Diskriminierungsverbote formulierten Grundfreiheiten schrittweise zu allgemeinen Beschränkungsverboten ausgebaut, um die transnationale Marktintegration voranzutreiben.[437] Dies

434 Siehe dazu auch *A. Davies*, 35 Industrial Law Journal [2006], 75 ff.
435 Grdl. EuGH v. 21.6.1974, Slg. 1974, 631 – Reyners.
436 Siehe nur Streinz/*Müller-Graff*, EUV/EGV, Art. 43 EGV Rn. 2.
437 Zur Entwicklung etwa *Bröhmer*, in: Callies/Ruffert (Hrsg.), EUV/EGV, Art. 43 EGV Rn. 23 ff.; *Randelzhofer/Forsthoff*, in: Grabitz/Hilf (Hrsg.), Das Recht der Europäischen Union, Art. 39 EGV Rn. 166, Art. 43 Rn. 84 ff., Art. 49/50 EGV Rn. 89 f.; *Tiedje/Troberg*, in: von der Groeben/Schwarze (Hrsg.), EUV/EGV, Art. 43 EG Rn. 87 ff.

betrifft neben den Produktfreiheiten (Warenverkehrs- und Dienstleistungsfreiheit) auch die Produktionsfaktorfreiheiten (Freizügigkeit, Niederlassungs- und Kapitalverkehrsfreiheit). Dabei geht der EuGH im Grundsatz davon aus, dass eine Behinderung bereits dann vorliegt, wenn eine Regelung oder Maßnahme geeignet ist, die Niederlassungsfreiheit der Art. 43 und 48 EG zu behindern oder weniger attraktiv zu machen.[438]

c) *»Horizontalwirkung« der Niederlassungsfreiheit*

Die Besonderheit bei Arbeitskampfmaßnahmen liegt darin, dass die etwaige Beeinträchtigung der Niederlassungsfreiheit nicht von einer mitgliedstaatlichen Regelung oder Maßnahme, sondern von einer gewerkschaftlichen und damit privaten Handlung ausgeht. Dies führt zu der bislang nicht abschließend geklärten Frage, ob und auf welche Weise die Grundfreiheiten auch gegenüber privatem Verhalten eine Wirkung entfalten. Die Rechtsprechung des EuGH oszilliert zwischen einer unmittelbaren Anwendbarkeit in den Fällen Walrave,[439] Bosman,[440] Angonese[441] sowie Wouters[442] einerseits und einer mittelbaren Anwendbarkeit in den Fällen Kommission/Frankreich[443] sowie Schmidberger[444] im Sinne einer Pflicht des Mitgliedstaates zum Schutz von Grundfreiheiten vor tatsächlichen Eingriffen von Privatpersonen durch Blokkaden andererseits.[445] Auch wenn das deutsche Schrifttum nach wie vor gespalten ist,[446] kann davon ausgegangen werden, dass der EuGH im Allgemeinen zumindest die Schutzpflichtkonzeption aufrechterhalten wird.

438 Grdl. EuGH v. 30.11.1995, Slg. 1995, I-4165 – Gebhard; ferner etwa EuGH v. 9.3.1999, Slg. 1999, I-1459 = ZIP 1999, 438 – Centros; EuGH v. 5.11.2002, Slg. 2002, I-9919 = ZIP 2002, 2037 – Überseering; EuGH v. 30.9.2003, Slg. 2003, I-10155 = ZIP 2003, 1885 – Inspire Art.

439 EuGH v. 12.12.1974, Slg. 1974, 1405 – Walrave.

440 EuGH v. 15.12.1995, Slg. 1995, I-4921 = AP BGB § 611 BGB Berufssport Nr. 10 – Bosman.

441 EuGH v. 6.6.2000, Slg. 2000, I-4139 = AP EG Art. 39 Nr. 3 – Angonese.

442 EuGH v. 19.2.2002, Slg. 2002, I-1577 = IStR 2002, 383 – Wouters.

443 EuGH v. 9.12.1997, Slg. 1997, I-6959 = EuZW 1998, 84 – Kommission/Frankreich.

444 EuGH v. 12.6.2003, Slg. 2003, I-5659 = EuZW 2003, 592 – Schmidberger.

445 Eingehende Analyse bei *Lohse*, 13 European Public Law (2007), 159 ff.

446 Für eine unmittelbare Bindung Privater an die Grundfreiheiten etwa Streinz/*Müller-Graff*, EUV/EGV, Art. 43 EGV Rn. 38; *Reichold*, ZEuP 1998, 434, 449 f.; *Steindorff*, FS Lerche (1993), S. 575, 581 ff.; dagegen *Kingreen*, in: Callies/Ruffert (Hrsg.), EUV/EGV, Art. 28-30 EGV Rn. 114 ff.; *Randelzhofer/Forsthoff*, in: Grabitz/Hilf (Hrsg.), Das Recht der Europäischen Union, vor Art. 39-55 EGV Rn. 71; *W.-H. Roth*, FS Everling, Bd. II (1995), S. 1231, 1240 ff.; *Streinz/Leible*, EuZW 2000, 459, 464 ff.

2. *Verletzung der Niederlassungsfreiheit?*

a) *Anwendbarkeit der Niederlassungsfreiheit auf Kollektivmaßnahmen*

Auf der Grundlage dieser generellen Regeln ist zunächst zu fragen, ob die Niederlassungsfreiheit von vornherein zurückzutreten hat, wenn und soweit die Beschränkung auf der Grundrechtsausübung durch eine Gewerkschaft beruht. Anlass für diese Überlegung ist die Rechtsprechung des EuGH, nach der das gemeinschaftsrechtliche Kartellverbot des Art. 81 EG nicht auf Tarifverträge anwendbar ist, sofern die Güter- und Dienstleistungsmärkte hierdurch nur mittelbar betroffen werden.[447] Da der Zweck von Tarifverträgen darin besteht, dem freien Wettbewerb auf dem Arbeitsmarkt Schranken zu setzen, und die Tarifautonomie durch den EG-Vertrag gewährleistet wird (vgl. Art. 139 EG), wäre es widersinnig, die mit Tarifverträgen notwendigerweise verbundenen Beeinträchtigungen der Wettbewerbsfreiheit auf anderen Märkten am Kartellverbot zu messen.[448] Entsprechendes muss für entfernte Auswirkungen auf Grundfreiheiten gelten.
Mit dieser Argumentation lässt sich die Niederlassungsfreiheit in den hier zu beurteilenden Gestaltungen allerdings nicht von vornherein beiseite schieben. Zwar kann trotz des Fehlens einer ausdrücklichen Kodifizierung jedenfalls im Grundsatz von einem auch auf europäischer Ebene bestehenden Streikrecht ausgegangen werden,[449] wenngleich ein solches Recht vom EuGH bislang nicht ausdrücklich anerkannt worden ist. Hierfür spricht zunächst Art. 136 EG, der auf die Europäische Sozialcharta und damit auch auf Art. 6 Nr. 4 ESC mit seiner Anerkennung des Streikrechts verweist. Weiter ist auch in Art. 13 der ebenfalls in Bezug genommenen Gemeinschaftscharta der sozialen Grundrechte der Arbeitnehmer sowie in Art. 28 der (rechtlich noch nicht verbindlichen) Europäischen Grundrechte-Charta, die als Ausdruck der gemeinsamen Grundüberzeugungen der Mitgliedstaaten angesehen werden kann, jeweils vom Streikrecht die Rede.[450] Darüber hinaus enthält die VO Nr. 2679/98 vom 7.12.1998, die nach dem Urteil des EuGH über die Verpflichtung der französischen Regierung zum Einschreiten gegen Blockadeaktionen französischer Bauern gegen die Einfuhr von »ausländischem« Obst und Gemüse[451] ergangen ist, in Art. 2 die Vorschrift, dass die Auslegung der Verordnung, welche primär die Durchsetzung der Warenverkehrsfreiheit beabsichtigt,

447 EuGH v. 21.9.1999, Slg. 1999, I-5757 = AP EG-Vertrag Art. 85 Nr. 1 – Albany.
448 Vgl. die Schlussanträge von GA *Jacobs*, EAS EG-Vertrag Art. 85 Nr. 5 – Albany.
449 Ebenso MünchArbR/*Birk*, § 19 Rn. 440 ff.; *Däubler*, FS Hanau (1999), S. 489, 496 f.; *Jacobs*, in: Heinemann (Hrsg.), Das kollektive Arbeitsrecht in der Europäischen Gemeinschaft (1991), S. 107, 116 ff.
450 Dagegen lässt sich ein Streikrecht nicht auf Art. 6 Abs. 2 EUV i. V. m. Art. 11 EMRK stützen; vgl. *Mair*, ZIAS 2006, 158, 166 ff. m. w. N.
451 EuGH v. 9.12.1997, Slg. 1997, I-6959 = EuZW 1998, 84 – Kommission/Frankreich.

»nicht in irgendeiner Weise die Ausübung der in den Mitgliedstaaten anerkannten Grundrechte, einschließlich des Rechts oder der Freiheit zum Streik« beeinträchtigen darf.[452] Entsprechendes gilt für die aktuelle Dienstleistungsrichtlinie 2006/123/EG vom 12.12.2006, die in Art. 1 Abs. 6 darauf hinweist, dass die Beziehungen zwischen Arbeitgebern und Arbeitnehmern nicht berührt werden, wobei Erwägungsgrund Nr. 14 ausdrücklich das Streikrecht erwähnt. Aus allen diesen Regelungen kann indes nur geschlossen werden, dass Streikmaßnahmen dann vor einer Beurteilung anhand der Grundfreiheiten geschützt sind, wenn die Beeinträchtigung dieser Freiheiten lediglich einen »Kollateralschaden« der Grundrechtsausübung darstellt. Falls durch einen Arbeitskampf dagegen mehr oder weniger gezielt eine durch die Niederlassungsfreiheit geschützte Maßnahme angegriffen wird, dürfte eine Bereichsausnahme abzulehnen sein.[453]

b) *Vorliegen einer Behinderung der Niederlassungsfreiheit*

Die Art. 43, 48 EG schützen in gegenständlicher Hinsicht in umfassender Weise Primär- und Sekundärniederlassungen von natürlichen Personen und Gesellschaften.[454] Eine direkte Diskriminierung scheidet zwar aus, weil es der Gewerkschaft bei kollektiven Aktionen im Zusammenhang mit Standortverlagerungen nicht um die Nationalität des Arbeitgebers, sondern um die Aufrechterhaltung bestimmter Arbeitsbedingungen geht. Da die Grundfreiheiten wie erwähnt aber auch Beschränkungsverbote enthalten, können auch nichtdiskriminierende Aktivitäten unzulässig sein. Soweit es um das konkrete Vorliegen einer Behinderung geht, entspricht es allgemeiner Ansicht, dass nicht nur Zuzugs-, sondern auch Wegzugsbehinderungen zum Kreis der verbotenen Beschränkungen gehören können.[455] Eine Behinderung liegt daher in den Fällen vor, in denen sich der Streik direkt gegen eine grenzüberschreitende Standortverlagerung in einen anderen Mitgliedstaat richtet. Zweifelhaft ist dagegen die Beurteilung von Arbeitskämpfen um Tarifverträge, die lediglich die wirtschaftlichen Folgen von Standortverlagerungen abfedern sollen. Eine Beeinträchtigung ist jedenfalls dann anzunehmen, wenn ein Tarifvertrag erzwungen werden soll, bei dessen Anwendung die Verlagerung der Niederlassung ökonomisch sinnlos wäre. Streng genommen führt freilich jede auch noch so geringe wirtschaftliche Belastung dazu, dass die Niederlassungsfreiheit »weniger attraktiv« gemacht wird. Unter diesem Blickwinkel gerät selbst

452 Siehe ferner Erwägungsgrund Nr. 4.
453 In diesem Sinne auch *Blanke*, AuR 2006, 1, 5.
454 Siehe nur Streinz/*Müller-Graff*, EUV/EGV, Art. 43 EGV Rn. 9 ff., Art. 48 Rn. 13 ff.; *Randelzhofer/Forsthoff*, in: Grabitz/Hilf (Hrsg.), Das Recht der Europäischen Union, Art. 43 EGV Rn. 46 ff.; *Tiedje/Troberg*, in: von der Groeben/Schwarze (Hrsg.), EUV/EGV, Art. 43 EG Rn. 32 ff.
455 EuGH v. 27.9.1988, Slg. 1988, 5483 Rn. 16 – Daily Mail.

der Sozialplan nach § 112 BetrVG ins Fadenkreuz des Gemeinschaftsrechts. Um der scheinbar alles zermalmenden Wirkung der Niederlassungsfreiheit zu entgehen, ließe sich daran denken, eine Beeinträchtigung nur dann anzunehmen, wenn die geforderten Folgelasten ein solches Ausmaß erreichen, dass sie die Niederlassungsentscheidung nennenswert beeinflussen. Zumindest aber muss eine großzügige Interpretation des Schutzbereichs der Niederlassungsfreiheit bei Eingriffen durch Private durch eine angemessene Berücksichtigung der gegenläufigen Rechte kompensiert werden.

c) *Erfüllung der Schutzpflicht bzw. Rechtfertigung der Behinderung*

Liegt eine faktische Beeinträchtigung der Niederlassungsfreiheit durch einen Streik vor, muss an sich spätestens auf der folgenden Prüfungsstufe entschieden werden, ob die Gewerkschaft unmittelbar an die Art. 43, 48 EG gebunden ist, sie also auf einen Rechtfertigungsgrund für ihr Handeln angewiesen ist, oder ob nur eine staatliche, von den Gerichten durch die Ausgestaltung des Arbeitskampfrechts zu erfüllende Schutzpflicht besteht, die Unternehmensleitung bei ihrer Niederlassungsentscheidung vor einem allzu intensiven Arbeitnehmereinfluss zu bewahren. Nicht anders als in der deutschen Diskussion zur Grundrechtswirkung im Privatrecht kommt es für das Ergebnis allerdings weniger auf die Konstruktionsfrage als vielmehr auf die sorgsame Abwägung der beiderseitigen Rechtspositionen an.[456]

Wichtiger ist demgegenüber, dass der Konflikt zwischen der gemeinschaftsrechtlichen Grundfreiheit und dem nationalen Streikrecht einerseits sowie zwischen Grundfreiheit und europarechtlichem Streikrecht andererseits auseinander gehalten werden müssen.[457] Aus der Perspektive des europäischen Rechts können nationale Grundrechte als solche nämlich nicht gegen das Gemeinschaftsrecht in Stellung gebracht werden. Insoweit gilt im Ausgangspunkt vielmehr der Vorrang des europäischen Rechts. Allerdings können die nationalen Grundrechte die gemeinsamen Verfassungstraditionen der Mitgliedstaaten zum Ausdruck bringen und auf diese Weise den Inhalt der Gemeinschaftsgrundrechte prägen. Dass auch auf der europarechtlichen Ebene ein Streikrecht anzuerkennen ist, ergibt sich damit neben den bereits erwähnten gemeinschaftsrechtlichen Regelungen auch aus dem Umstand, dass nahezu alle Mitgliedstaaten ein solches Recht kennen.[458].

456 MünchArbR/*Birk*, § 19 Rn. 445 f.; *Däubler*, FS Hanau (1999), S. 489, 500; ErfK/*Dieterich*, Einl. Rn. 111; *Kadelbach/Petersen*, EuGRZ 2003, 693, 695 ff.; *Meurer*, EWS 1998, 196, 200 ff.; *Müller-Graff*, FS Steinberger (2002), S. 1281, 1298 ff.; *Szczekalla*, DVBl. 1998, 219, 223 f.

457 *Birk*, FS 50 Jahre BAG (2004), S. 1165, 1171 ff.

458 Siehe *Rebhahn*, NZA 2001, 763, 768 ff.

Zum konkreten Verhältnis zwischen Streikrecht und Niederlassungsfreiheit hat sich der EuGH bislang noch nicht geäußert. In der zur Warenverkehrsfreiheit (Art. 28 EG) ergangenen Entscheidung im Fall Schmidberger, in der es um eine »Brenner-Blockade« durch Umweltschützer ging, hat der EuGH indes klar zum Ausdruck gebracht, dass Grundrechte (in concreto die Meinungsäußerungs- und die Versammlungsfreiheit) zur Beschränkung von Grundfreiheiten grundsätzlich geeignet sind.[459] Gegebenenfalls können Gemeinschaftsgrundrechte der Ausübung der Niederlassungsfreiheit auch über Art. 46 EG und den darin enthaltenen Begriff der öffentlichen Ordnung entgegengesetzt werden.[460] Eine unmittelbare Übertragung der Grundsätze aus der Rechtssache Schmidberger ist zwar nicht möglich, weil der Interessenkonflikt zwischen den sozialen Gegenspielern des Arbeitslebens eine andere Qualität als die Kollision von Umweltschützern mit Spediteuren hat. Da der EuGH selbst bei mitgliedstaatlichen Eingriffen in Grundfreiheiten dem Schutz von Arbeitnehmerinteressen einen vergleichsweise hohen Stellenwert einräumt, können diese Interessen aber jedenfalls nicht geringer gewichtet werden, wenn es um die Beeinträchtigung von Grundfreiheiten durch privates Verhalten geht. So geht der EuGH für den Bereich der Dienstleistungsfreiheit in ständiger Rechtsprechung davon aus, dass ein Mitgliedstaat den in einem anderen Mitgliedstaat ansässigen Unternehmen auferlegen kann, den von ihnen in das eigene Hoheitsgebiet entsandten Arbeitnehmern einen festgelegten Mindestlohn zu zahlen.[461] Der EuGH lehnt es damit ab, aus der Dienstleistungsfreiheit das Recht auf einen schrankenlosen Lohnunterbietungswettbewerb abzuleiten.[462]

Überträgt man diesen Gedanken auf die hier zu beurteilenden Gestaltungen, zeigt sich ein dem deutschen Recht weitgehend vergleichbares Bild. Die Niederlassungsfreiheit deckt den Wettbewerb um eine optimale Ressourcenallokation. Sie muss sich aber um des Schutzes der autonomen Aushandelung von Arbeits- und Wirtschaftsbedingungen willen Einschränkungen gefallen lassen,[463] soweit es darum geht, das Entgeltgefälle zwischen den Mitgliedstaaten

459 EuGH v. 12.6.2003, Slg. 2003, I-5659 = EuZW 2003, 592 – Schmidberger.

460 Vgl. EuGH v. 14.10.2004, Slg. 2004, I-9609 = EuZW 2004, 753 – Omega. Zu den Rechtssachen Schmidberger und Omega näher *Morijn*, 12 European Law Journal [2006], 15 ff.

461 EuGH v. 3.2.1982, Slg. 1982, 223 – Seco und Desquenne & Giral; EuGH v. 27.3.1990, Slg. 1990, I-1417 – Rush Portuguesa; EuGH v. 28.3.1996, AP EWG-Vertrag Art. 59 Nr. 2 – Guiot; EuGH v. 23.11.1999, AP EG-Vertrag Art. 59 Nr. 1 – Arblade; EuGH v. 15.3.2001, Slg. 2001, I-2189 = NZA 2001, 554 – Mazzoleni.

462 Siehe dazu auch die Schlussanträge von GA *Jacobs*, EAS EG-Vertrag Art. 85 Nr. 5 – Albany, der in Rn. 178 die Verhinderung eines »race to the bottom« als ausdrückliches Ziel des auch vom EG-Vertrag anerkannten und geförderten Tarifwesens ansieht.

463 Zur Beschränkbarkeit der Niederlassungsfreiheit aus Gründen des Arbeitnehmerschutzes siehe nur EuGH v. 9.3.1999, Slg. 1999, I-1459 = ZIP 1999, 438 – Centros; EuGH v. 5.11.2002, Slg. 2002, I-9919 = ZIP 2002, 2037 – Überseering; EuGH v. 30.9.2003, Slg. 2003, I-10155 = ZIP 2003, 1885 – Inspire Art; EuGH v. 13.12.2005, Slg. 2005, I-10805 = ZIP 2005, 2311 – Sevic Systems.

auszunutzen. Jedenfalls verhindert es das Gemeinschaftsrecht nicht, dass sich die Arbeitnehmer in den »Hochlohnländern« im Wege der kollektiven Selbsthilfe gegen Lohnunterbietung zur Wehr setzen. Dagegen dürften Streiks wegen eines Verstoßes gegen die Niederlassungsfreiheit unzulässig sein, wenn sie einen Unternehmer gezielt daran hindern wollen, in einem anderen Mitgliedstaat durch den Aufbau von Produktionskapazitäten einen neuen Markt zu erschließen. Auch auf der europäischen Ebene sind bestimmte Freiheiten somit nicht zu verabsolutieren, sondern in ein angemessenes Verhältnis zu gegenläufigen Freiheitsverbürgungen und Schutzzwecken zu setzen.

F. Thesenartige Zusammenfassung der wichtigsten Ergebnisse

I. *Kündigungsrecht*

1. Die Berufsfreiheit der Arbeitnehmer aus Art. 12 Abs. 1 GG gebietet einen rechtlichen Mindestbestandsschutz von Arbeitsverhältnissen. Das geltende gesetzliche Kündigungsschutzrecht wird den verfassungsrechtlichen Vorgaben gerecht.
2. Aus der durch Art. 12 Abs. 1 GG geschützten Berufsfreiheit der Arbeitnehmer ergibt sich unmittelbar kein verfassungsrechtliches Gebot, die der Kündigung vorgelagerte unternehmerische Entscheidung, einen Standort zu schließen oder zu verlagern, einer über den Rechtsmissbrauch hinausgehenden Kontrolle zu unterziehen. Insbesondere gebietet die Verfassung keine Abwägung der Interessen zwischen den von Kündigungen betroffenen Arbeitnehmern und den Vorteilen für den Arbeitgeber. Die ebenfalls durch Art. 12 Abs. 1 GG geschützte Berufsfreiheit des Arbeitgebers steht einer strengeren Überprüfung standortbezogener Entscheidungen, als sie derzeit von der Rechtsprechung praktiziert wird, aber auch nicht entgegen.
3. Die ständige Rechtsprechung des BAG zur weitgehenden Kontrollfreiheit der unternehmerischen Entscheidung ist eine grundsätzlich vertretbare Interpretation des KSchG. Bei einer verfassungsgeleiteten Auslegung des KSchG, das seiner Zielsetzung nach der Verwirklichung der aus Art. 12 Abs. 1 GG entspringenden Schutzpflicht dient, ist die Rechtsmissbrauchskontrolle aber um das Verbot rücksichtlosen Verhaltens mit der Folge anzureichern, dass unternehmerische Entscheidungen unbeachtlich sind, die der Erzielung einer doppelt so hohen Rendite als branchenüblich dienen.
4. Das Kündigungsschutzrecht der betriebsbedingten Kündigung regelt grundsätzlich den individuellen Interessenkonflikt zwischen dem Trennungsinteresse des Arbeitgebers und dem Bestandsinteresse des einzelnen Arbeitnehmers.
5. Der Kündigungsschutzprozess ist ein bipolares Verfahren und für die Bewältigung kollektiver Auseinandersetzungen nicht geeignet. Die Überprüfung der sozialen Rechtfertigung von Kündigungen zwecks Schließung oder Verlagerung eines Standorts ist in einem Zwei-Parteien-Prozess angesichts der Vielzahl der zu berücksichtigenden Faktoren sinnvoll kaum zu leisten. Darüber hinaus gewährleistet der Kündigungsschutzprozess keine Einheit-

lichkeit der Entscheidung. Insbesondere ist es nicht ausgeschlossen, dass die unternehmerische Entscheidung zur Schließung bzw. Verlagerung eines Standorts je nach dem Parteivorbringen in einzelnen Verfahren für gerechtfertigt und in anderen für nicht gerechtfertigt erklärt wird.

II. *Betriebsverfassungsrecht*

1. Die §§ 111 ff. BetrVG enthalten mit den Regelungen über den Interessenausgleich und den Sozialplan ein dem Arbeitgeber heteronom auferlegtes Verhaltensprogramm, das sich in seiner gegenwärtigen Gestalt als verfassungsrechtlich zulässige Einschränkung seiner Berufsausübungsfreiheit darstellt.
2. Die Vorschriften über den Interessenausgleich verpflichten den Arbeitgeber zum Verhandeln, schreiben aber keine Einigung über die von ihm geplante Schließung oder Verlegung eines Standorts vor. Insbesondere stehen dem Betriebsrat keine Arbeitskampfmittel zur Verfügung, um eine von ihm gewünschte Aufgabe oder Abschwächung der unternehmerischen Pläne zu erreichen. Das Gesetz schirmt den Unternehmer insoweit vom Arbeitnehmereinfluss ab.
3. Der Arbeitgeber kann sich im Interessenausgleich freiwillig dazu verpflichten, von einer Schließung bzw. Verlagerung des Standorts ganz oder teilweise Abstand zu nehmen bzw. diese Entscheidung zeitlich zu strecken. Die durch das Gesetz geschützte Entscheidungsfreiheit des Arbeitgebers enthält kein Verbot der autonomen Selbstbindung. Art. 12 Abs. 1 GG stattet den Arbeitgeber nicht zwingend mit dem Recht aus, von einer Vereinbarung über künftiges wirtschaftliches Handeln jederzeit wieder Abstand nehmen zu können. Der Betriebsrat ist für entsprechende Zusagen funktionell zuständig. Ob derartige Abreden rechtsverbindlichen Charakter haben, kann weder pauschal verneint noch bejaht werden. Vielmehr hängt es von der Auslegung der konkreten Vereinbarung ab, ob sich die Zusagen des Arbeitgebers zur Rechtsverbindlichkeit verdichtet haben.
4. Sofern ein Interessenausgleich über eine Standortentscheidung Bindungswirkung hat, kann sich der Arbeitgeber nach allgemeinen zivilrechtlichen Grundsätzen von dieser Vereinbarung wieder lösen. Insbesondere finden die Grundsätze über die Kündigung aus wichtigem Grund (§ 314 BGB) Anwendung.
5. Für den erzwingbaren Sozialplan hat das Gesetz mit dem Kriterium der wirtschaftlichen Vertretbarkeit eine Grenze gesetzt. Diese finanzielle Grenze ist Ausdruck des Umstands, dass der erzwingbare Sozialplan dem Arbeitgeber

oktroyiert wird und somit keine autonome Entscheidung darstellt. Die Sozialplanleistungen haben den Zweck, den Ausgleich oder die Milderung der wirtschaftlichen Nachteile dem Arbeitgeber nach dem Verursacherprinzip anzulasten, so dass die zu erwartenden Kosten in die unternehmerische Planung einfließen. Eine Blockade des unternehmerischen Handelns ist dagegen nicht intendiert. Die Einigungsstelle darf den Sozialplan daher nicht so dimensionieren, dass ein unentrinnbarer ökonomischer Zwang ausgeübt wird, von der geplanten Standortschließung bzw. -verlagerung Abstand zu nehmen, und hierdurch die gesetzliche Grundentscheidung durchkreuzt wird, die unternehmerisch-wirtschaftliche Entscheidung frei zu lassen.

III. *Tarifrecht*

1. Im Spannungsfeld zwischen schuldrechtlicher tariflicher Regelungsmacht auf der einen Seite und unternehmerischer Entscheidungsfreiheit auf der anderen Seite ist zwischen der Zuständigkeit der Tarifparteien zur Regelung bestimmter Fragen (»Innenschranken«) und der Zulässigkeit der tariflichen Regelung im Hinblick auf einen zu intensiven Eingriff in ein Freiheitsrecht zu unterscheiden (»Außenschranken«).
2. Die Tarifautonomie soll zu einem wirksamen Schutz von Arbeitnehmern in ihrer Eigenschaft als abhängig Beschäftigte beitragen. Sie zielt auf einen angemessenen Ausgleich der auf das Arbeitsleben bezogenen gegenläufigen Interessen ab und dient damit der beiderseitigen Entfaltung der notwendigerweise arbeitsteilig ausgeübten Berufsfreiheiten. Dagegen haben Tarifverträge nicht die Aufgabe, die Güter- und Dienstleistungsmärkte um ihrer selbst willen zu regulieren.
3. Zum Bereich der Arbeits- und Wirtschaftsbedingungen im Sinne von Art. 9 Abs. 3 GG zählen neben den für die Einzelarbeitsverhältnisse geltenden Austauschbedingungen deshalb sämtliche unternehmerischen Maßnahmen, wenn sie sich ohne eine Zwischenreaktion unternehmensexterner Marktteilnehmer auf die Beschäftigungsbedingungen auswirken. Insoweit regelt der Tarifvertrag nicht nur die Arbeitgeberstellung, sondern erfasst auch die damit untrennbar verbundene Unternehmerstellung. Da sich eine Standortschließung für die davon betroffenen Arbeitnehmer unmittelbar auf deren Beschäftigungsmöglichkeiten auswirkt, sind Standortsicherungsvereinbarungen als Arbeits- und Wirtschaftsbedingungen im Sinne von Art. 9 Abs. 3 GG und damit als zulässige Gegenstände von Tarifverträgen zu qualifizieren.
4. Der Tarifvertrag hat die Funktion, die beruflichen Interessen der Arbeitsvertragsparteien zu koordinieren. Beim Firmentarifvertrag handelt der ein-

zelne Arbeitgeber in Ausübung seiner Berufsfreiheit aus Art. 12 Abs. 1 GG. Der Abschluss eines Firmentarifvertrages enthält daher keinen Eingriff in seine Berufsausübungsfreiheit, sondern ist vielmehr eine Entfaltung der eigenen Berufsfreiheit zur Regelung der Arbeits- und Wirtschaftsbedingungen der im Betrieb tätigen Arbeitnehmer. In einem Firmentarifvertrag kann sich der Arbeitgeber insbesondere im Sinne eines »Gebens und Nehmens« gegen eine von der Arbeitnehmerseite zugestandene Verschlechterung der Arbeitsbedingungen dazu verpflichten, von einer Verlagerung des Standorts Abstand zu nehmen.

5. Durch einen Sozial(plan)tarifvertrag können die Folgen einer Standortschließung bzw. -verlagerung für die Arbeitnehmer wirtschaftlich abgefedert werden. Die §§ 111 ff. BetrVG entfalten keine Sperrwirkung gegenüber tariflichen Regelungen, die vergleichbare Leistungen wie ein Sozialplan enthalten. Sowohl aus dem Wortlaut (§ 112 Abs. 1 Satz 4 BetrVG) als auch aus der Entstehungsgeschichte der betrieblichen Mitbestimmung ergibt sich, dass der Gesetzgeber weitergehende tarifliche Regelungen nicht ausschließen wollte. Darüber hinaus würde ein Vorrang der Mitwirkungsrechte des Betriebsrats mit dem Grundsatz brechen, dass die freie Assoziation von Arbeitnehmern zur kollektiven Wahrnehmung ihrer Interessen nach der grundgesetzlichen Ordnung einen höheren Rang hat als die Wahrnehmung von Arbeitnehmerinteressen durch ein kraft Gesetz geschaffenes Arbeitnehmervertretungsorgan. Daran kann auch die (eher theoretische) Möglichkeit der faktischen Schlechterstellung von Außenseitern nichts ändern.

IV. *Arbeitskampfrecht*

1. Rationalisierungsschutzvereinbarungen können wegen der mit ihnen verbundenen tariflichen Friedenspflicht einem standortbezogenen Arbeitskampf entgegenstehen. Da sich derartige Abkommen nur mit der wirtschaftlichen Abfederung der Folgen von Rationalisierungsmaßnahmen befassen, stellen sie von vornherein kein Hindernis für Arbeitskämpfe dar, die auf die Standortentscheidung als solche abzielen. Im Übrigen kommt es auf die konkrete Reichweite der einschlägigen Tarifverträge an. Aus betriebsverfassungsrechtlichen Gründen ergibt sich keine weiter gehende Friedenspflicht.

2. Die Kampfparität wird weder durch die Sozialplanmitbestimmung noch durch die besondere Situation bei einer geplanten Standortschließung bzw. -verlagerung so verschoben, dass ein standortbezogener Arbeitskampf um einen Firmentarifvertrag von vornherein unzulässig ist.

3. Das Ultima-ratio-Prinzip gebietet es nicht, vor dem Streik um einen Sozial(plan)tarifvertrag zunächst ein Einigungsstellenverfahren durchzuführen. Die erforderliche Koordination von Arbeitskampf und betrieblicher Mitbestimmung ist in der Weise herzustellen, dass die Sozialplanmitbestimmung während der Dauer des Streiks suspendiert wird.
4. Ein unmittelbar gegen eine Standortschließung gerichteter Streik ist wegen einer Verletzung der Berufsfreiheit des Arbeitgebers aus Art. 12 GG Abs. 1 GG dann unzulässig, wenn sich der Arbeitgeber aus dem Berufsleben zurückziehen will. Unzulässig sind weiter solche Arbeitskämpfe, die trotz Nachfragerückgangs auf die dauerhafte Aufrechterhaltung der bisherigen Produktionskapazitäten abzielen (»Heizer auf der E-Lok«). Bei Standortverlagerungen ist zu unterscheiden: Ein hiergegen gerichteter Streik ist unzulässig, wenn durch die räumliche Veränderung ein neuer Markt erschlossen werden soll oder die bisherige Produktionsstätte nachweislich unrentabel geworden ist. Dagegen ist ein Streik rechtmäßig, wenn das Unternehmen floriert und die Verlagerung des Standorts lediglich dazu dient, zur Steigerung des Betriebsergebnisses »teure« gegen »billige« Arbeitnehmer auszutauschen.
5. Ein Sozial(plan)tarifvertrag kann durch einen Arbeitskampf erzwungen werden. Für die Rechtmäßigkeitsprüfung ist grundsätzlich nur auf das nach außen verlautbarte formale Streikziel abzustellen. Insbesondere kann aus dem Umfang der Art nach zulässiger Forderungen für sich genommen nicht geschlossen werden, dass die Gewerkschaft durch den Arbeitskampf in Wirklichkeit die Standortentscheidung verhindern will. »Überhöhte« Forderungen sollen im Allgemeinen lediglich den Rahmen für anstehende Tarifverhandlungen abstecken (»Auftaktfunktion«) und die Arbeitnehmer mobilisieren (»Mobilisierungsfunktion«). Eine gerichtliche Kontrolle des Umfangs einer Streikforderung würde die Eigengesetzlichkeiten einer funktionierenden Tarifautonomie missachten und hierdurch Art. 9 Abs. 3 GG verletzen. Eine Grenze bildet das allgemeine Verbot rechtsmissbräuchlichen Verhaltens. Ein Streik ist daher ausnahmsweise dann rechtswidrig, wenn es der Arbeitnehmerseite trotz formaler Beschränkung auf die Regelung der wirtschaftlichen Folgen offenkundig um die Verhinderung der Standortverlagerung geht und die unternehmerische Entscheidung selbst druckfrei erfolgen darf.

V. *Europäisches Recht*

1. Die Grundfreiheiten (Niederlassungsfreiheit) enthalten nach allgemeiner Ansicht nicht nur Diskriminierungsverbote, sondern auch Beschränkungsverbote.

2. Die Beschränkung einer Grundfreiheit kann auch durch privates Handeln erfolgen. In diesen Fällen trifft den Mitgliedstaat grundsätzlich eine Schutzpflicht, um die Grundfreiheit vor einer Beeinträchtigung durch Private zu schützen.
3. Die Beeinträchtigung einer Grundfreiheit kann auch durch Streikmaßnahmen erfolgen, wenn diese die Freiheit des Arbeitgebers zur Gründung oder Verlegung einer Niederlassung faktisch beeinträchtigen.
4. Die Beeinträchtigung von Grundfreiheiten kann durch hinreichende Gründe gerechtfertigt werden. Zu diesen Gründen zählt das auch auf europäischer Ebene anzuerkennende Grundrecht auf Streikmaßnahmen der Arbeitnehmer zur Durchsetzung von Tarifverträgen. Im Spannungsfeld zwischen Niederlassungsfreiheit und Streikfreiheit gebührt der Grundrechtsausübung der Vorrang, wenn mit der Ausübung der Niederlassungsfreiheit lediglich das Entgeltgefälle zwischen den Mitgliedstaaten ausgenutzt werden soll und der Streik nur der Abwehr einer Verdrängung durch Lohnunterbietung dient.

Literaturverzeichnis

Abele, Eberhard/Kluge, Jürgen/Näher, Ulrich (Hrsg.): Handbuch Globale Produktion, 2006.

Ahlers, Elke/Öz, Fikret/Ziegler, Astrid: Standortverlagerung in Deutschland – einige empirische und politische Befunde, 2007.

Annuß, Georg: Betriebsbedingte Kündigung und arbeitsvertragliche Bindung, 2004.

Annuß, Georg/Thüsing, Gregor (Hrsg.): Teilzeit- und Befristungsgesetz, 2. Auflage, 2006.

Alternativkommentar zum Grundgesetz, hrsg. von Denninger, Erhard, 3. Auflage, 2001 ff.

Ascheid, Reiner/Preis, Ulrich/Schmidt, Ingrid: Kündigungsrecht – Großkommentar zum gesamten Recht der Beendigung von Arbeitsverhältnissen, 2. Auflage, 2004.

Backmeister, Thomas/Trittin, Wolfgang/Mayer, Udo: Kündigungsschutzgesetz mit Nebengesetzen, 3. Auflage, 2004.

Badura, Peter: Das Recht der Koalition – Verfassungsrechtliche Fragestellungen, ArbRGegw, Bd. 15 (1977), S. 17-36.

Badura, Peter: Arbeit als Beruf (Art. 12 Abs. 1 GG), in: Festschrift für Wilhelm Herschel, 1982, S. 21-35.

Bauer, Jobst-Hubertus: Aktuelle Probleme des Personalabbaus im Rahmen von Betriebsänderungen (Teil I), DB 1994, 217-227.

Bauer, Jobst-Hubertus/Krieger, Steffen: »Firmentarifsozialplan« als zulässiges Ziel eines Arbeitskampfes, NZA 2004, 1019-1025.

Bayreuther, Frank: Die unternehmerische Entscheidungsfreiheit im Spiegel der aktuellen BAG-Rechtsprechung zum Anspruch auf Teilzeitbeschäftigung, DB 2004, 1726-1731.

Beck, Thorsten: Rationalisierungsschutz und Grenzen der Tarifmacht (I. Teil), AuR 1981, 333-344.

Benda, Ernst: Zur Berufsfreiheit der Arbeitnehmer, in: Mensch und Arbeitswelt – Festschrift für Josef Stingl, 1984, S. 35-48.

Bengsch, Karen: Der verfassungsrechtlich geforderte Mindestkündigungsschutz im Arbeitsverhältnis, 2005.

Bepler, Klaus: Deutsches Streikrecht und Europäische Sozialcharta (ESC), in: Arbeitsrecht im sozialen Dialog – Festschrift für Hellmut Wißmann, 2005, S. 97-112.

Berg, Peter/Platow, Helmut/Schoof, Christian/Unterhinninghofen, Hermann: Tarifvertragsgesetz und Arbeitskampfrecht, Basiskommentar, 2005.

Berg, Peter/Wendeling-Schröder, Ulrike/Wolter, Henner: Die Zulässigkeit tarifvertraglicher Besetzungsregelungen, RdA 1980, 299-313.

Beuthien, Volker: Sozialplan und Unternehmensverschuldung, 1980.

Beuthien, Volker: Der Sozialauftrag des Sozialplans, ZfA 1982, 181-205.

Beuthien, Volker: Unternehmerische Mitbestimmung kraft Tarif- oder Betriebsautonomie?, ZfA 1983, 141-168.

Beuthien, Volker: Mitbestimmung unternehmerischer Sachentscheidungen kraft Tarif- oder Betriebsautonomie?, ZfA 1984, 1-30.
Biedenkopf, Sebastian: Interessenausgleich und Sozialplan, 1994.
Birk, Rolf: Arbeitskampf und Europarecht, in: Festschrift 50 Jahre BAG, 2004, S. 1165-1178.
Bispinck, Reinhard: Tarifpolitischer Jahresbericht 2006: Aufwärtstrend bei Abschlüssen – Konflikte um Beschäftigungssicherung und Tarifstandards, WSI-Mitteilungen 2007, 55-62.
Bitter, Walter: Der kündigungsrechtliche Dauerbrenner: Unternehmerfreiheit ohne Ende?, DB 1999, 1214-1219.
Bitter, Walter: Zur Unternehmerentscheidung zwecks Personalabbau, DB 2000, 1760-1767.
Bitter, Walter/Kiel, Heinrich: 40 Jahre Rechtsprechung des Bundesarbeitsgerichts zur Sozialwidrigkeit von Kündigungen, RdA 1994, 333-358.
Bitter, Walter/Kiel, Heinrich: Von angeblichen und wirklichen Wertungswidersprüchen von Mindeststandards – Die BAG-Rechtsprechung zur außerordentlichen Kündigung sog. unkündbarer Arbeitnehmer, in: Festschrift für Peter Schwerdtner, 2003, S. 13-33.
Blanke, Thomas: Streikende Wikinger vor dem Europäischen Gerichtshof, AuR 2006, 1-6.
Boldt,Gerhard: Zur Zulässigkeit von Firmentarifverträgen mit verbandsangehörigen Unternehmen, RdA 1971, 257-268.
Borrmann, Helga: Zur Bedeutung der wirtschaftlichen Lage des Arbeitgebers für die soziale Rechtfertigung einer betriebsbedingten Kündigung, ArbRGegw, Bd. 24 (1987), S. 71-89.
Bötticher, Eduard: Bestandsschutz und Vertragsinhaltsschutz im Lichte der Änderungsschutzkündigung, in: Festschrift für Erich Molitor, S. 123-141.
Bröhl, Knut: Die Orlando-Kündigung – Zwischenwort zur außerordentlichen ordentlichen Kündigung tariflicher unkündbarer Arbeitnehmer, in: Tarifautonomie für ein neues Jahrhundert – Festschrift für Günter Schaub, 1998, S. 55-73.
Brox, Hans/Rüthers, Bernd: Arbeitskampfrecht, 2. Auflage, 1982.
Bryde, Brun-Otto: Artikel 12 Grundgesetz – Freiheit des Berufs und Grundrecht der Arbeit, NJW 1984, 2177-2184.
Buchner, Herbert: Übermaßverbot als Grenze tarifbezogener Arbeitskämpfe, in: Lieb, Manfred/von Stebut, Dietrich/Zöllner, Wolfgang (Hrsg.), Arbeitskampfrecht, 1990.
Buchner, Herbert: Unternehmensbezogene Tarifverträge – tarif-, verbands- und arbeitskampfrechtlicher Spielraum, DB 2001, Beilage 9.

Calliess, Christian: Schutzpflichten, in: Merten, Detlef/Papier, Hans-Jürgen (Hrsg.), Handbuch der Grundrechte in Deutschland und Europa, Band II: Grundrechte in Deutschland: Allgemeine Lehren I, 2006, S. 963-992.
Calliess, Christian/Ruffert, Matthias (Hrsg.): Das Verfassungsrecht der Europäischen Union mit Europäischer Grundrechtecharta, 3. Auflage, 2007.
Colneric, Ninon: Richterliche Kontrolle von Kündigungen aus unternehmensbezogenen Gründen – ein deutsch-französischer Rechtsvergleich mit Konsequenzen, in: Otto Brenner Stiftung (Hrsg.), Betriebsbedingte Kündigungen im Widerstreit, 1998, S. 11-43.

Däubler, Wolfgang (Hrsg.): Arbeitskampfrecht, 2. Auflage, 1987.
Däubler, Wolfgang: Tarifvertragsrecht, 3. Auflage, 1993.
Däubler, Wolfgang: Neue Grundsätze im Arbeitskampf? – Zur Entscheidung des Ministerkomitees des Europarats, AuR 1998, S. 144-148.
Däubler, Wolfgang: Die Koalitionsfreiheit im EG-Recht, in: Arbeitsrecht und Sozialpartnerschaft – Festschrift für Peter Hanau, 1999, S. 489-503.
Däubler, Wolfgang: Die Zukunft des Arbeitsrechts, AuR 2005, S. 1-7.
Däubler, Wolfgang: Offshoring und die Hilflosigkeit des Arbeitsrechts, NJW 2005, S. 30-31.
Däubler, Wolfgang: Die Unkündbarkeit von Arbeitsverhältnissen – ein Fremdkörper im Arbeitsrecht?, in: Gedächtnisschrift für Meinhard Heinze, 2005, S. 121-132.
Däubler, Wolfgang (Hrsg.): Tarifvertragsgesetz, 2. Auflage, 2006.
Däubler, Wolfgang/Kittner, Michael/Klebe, Thomas (Hrsg.): Betriebsverfassungsgesetz, BetrVG, 10. Auflage, 2006.
Davies, Anne C. L.: The Right to Strike Versus Freedom of Establishment in EC Law: The Battle Commences, 35 Industrial Law Journal [2006], 75-86.
Dieckhoff, Ludwig: Zur Nachprüfbarkeit der betriebsbedingten Kündigung, AuR 1957, 197-200.
Dieterich, Thomas: Grundgesetz und Privatautonomie im Arbeitsrecht, RdA 1995, 129-136.
Dieterich, Thomas: Die grundrechtsdogmatischen Grenzen der Tarifautonomie in der Rechtsprechung des BAG, in: Festschrift für Herbert Wiedemann, 2002, S. 229-251.
Dieterich, Thomas: Arbeitsmarktpolitik im Spannungsfeld von Gesetzgebung und Tarifautonomie, in: ders., Tarifautonomie und Gesetzgebung, 2003, S. 13-36.
Dieterich, Thomas: Unternehmerfreiheit und Arbeitsrecht im Sozialstaat, AuR 2007, 65-70.
Dieterich, Thomas/Müller-Glöge, Rudi/Preis, Ulrich/Schaub, Günter (Hrsg.): Erfurter Kommentar zum Arbeitsrecht, 7. Auflage, 2007.
Dorndorf, Eberhard: Sozialplan im Konkurs, 1978.
Drukarczyk, Jochen: Zum Problem der wirtschaftlichen Vertretbarkeit von Sozialplänen, RdA 1986, 115-119.
Düwell, Franz Josef: Arbeitsrechtliche Chancen und Risiken von Outsourcing, in: Richterliches Arbeitsrecht – Festschrift für Thomas Dieterich, 1999, S. 101-135.

Easterbrook Frank H./Fischel Daniel R.: Corporate Control Transactions, 91 Yale Law Journal (1982), 698-737.
Ehmann, Horst: Zur Rechtsverbindlichkeit von Betriebsvereinbarungen über den Fortbestand eines Betriebes, in: Arbeitsrecht in der Bewährung – Festschrift für Otto Rudolf Kissel, 1994, S. 175-191.
Erdmann, Ernst-Gerhard: Rechtliche und rechtspolitische Probleme des Betriebsverfassungsgesetzentwurfes der Bundesregierung, BlStSozArbR 1971, 241-246.
Etzel, Gerhard: Die »Orlando-Kündigung«: Kündigung tariflich unkündbarer Arbeitnehmer, ZTR 2003, 210-215.
European Foundation for the Improvement of Living and Working Conditions (Ed.), Restructuring and employment in the EU: Concepts, measurement and evidence, 2006.

Farthmann, Friedhelm: Die Mitbestimmung des Betriebsrats bei der Regelung der Arbeitszeit, RdA 1974, 65-72.

Farthmann, Friedhelm/Coen, Martin: Tarifautonomie, Unternehmensverfassung und Mitbestimmung, in: Benda, Ernst/Maihofer, Werner/Vogel, Hans-Jochen (Hrsg.), Handbuch des Verfassungsrechts, 2. Aufl., 1994, S. 851-960.

Feudner, Bernd: Verlagerung von Arbeit ins Ausland: Grenzen des unternehmerischen Handlungsspielraums?, DB 2004, 982-986.

Feudner, Bernd: Zur arbeitsrechtlichen Wertigkeit des »Shareholder Value«, DB 1999, 742-745.

Feudner, Bernd: Betriebsbedingte Kündigung quo vadis?, NZA 2000, 1136-1143.

von Finckenstein, Barbara: Freie Unternehmerentscheidung und dringende betriebliche Erfordernisse bei der betriebsbedingten Kündigung, 2005.

Fischinger, Philipp S.: Arbeitskämpfe bei Standortverlagerung und -schließung, 2006.

Fischinger, Philipp S.: Die Tarif- und Arbeitskampffähigkeit des verbandsangehörigen Arbeitgebers, ZTR 2006, 518-530.

Fischinger, Philipp S.: Streik um Tarifsozialpläne, NZA 2007, 310-313.

Fitting, Karl (Begr.): Betriebsverfassungsgesetz, Handkommentar, 23. Auflage, 2006.

Forsthoff, Ernst: Der Entwurf eines Zweiten Vermögensbildungsgesetzes, BB 1965, 381-392.

Franzen, Martin: Standortverlagerung und Arbeitskampf, ZfA 2005, 315-351.

Franzen, Martin: Die unternehmerische Entscheidung in der Rechtsprechung des BAG zur betriebsbedingten Kündigung, NZA 2001, 805-812.

Frik, Roman: Die Entscheidung des französischen Conseil constitutionnel zur Vereinbarkeit von Kündigungsschutz und Unternehmensfreiheit vom 12. Januar 2002, RdA 2003, 32-39.

Galperin, Hans: Der Regierungsentwurf eines neuen Betriebsverfassungsgesetzes, 1971.

Galperin, Hans/Löwisch, Manfred: Betriebsverfassungsgesetz, Band 2, 6. Auflage, 1982.

Gamillscheg, Franz: Kollektives Arbeitsrecht, Band I: Grundlagen/Koalitionsfreiheit/Tarifvertrag/Arbeitskampf und Schlichtung, 1997.

Gamillscheg, Franz: 50 Jahre deutsches Arbeitsrecht im Spiegel einer Festschrift, RdA 2005, 79-88.

Gemeinschaftskommentar zum Betriebsverfassungsgesetz, bearbeitet von *Wiese, Günther/Kreutz, Peter u. a.*, Band II, 8. Auflage, 2005.

Gemeinschaftskommentar zum Kündigungsschutzgesetz und zu sonstigen kündigungsschutzrechtlichen Vorschriften, bearbeitet von *Bader, Peter/Etzel, Gerhard u. a.*, 8. Auflage, 2007.

Gester, Heinz/Isenhardt, Udo: Das Initiativrecht des Betriebsrats zur Regelung materieller Lohnbedingungen, RdA 1974, 80-88.

Giese, Herbert: Zur wirtschaftlichen Vertretbarkeit eines Sozialplans, in: Arbeitsrecht im sozialen Dialog – Festschrift für Hellmut Wißmann, 2005, S. 314-330.

Gisbertz, Ulrike: Parität im Firmenarbeitskampf, 2004.

Glaubitz, Werner: Die wirtschaftliche Vertretbarkeit des Sozialplans nach § 112 V BetrVG bei Fortführung des Unternehmens, in: Arbeitsrecht und Sozialpartnerschaft – Festschrift für Peter Hanau, 1999, S. 403-411.

Göritz, Berthold/Hase, Detlef/Krehnke, Anna/Rupp, Rudi: Interessenausgleich und Sozialplan, 2005.

Grabitz, Eberhard/Hilf, Meinhard (Hrsg.): Das Recht der Europäischen Union, Kommentar, Band I: EUV/EGV, Stand: 31. Ergänzungslieferung, Oktober 2006.
von der Groeben, Hans/Schwarze, Jürgen (Hrsg.): Kommentar zum Vertrag über die Europäische Union und zur Gründung der Europäischen Gemeinschaft, Band 1: Art. 1-53 EUV, Art. 1-80 EGV, 6. Auflage, 2003.
Großkommentar zum Aktiengesetz, hrsg. von Hopt, Klaus J./Wiedemann, Herbert, Vierter Band: §§ 95-117, 4. Auflage, 2006.

Hanau, Peter: Allgemeine Grundsätze der betrieblichen Mitbestimmung, RdA 1973, 281-294.
Hanau, Peter: Probleme der Mitbestimmung des Betriebsrats über den Sozialplan, ZfA 1974, 89-121.
Hanau, Peter: Verfassungsrechtlicher Kündigungsschutz, in: Richterliches Arbeitsrecht – Festschrift für Thomas Dieterich, 1999, S. 201-214.
Hanau, Peter: Offene Fragen zum Teilzeitgesetz, NZA 2001, 1168-1175.
Hanau, Peter/Thüsing, Gregor: Tarifverträge zur Beschäftigungssicherung, Teil 1, ZTR 2001, 1-6, Teil 2, ZTR 2001, 49-53.
Hedlund, Jeffrey: An Economic Case for Mandatory Bargaining over Partial Termination and Plant Relocation Decisions, 95 Yale Law Journal (1986), 949-968.
Heidemann, Winfried: Beschäftigungssicherung, 2. Auflage, 2005.
Heither, Friedrich: Die Beteiligung des Betriebsrats in wirtschaftlichen Angelegenheiten, in: AR-Blattei SD 530.14.5, Stand: 1999.
Hensche, Detlef: Tarifvertrag und Unternehmenspolitik, AuR 2004, 443-450.
Henssler, Martin: Firmentarifverträge und unternehmensbezogene Verbandstarifverträge als Instrumente einer »flexiblen«, betriebsnahen Tarifpolitik, ZfA 1998, 517-542.
Henssler, Martin: Unternehmerische Entscheidungsfreiheit und Betriebsverfassung, in: Blank, Michael (Hrsg.), Reform der Betriebsverfassung und Unternehmerfreiheit, 2001, S. 33-68.
Henssler, Martin: Der »Arbeitgeber in der Zange« – Rechtsfragen der Firmentarifsozialpläne, in: Festschrift für Reinhard Richardi, 2007, S. 553-572.
Henssler, Martin/Willemsen, Heinz Josef/Kalb, Heinz-Jürgen (Hrsg.): Arbeitsrecht Kommentar, 2. Auflage, 2006.
Hergenröder, Curt Wolfgang: Kündigung und Kündigungsschutz im Lichte der Verfassung, ZfA 2002, 355-382.
Hergenröder, Curt Wolfgang: Spannungsverhältnis von Art. 12 GG und Art. 14 GG im Verhältnis zwischen Arbeitgeber und Arbeitnehmer, in: Festschrift für Walther Hadding, 2004, S. 81-104.
Herschel, Wilhelm: Schutz der Betriebszugehörigkeit im Wandel der Zeiten, DB 1973, 80-83.
Herschel, Wilhelm: Zur Entstehung des Tarifvertragsgesetzes, ZfA 1973, 183-200.
Herschel, Wilhelm: Kündigungsschutz und Wettbewerb, RdA 1975, 28-32.
Herschel, Wilhelm: Betriebsbezogenheit des arbeitsrechtlichen Kündigungsschutzes und ganzheitliche Abwägung, in: Festschrift für Ludwig Schnorr von Carolsfeld, 1979, S. 157-171.
Herschel, Wilhelm: Gedanken zur Theorie des arbeitsrechtlichen Kündigungsgrundes, in: Arbeitsleben und Rechtspflege, Festschrift für Gerhard Müller, 1981, S. 191-207.

Hess, Harald/Schlochauer, Ursula/Worzalla, Michael/Glock, Dirk: Kommentar zum Betriebsverfassungsgesetz, 6. Auflage, 2003.
Hillebrecht, Wilfried: Dringende betriebliche Erfordernisse (§ 1 Abs. 2 KSchG) zur Kündigung von Arbeitsverhältnissen durch den Konkursverwalter, ZIP 1985, 257-264.
Hillebrecht, Wilfried: Die »Prinzipien des Kündigungsrechts bei Arbeitsverhältnissen« und die Kündigungsrechtsprechung des Bundesarbeitsgerichts, ZfA 1991, 87-128.
Hoffmann, Gerd: Die objektiv-rechtliche Einwirkung der Berufsfreiheit auf arbeits-, sozial- und ausbildungsrechtliche Freiheitsprobleme, AöR, Bd. 107 (1982), S. 177-214.
Hoffmann, Reinhard: Betriebsverfassung Grundgesetz, AuR 1971, 271-280.
Hoffmann-Riem, Wolfgang: Die grundrechtliche Freiheit der arbeitsteiligen Berufsausübung, in: Hamburg, Deutschland, Europa: Beiträge zum deutschen und europäischen Verfassungs-, Verwaltungs- und Wirtschaftsrecht – Festschrift für Hans Peter Ipsen, 1977, S. 385-407.
Hofmann, Paul: Zur betriebsbedingten Kündigung, ZfA 1984, 295-336.
Hohenstatt, Klaus-Stefan/Schramm, Nils E.: Erstreikbarkeit von »tariflichen Sozialplänen«?, DB 2004, 2214-2218.
Hohenstatt Klaus-Stefan/Stamer Katrin: Die Dotierung von Sozialplänen: »Alle Macht den Einigungsstellen«, DB 2005, 2410-2414.
von Hoyningen-Huene, Gerrick: Die wirtschaftliche Vertretbarkeit von Sozialplänen, RdA 1986, 102-115.
von Hoyningen-Huene, Gerrick: Rechtmäßigkeitsvoraussetzungen aktueller Arbeitskampfmittel der Gewerkschaften, JuS 1987, 505-513.
von Hoyningen-Huene, Gerrick: Betriebsbedingte Kündigung in der Wirtschaftskrise, NZA 1994, 1009-1016.
von Hoyningen-Huene, Gerrick: Betriebsverfassungsrecht, 5. Auflage, 2002.
von Hoyningen-Huene, Gerrick/Linck, Rüdiger: Kündigungsschutzgesetz, Kommentar, 14. Auflage, 2007.
Hueck, Alfred/Nipperdey, Hans Carl: Lehrbuch des Arbeitsrechts, Band 2, Kollektives Arbeitsrecht, Halbband 1, 7. Auflage, 1967.
Hüffer, Uwe: Aktiengesetz – Kurzkommentar, 7. Aufl., 2006.
Hümmerich, Klaus/Spirolke, Matthias: Allgemeiner Unterlassungsanspruch des Betriebsrates bei Betriebsänderung, BB 1996, 1986-1990.
Hufen, Friedhelm: Berufsfreiheit – Erinnerung an ein Grundrecht, NJW 1994, 2913-2922.

IG-Metall Küste (Hrsg.): Qualifizieren statt Entlassen, 1998.
Internationale Arbeitsorganisation (Hrsg.): Eine faire Globalisierung – Chancen für alle schaffen, 2004.
Isensee, Josef: Das Grundrecht als Abwehrrecht und als staatliche Schutzpflicht, in: Isensee, Josef/Kirchhof, Paul (Hrsg.), Handbuch des Staatsrechts der Bundesrepublik Deutschland, Band V: Allgemeine Grundrechtslehren, 1992, S. 143-241.

Jacobs, Antoine: Der Arbeitskampf im Europäischen Zusammenhang, in: Heinemann, Hermann (Hrsg.), Das kollektive Arbeitsrecht in der Europäischen Gemeinschaft, 1991, S. 107-125.
Jacobs, Matthias/Krause, Rüdiger/Oetker, Hartmut: Tarifvertragsrecht, 2007.

Jacobs, Matthias: Die Erkämpfbarkeit von firmenbezogenen Tarifverträgen mit verbandsangehörigen Arbeitgebern, ZTR 2001, 249-257.
Jacobs, Matthias: Betriebsschließung, Standortverlagerung und deren Androhung – neues Kampfmittel der Arbeitgeberseite?, in: Rieble, Volker (Hrsg.), Zukunft des Arbeitskampfes, 2005, S. 92-108.
Joachim, Hans: Umfang und Grenzen der gerichtlichen Nachprüfung betriebsbedingter Kündigungen, BB 1954, 1114-1117.

Kadelbach, Stefan/Petersen, Niels: Europäische Grundrechte als Schranken der Grundfreiheiten, EuGRZ 2003, 693-698.
Kaiser, Dagmar: Die Unternehmerentscheidung bei betriebsbedingten Kündigungen, NZA 2005, Beilage 1, S. 31-41.
Kapstein, Ethan B.: Arbeiter und die Weltwirtschaft, in: Beck, Ulrich (Hrsg.), Politik der Globalisierung, 1998, S. 203-227.
Kauffmann, Hermann: Grenzen der Nachprüfung »dringender betrieblicher Erfordernisse« seitens des Arbeitsgerichts beim Kündigungsschutzverfahren, NJW 1953, 1047-1049.
Kaven, Michael: Recht des Sozialplans – Ein Leitfaden zur Aufstellung und Durchführung von Sozialplänen, 1977.
Kempen, Otto Ernst/Zachert, Ulrich (Hrsg.): Tarifvertragsgesetz, 4. Auflage, 2006.
Kempen, Otto Ernst: Ansätze zu einer Neuorientierung des gegenwärtigen Tarifvertragsrecht, AuR 1980, 193-203.
Kinkel, Steffen/Zanker, Christoph: Internationale Produktionsstrategien bei Automobilzulieferern – Erfahrungen und Muster, WSI-Mitteilungen 2007, 9-16.
Kissel, Otto Rudolf: Arbeitskampfrecht – Ein Leitfaden, 2002.
Kittner, Michael/Däubler, Wolfgang/Zwanziger, Bertram (Hrsg.): Kündigungsschutzrecht, 6. Auflage, 2004.
Klein, Eckard: Grundrechtliche Schutzpflicht des Staates, NJW 1989, 1633-1640.
Klein, Hans: Die grundrechtliche Schutzpflicht, DVBl. 1994, 489-497.
Kohte, Wolfhard/Doll, Christine: Neues aus Erfurt zur Bedeutung der Europäischen Sozialcharta im Arbeitskampfrecht?!, ZESAR 2003, 393-400.
Koller, Ingo: Die Zulässigkeit von Rationalisierungsschutzabkommen in Tarifverträgen, ZfA 1978, 45-74.
Konertz, Wolfram: Tarifrechtliche Regelungsmöglichkeiten der Rationalisierung, 1983.
Konzen, Horst: 50 Jahre richterliches Arbeitskampfrecht – Grundlagen, Bilanzen, Weiterentwicklung, in: Festschrift 50 Jahre Bundesarbeitsgericht, 2004, S. 515-555.
Kreutz, Peter: Die Beteiligung des Betriebsrats in wirtschaftlichen Angelegenheiten, BlStSozArbR 1971, 277-282.
Kreuz, Harald: Der Grundsatz der Verhältnismäßigkeit im Arbeitsrecht, 1988.
Krüger, Herbert: Der Regierungsentwurf eines Betriebsverfassungsgesetzes vom 29. Januar 1971 und das Grundgesetz, 1971.
Kühling, Jürgen: Freie Unternehmerentscheidung und Betriebsstilllegung, AuR 2003, 92-96.
Kühling, Jürgen/Bertelsmann, Klaus: Tarifautonomie und Unternehmerfreiheit, NZA 2005, 1017-1027.

Lerch, Wolfgang/Meyer, Jürgen: Verlagerungsabgabe – Verhandlungsmöglichkeiten und Anforderungen, WSI-Mitteilungen 2007, 43-47.
Lessner, Jan: Wirtschaftliche Vertretbarkeit eines Sozialplans, Anmerkung zu BAG v. 6.5.2003 – 1 ABR 11/02, SAE 2004, S. 257-263.
Lieb, Manfred: Erkämpfbarkeit von Firmentarifverträgen mit verbandsangehörigen Arbeitgebern, DB 1999, 2058-2067.
Lindner, Josef Franz: Grundrechtsfestigkeit des arbeitsrechtlichen Kündigungsschutzes?, RdA 2005, 166-170.
Lobinger, Thomas: Arbeitskämpfe bei Standortschließungen und -verlagerungen?, in: Rieble, Volker (Hrsg.), Zukunft des Arbeitskampfes, 2005, S. 55-85.
Lobinger, Thomas: Streiks um unternehmensbezogene Tarifverträge bei Verbandsgebundenheit des Arbeitgebers, RdA 2006, 12-22.
Löwisch, Manfred: Probleme des Interessenausgleiches, RdA 1989, 216-220.
Löwisch, Manfred: Tarifliche Regelungen von Arbeitgeberkündigungen, DB 1998, 877-883.
Löwisch, Manfred: Der »vorsorgliche Sozialplan« – eine zweifelhafte Rechtsfigur, in: Richterliches Arbeitsrecht – Festschrift für Thomas Dieterich, 1999, S. 345-353.
Löwisch, Manfred: Beschäftigungssicherung als Gegenstand betrieblicher und tariflicher Regelungen und von Arbeitskämpfen, DB 2005, 554-559.
Löwisch, Manfred/Rieble, Volker: Tarifvertragsgesetz, 2. Auflage, 2004.
Lohse, Eva Julia: Fundamental Freedoms and Private Actors – towards an ›Indirect Horizontal Effect‹, 13 European Public Law (2007), 159-190.
Loritz, Karl-Georg: Tarifautonomie und Gestaltungsfreiheit des Arbeitgebers (II), ZTR 1990, 495-507.
Lutter, Marcus/Krieger, Gerd: Rechte und Pflichten des Aufsichtsrats, 4. Auflage, 2002.

Mair, Andreas: Dimensionen der Koalitionsfreiheit – Der Europäische Gerichtshof für Menschenrechte und ein »Grundrecht der Arbeit« – eine fallorientierte Analyse, ZIAS 2006, 158-200.
Mangoldt, Hermann von/Klein, Friedrich/Starck, Christian: Kommentar zum Grundgesetz, Band 1: Präambel, Art. 1-19, 5. Auflage, 2005.
Manne, Henry G.: Mergers and the Market for Corporate Control, 73 The Journal of Political Economy (1965), 110-120.
Matthes, Hans Christoph: Rechtsfragen zum Interessenausgleich, in: Entwicklung im Arbeitsrecht und Arbeitsschutzrecht – Festschrift für Otfried Wlotzke, 1996, S. 393-406.
Matthes, Hans Christoph: Neue Funktionen für Interessenausgleich und Sozialplan, RdA 1999, 178-182.
Matthes, Hans Christoph: Der Arbeitgeber als Tarifvertragspartei, in: Tarifautonomie für ein neues Jahrhundert, Festschrift für Günter Schaub, 1998.
Mayer-Maly, Theo: Zur Problematik betrieblicher Tarifpolitik, DB 1965, 32-33.
Mayer-Maly, Theo: Leistungsdifferenzierung und Tarifmachtbegrenzung, BB 1966, 1067-1070.
Meessen, Karl Mathias: Ausländische juristische Personen als Träger von Grundrechten, JZ 1970, 602-605.
Merten, Detlef: Die negative Garantiefunktion der verfassungsrechtlichen Berufs- und Ausbildungsfreiheit, in: Mensch und Arbeitswelt – Festschrift für Josef Stingl, 1984, S. 285-308.

Meurer, Thomas: Verpflichtung der Mitgliedstaaten zum Schutz des freien Warenverkehrs, EWS 1998, 196-202.
Meyer, Cord: Zum Verhältnis von Tarif- und Betriebsautonomie im Recht der Betriebsänderung der §§ 111, 112 BetrVG unter Berücksichtigung von Erfahrungen aus der Restrukturierung der Treuhandunternehmen, RdA 1996, 181-186.
Meyer, Cord: Bindungswirkung eines Interessenausgleichs, BB 2001, 882-888.
Meyer, Cord: Das Regelungsverhältnis von Verbands- und firmenbezogenem Verbandstarifvertrag im Vergleich zum Haustarifvertrag, NZA 2004, 366-370.
Meyer, Cord: Der Firmentarif-Sozialplan als Kombinationsvertrag, DB 2005, 830-833.
Meyer, Cord: Beschäftigungssichernde Tarifverträge, ZTR 2005, 394-405.
Mohr, Jochen: Beschäftigungsförderung durch Kündigungsförderung, ZfA 2006, 547-593.
Molitor, Erich: Die sozialwidrige Kündigung in der Rechtsprechung, BB 1953, 34-36.
Molkenbur, Josef/Schulte, Wienhold: Rechtscharakter und Wirkungen des Interessenausgleiches, DB 1995, 269-271.
Monjau, Herbert: Die betriebsbedingte Kündigung, BB 1967, 1211-1214.
Morijn, John: Balancing Fundamental Rights and Common Market Freedoms in Union Law: Schmidberger and Omega in the Light of the European Constitution, 12 European Law Journal [2006], 15-40.
Müller, Christoph Johannes: Die Berufsfreiheit des Arbeitgebers, 1996.
von Münch, Ingo/Kunig, Philip: Grundgesetz-Kommentar, Band 1, Präambel bis Art. 19, 5. Aufl., 2000.

Nicolai, Andrea: Erstreikbarkeit von tariflichen Sozialplänen, Anmerkung zu LAG Schleswig-Holstein v. 27.3.2003 – 5 Sa 137/03 und LAG Niedersachsen v. 2.6.2004 – 7 Sa 819/04, SAE 2004, S. 240-251.
Nicolai, Andrea: Zur Zulässigkeit tariflicher Sozialpläne – zugleich ein Beitrag zu den Grenzen der Tarifmacht, RdA 2006, 33-39.

Oberberg, Max/Schoof, Christian: Erstreikbarkeit eines Ergänzungstarifvertrages für den Betrieb eines verbandsangehörigen Arbeitgebers, AiB 2002, 169-186.
Oetker, Hartmut: Arbeitsrechtlicher Bestandsschutz und Grundrechtsordnung, RdA 1997, 9-21.
Oetker, Hartmut: Arbeitsrechtlicher Kündigungsschutz und Tarifautonomie, ZfA 2001, 287-340.
Ossenbühl, Fritz: Die Freiheiten des Unternehmers nach dem Grundgesetz, AöR, Bd. 115 (1990), S. 1-32.
Otto, Hansjörg: Schranken der Kündigungsfreiheit außerhalb des allgemeinen Kündigungsschutzes, in: Festschrift für Günther Wiese, 1998, S. 353-376.
Otto, Hansjörg: Arbeitskampf- und Schlichtungsrecht, 2006.
Otto, Hansjörg: Tarifzensur und Arbeitskampf, in: Festschrift für Horst Konzen, 2006, S. 663-686.
o. V.: Major Operational Decisions and Free Collective Bargaining: Eliminating the Mandatory/Permissive Distinction, 102 Harvard Law Review (1989), 1971-1992.

Papier, Hans-Jürgen: Unternehmen und Unternehmer in der verfassungsrechtlichen Ordnung der Wirtschaft, VVDStRL, Bd. 35 (1977), S. 55-108.

Papier, Hans-Jürgen: Art. 12 GG – Freiheit des Berufs und Grundrecht der Arbeit, DVBl. 1984, 801-814.
Papier, Hans-Jürgen: Der verfassungsrechtliche Rahmen für Privatautonomie im Arbeitsrecht, RdA 1989, 137-144.
Papier, Hans-Jürgen: Arbeitsmarkt und Verfassung, RdA 2000, 1- 7.
Paschke, Christian/Ritschel, Andrea: Erstreikbarkeit von Tarifverträgen aus Anlass von Standortentscheidungen, AuR 2007, 110-114.
Perraton, Jonathan/Goldblatt, David/Held, David/McGrew, Anthony: Die Globalisierung der Wirtschaft, in: Beck, Ulrich (Hrsg.), Politik der Globalisierung, 1998, S. 134-168.
Picker, Eduard: Das Arbeitsrecht zwischen Marktgesetz und Machtansprüchen, ZfA 2005, 353-390.
Pietzcker, Jost: Art. 12 GG – Freiheit des Berufs und Grundrecht der Arbeit, NVwZ 1984, 550-556.
Preis, Bernd: Betriebsbedingte Kündigung zwischen Arbeitsplatzschutz und unternehmerischer Entscheidungsfreiheit, AuR 1997, 60-71.
Preis, Bernd: Stellenabbau als unternehmerische Entscheidung?, DB 2000, 1122-1126.
Preis, Ulrich: Prinzipien des Kündigungsrechts bei Arbeitsverhältnissen, 1987.
Preis, Ulrich: Autonome Unternehmerentscheidung und »dringendes betriebliches Erfordernis«, NZA 1995, 241-250.
Preis, Ulrich/Hamacher, Anno: Die Kündigung der Unkündbaren, in: Arbeitsrecht und Arbeitsgerichtsbarkeit, Festschrift zum 50-jährigen Bestehen der Arbeitsgerichtsbarkeit in Rheinland-Pfalz, 1999, S. 245-269.

Quecke, Martin: Unternehmerentscheidung und Personalabbau, NZA 1999, 1247-1251.

Rebhahn, Robert: Das Kollektive Arbeitsrecht im Rechtsvergleich, NZA 2001, 763-774.
Rebhahn, Robert: Der Kündigungsschutz des Arbeitnehmers in den Staaten der EU, ZfA 2003, 163-235
Reichold, Hermann: Arbeitsrechtsstandards als »Aufenthaltsmodalitäten«, ZEuP 1998, 434-459.
Reichold, Hermann: Zulässigkeitsgrenzen eines Arbeitskampfs zur Standortsicherung, BB 2004, 2814-2818.
Reuter, Dieter: Anmerkung zu BAG v. 7.12.1978 – 2 AZR 155/77, AP KSchG 1969 § 1 Betriebsbedingte Kündigung Nr. 6.
Reuter, Dieter: Der Sozialplan – Entschädigung für Arbeitsplatzverlust oder Steuerung unternehmerischen Handelns?, 1983.
Reuter, Dieter: Die Mitbestimmung des Betriebsrates über die Lage der Arbeitszeit von Ladenangestellten, ZfA 1981, 165-204.
Reuter, Dieter: Möglichkeiten und Grenzen einer Deregulierung im Arbeitsrecht, in: Festschrift für Herbert Wiedemann, 2002, S. 449-491.
Reuter, Dieter: Unternehmerische Freiheit und betriebsbedingte Kündigung, RdA 2004, 161-167.
Reuter, Martin: Zur Kontrolldichte bei der Überprüfung der betriebsbedingten Kündigung, NZA 1989, 241-245.

Richardi, Reinhard: Kollektivgewalt und Individualwille bei der Gestaltung des Arbeitsverhältnisses, 1968.
Richardi, Reinhard: Der Interessenausgleich bei Betriebsänderungen nach dem Arbeitsrechtlichen Beschäftigungsförderungsgesetz 1996, in: Festschrift für Günther Wiese, 1998, S. 441-451.
Richardi Reinhard (Hrsg.): Betriebsverfassungsgesetz mit Wahlordnung, Kommentar, 10. Auflage, 2006.
Richardi, Reinhard/Wlotzke, Otfried (Hrsg.): Münchener Handbuch zum Arbeitsrecht, Band 3, 2. Auflage, 2000.
Richter, Julian: Firmenstreiks gegen verbandsangehörige Arbeitgeber, ZTR 2004, 390-394.
Rieble, Volker: Arbeitsmarkt und Wettbewerb, 1996.
Rieble, Volker: Tarifvertrag und Beschäftigung, ZfA 2004, 1-65.
Rieble Volker: Qualifizierungstarifverträge, in: Festschrift 50 Jahre Bundesarbeitsgericht, 2004, 831-858.
Rieble, Volker: Arbeitsniederlegung zur Standorterhaltung, RdA 2005, 200-212.
Rieble, Volker: Anmerkung zu BAG v. 17.6.1999 – 2 AZR 522/98 und 141/99, EzA KSchG § 1 Betriebsbedingte Kündigung Nr. 101 und 102.
Rieth, Horst: Die Steuerung unternehmerischen Handelns durch Tarifvertrag, 1980.
Rolfs, Christian/Clemens, Fabian: Erstreikbarkeit firmenbezogener Verbandstarifverträge?, DB 2003, 1678-1681.
Rolfs, Christian/Clemens, Fabian: Entwicklungen und Fehlentwicklungen im Arbeitskampfrecht, NZA 2004, 410-417.
Rost, Friedhelm: Die aktuelle Rechtsprechung des Bundesarbeitsgerichts zur Unternehmerentscheidung bei betriebsbedingter Kündigung, JbArbR, Bd. 39 (2002), S. 83-103.
Roth, Wulf-Henning: Drittwirkung der Grundfreiheiten?, in: Festschrift für Ulrich Everling, Band II, 1995, 1231-1247.
Ruffert, Matthias: Vorrang der Verfassung und Eigenständigkeit des Privatrechts, 2001
Runggaldier, Ulrich: Kollektivvertragliche Mitbestimmung bei Arbeitsorganisation und Rationalisierung, 1983.

Sachs, Michael (Hrsg.): Grundgesetz, Kommentar, 3. Auflage, 2003.
Sachverständigenrat zur Begutachtung der gesamtwirtschaftlichen Entwicklung: Jahresgutachten 2004/05, BT-Drucksache 15/4300.
Säcker, Franz Jürgen/Oetker, Hartmut: Grundlagen und Grenzen der Tarifautonomie, 1992.
Schaub, Günter: Der Interessenausgleich, in: Recht und soziale Arbeitswelt – Festschrift für Wolfgang Däubler, 1999, S. 347-354.
Schaub, Günter (Begr.): Arbeitsrechts-Handbuch, 11. Auflage, 2005.
Schellhaaß, Horst-Manfred: Sozialpläne aus ökonomischer Sicht, ZfA 1989, 167-207.
Schiefer, Bernd/Worzalla, Michael: Unzulässige Streiks um Tarifsozialpläne, DB 2006, 46-49.
Schmidt, Karl Heinrich: Betriebsrationalisierung und Kündigungsschutz, RdA 1954, 170-174.
Schmidt-Preuß, Matthias: Die Gewährleistung des Privateigentums durch Art. 14 GG im Lichte aktueller Probleme, AG 1996, 1-11.

Schmitt-Rolfes, Günter: Interessenausgleich und Sozialplan in Unternehmen und Betrieb, in: Festschrift 50 Jahre Bundesarbeitsgericht, 2004, 1081-1099.
Schneider, Hans-Peter: Artikel 12 GG, Freiheit des Berufs und Grundrecht der Arbeit, VVDStRL, Bd. 43 (1985), S. 7-43.
Scholz, Rupert: Die Berufsfreiheit als Grundlage und Grenze arbeitsrechtlicher Regelungssysteme, ZfA 1981, 265-302.
Schüler, Heinz-Adalbert: Grenzen richterlicher Nachprüfung betrieblicher Maßnahmen im Rahmen einer Klage nach dem Kündigungsschutz, AuR 1954, 54-59.
Schwarze, Roland: Zur arbeitskampfrechtlichen Zulässigkeit der Streikbruchprämie, RdA 1993, 264-274.
Schwerdtner, Peter: Die Garantie des Rechts auf Arbeit – Ein Weg zur Knechtschaft?, ZfA 1977, 47-86.
Seebacher, Krikor R.: Der Sozialtarifvertrag, AiB 2006, 70-73.
Seifert, Hartmut: Betriebliche Bündnisse für Arbeit – Ein neuer beschäftigungspolitischer Ansatz, WSI-Mitteilungen 2000, 437-443.
Seiter, Hugo: Streikrecht und Aussperrungsrecht, 1975.
Siemes, Christiane: Die Selbstbindung der Betriebspartner an den Interessenausgleich gem. § 112 Abs. 1 Satz 1 BetrVG, ZfA 1998, 183-208.
Simitis, Spiros: Von der institutionalisierten zur problembezogenen Mitbestimmung, AuR 1975, 321-334.
Söllner, Alfred: Das Begriffspaar der Arbeits- und Wirtschaftsbedingungen, ArbRGegw, Bd. 16 (1978), S. 19-28.
Stahlhacke, Eugen/Preis, Ulrich/Vossen, Reinhard: Kündigung und Kündigungsschutz im Arbeitsverhältnis, 9. Auflage, 2005.
Stahlhacke, Eugen: Grundfragen der betriebsbedingten Kündigung, DB 1994, 1361-1368.
Stark, Ernst: Verfassungsfragen einer Arbeitsplatzsicherung durch Tarifvertrag, 1989.
Stein, Peter: Freiheit und Dringlichkeit der unternehmerischen Entscheidung im Kündigungsschutzrecht, BB 2000, 457-465.
Stein, Peter: Betriebsbedingte Kündigung, KJ 2001, 282-299.
Stein, Peter: Inhaltskontrolle von Unternehmerentscheidungen, AuR 2003, 99-103.
Steindorff, Ernst: Drittwirkung der Grundfreiheiten im europäischen Gemeinschaftsrecht, in: Wege und Verfahren des Verfassungslebens, Festschrift für Peter Lerche, 1993, S. 575-590.
Stelljes, Volker: Zu Grundlage und Reichweite des allgemeinen Kündigungsschutzes, 2002.
Streeck, Wolfgang: Industrielle Beziehungen in einer internationalen Wirtschaft, in: Beck, Ulrich (Hrsg.), Politik der Globalisierung, 1998, S. 169-202.
Streinz, Rudolf (Hrsg.): EUV/EGV, Kurzkommentar, 2003.
Streinz, Rudolf/Leible, Stefan: Die unmittelbare Drittwirkung der Grundfreiheiten, EuZW 2000, 459-467.
Sutschet, Holger: Firmenstreik und Abwehrmaßnahmen, ZfA 2005, 581-645.

Tettinger, Peter: Das Grundrecht der Berufsfreiheit in der Rechtsprechung des Bundesverfassungsgerichts, AöR, Bd. 108 (1993), S. 92-133
Thüsing, Gregor: Tarifautonomie und Gemeinwohl, in: Festschrift 50 Jahre Bundesarbeitsgericht, 2004, 889-912.
Thüsing, Gregor/Ricken, Oliver: Zweimal Otis – Tarifliche Sozialpläne und die Grenze zulässiger Streikziele, JbArbR, Bd. 42 (2005), S. 113-131.

Thüsing, Gregor/Stelljes, Volker: Anmerkung zu BAG von 26.9.2002 – 2AZR 636/01, EzA KSchG § 1 Betriebsbedingte Kündigungen Nr. 124.
Thum, Rainer: Betriebsbedingte Kündigung und unternehmerische Entscheidungsfreiheit, 2002.
Tüselmann, Heinz-Josef: Deutsche Auslandsinvestitionen in den neunziger Jahren: Abwanderung der deutschen Industrie und Abbau von Arbeitsplätzen?, WSI-Mitteilungen 1998, 292-302.

Urban, Sandra: Der Kündigungsschutz außerhalb des Kündigungsschutzgesetzes, 2001.

Vollmer, Lothar: Einflußnahme auf unternehmerische Sachentscheidungen durch Mitbestimmung und/oder Tarifvertrag?, JA 1978, 53-57.
Vollmer, Lothar: Aufgaben- und Zuständigkeitsverteilung zwischen mitbestimmungsrechtlicher und tarifvertraglicher Interessenvertretung (II), DB 1979, 355-364.

Wächter, Gerhard/Stender Thomas: Die Rechtsprechung zu Investitions- und Beschäftigungszusagen in Treuhandprivatisierungsverträgen, NJW 2000, 395-403.
Walker, Wolf-Dietrich: Die freie Unternehmerentscheidung im Arbeitsrecht, ZfA 2004, 501-535.
Waltermann, Raimund: Freiheit der Arbeitsplatzwahl (Art. 12 Abs. 1 GG) – Grundrecht der Arbeitnehmer, DVBl. 1989, 699-704.
Wank, Rolf: Rechtsfortbildung im Kündigungsschutzrecht, RdA 1987, 129-160.
Wank, Rolf: Grundlagen des Arbeitskampfrechts, in: Arbeitsrecht in der Bewährung – Festschrift für Otto Rudolf Kissel, 1994, S. 1225-1252.
Wank, Rolf: Bestandsschutz in Deutschland aus arbeitsrechtlicher Sicht, Sonderbeilage zu NZA Heft 21/2003, S. 3-11.
Weber, Werner: Koalitionsfreiheit und Tarifautonomie als Verfassungsproblem, 1965.
Wendeling-Schröder, Ulrike: Betriebliche Ergänzungstarifverträge, NZA 1998, 624-630.
Wendt, Rudolf: Berufsfreiheit als Grundrecht der Arbeit, DÖV 1984, 601-610.
Weyand, Joachim: Die tarifliche Mitbestimmung unternehmerischer Personal- und Sachentscheidungen, 1989.
Wiedemann, Herbert: Unternehmensautonomie und Tarifvertrag, RdA 1986, 231-241.
Wiedemann, Herbert: Tarifvertragsgesetz, 7. Auflage, 2007.
Willemsen, Heinz Josef/Hohenstatt, Klaus-Stefan: Zur umstrittenen Bindungs- und Normwirkung des Interessenausgleichs, NZA 1997, 345-352.
Willemsen, Heinz Josef/Hohenstatt, Klaus-Stefan/Schweibert, Ulrike/Seibt, Christoph H.: Umstrukturierung und Übertragung von Unternehmen, 2. Auflage, 2003.
Willemsen, Heinz Josef/Stamer, Katrin: Erstreikbarkeit tariflicher Sozialpläne: Die Wiederherstellung der Arbeitskampfparität, NZA 2007, 413-418.
Witt, Alexander: Der Firmentarifvertrag, Verfassungs-, tarif- und arbeitskampfrechtliche Grundprobleme, 2004.
Wolter, Henner: Standortsicherung, Beschäftigungssicherung, Unternehmensautonomie, Tarifautonomie, RdA 2002, 218-226.

Zabel, Uwe: Tarifvertrag Qualifizierungsmaßnahmen bei Betriebsänderungen, AiB 1998, 615-617.

Zachert, Ulrich: Beschäftigungssicherung durch Tarifvertrag als Prüfstein für Umfang und Grenzen der Tarifautonomie, DB 2001, 1198-1202.
Zepter, Klaus: Freie Unternehmerentscheidung bei Personalabbau!, DB 2000, 474-476.
Zöllner, Wolfgang: Tarifvertragliche Differenzierungsklauseln, 1967.
Zöllner, Wolfgang: Sind im Interesse einer gerechteren Verteilung der Arbeitsplätze Begründung und Beendigung der Arbeitsverhältnisse neu zu regeln?, Gutachten D zum 52. Deutschen Juristentag, 1978.
Zöllner, Wolfgang/Loritz, Karl-Georg: Arbeitsrecht, 5. Auflage, 1998.
Zwanziger, Bertram: Betriebsbedingte Kündigung im Lichte der Rechtsprechung, NJW 1995, 916-922.
Zwanziger, Bertram: Der Interessenausgleich – betriebliches Regelungsinstrument oder Muster ohne kollektiven Wert? BB 1998, 477-482.

FSC
www.fsc.org
MIX
Papier | Fördert
gute Waldnutzung
FSC® C083411

Kolibri 360 GmbH
Ferdinand-Jühlke-Straße 7
99095 Erfurt, Deutschland
produktsicherheit@kolibri360.de